Penelope Lively

Der wilde Garten

Roman

Aus dem Englischen von
Jörg Toebelmann

Luchterhand
LITERATURVERLAG

1 2 3 4 5 99 98 97 96 95

Deutsche Erstausgabe im Luchterhand Literaturverlag, München

Die Originalausgabe erschien bei André Deutsch, London 1989
unter dem Titel *Passing on*
Umschlaggestaltung Parsons Design, München
unter Verwendung der Gemälde
Die Familie Bellelli von Edgar Degas (Peter Willi, Artothek) und
Bateaux à l'egluse de Bougival von Alfred Sisley
(The Bridgeman Art Library, London)
Herstellung Ina Munzinger, Berlin
Satz aus der Centaur von Fotosatz Amann, Aichstetten
Druck und Bindung durch Friedrich Pustet, Regensburg
Printed in Germany
ISBN 3-630-86848-7

Für Josephine und Steven

Der Sarg steckte fest, in dem engen Winkel zwischen Gartenweg und Straße. Die Männer des Bestattungsunternehmens ruckten hin und her. Niedrige Äste hatten ihnen die Hüte verschoben; auf ihren Mänteln perlten die Regentropfen, die aus der Hecke fielen. Die Trauernden blieben an der Haustür stehen und warteten schweigend. Vögel sangen überschwenglich. Endlich schafften es die Männer, den Sarg oberhalb des Torpfostens zu drehen und ihn zum Leichenwagen zu bringen. Der Sarg wurde eingeladen. Die Trauernden gingen langsam zur Straße und zögerten, in die bereitstehenden Limousinen zu steigen.

Louise sagte: »Es ist albern, für das kurze Stück ein Auto zu nehmen. Hätten wir uns nicht wenigstens in eins quetschen können?«

Es warteten zwei Daimler. Helen und Edward setzten sich in den ersten, die vier Dysons in den zweiten. Das erste Mal, daß ich je in einem fahre, dachte Helen. Und auch das letzte Mal, hoffentlich. Sie fuhren im Schrittempo los, an den Britches vorbei, die immer noch vom Gesang der Vögel erfüllt waren, vorbei am Hof des Bauunternehmers, wo Ron Paget, der Holzplanken vom Kleinlaster lud, innehielt und respektvoll den Kopf senkte. Helen stieß Edward an. »Guck mal, der alte Gauner.« Edward nickte. Er sagte: »Wenigstens kommt er nicht zur Kirche. Hätte ich ihm glatt zugetraut.« Jetzt fuhren sie am Laden vorbei, wo der Fahrer des Bird's Eye-Eiswagens, ohne aufzusehen, weiter Kartons auslud.

Von drinnen folgten ihnen verstohlene Blicke. Zwei Frauen mit Kinderwagen blieben stehen und drückten sich gegen die Mauer, als der Trauerzug vorbeifuhr. Ein kleines Kind zeigte mit dem Finger, stellte eine Frage. Sie werden das erklären müssen, dachte Helen. Todesfälle, Beerdigungen. Wahrscheinlich werden sie sich davor drücken – mit einem Eis am Stil, einer Süßigkeit zur Ablenkung. Egal, Mutter hat zum letzten Male das Leben anderer, wenn auch nur kurz, unterbrochen. Jetzt waren sie an der Kirche. Um den Sarg, die Blumen, die Trauernden auszuladen. Durch das Friedhofstor, den Weg entlang, ein Halt an der Tür, um sich vor dem Eintreten zu sammeln. Zwei Männer des Bestattungsunternehmens waren jung, stellte Helen fest; was für eine seltsame Berufswahl. Vorher hatte sie in Greystones aus dem Fenster gesehen und einen von ihnen einen Totoschein ausfüllen sehen, als sie im Leichenwagen warteten. Nun trugen ihre Gesichter den Ausdruck neutralen Ernstes.

»Ihr drei solltet zuerst reingehen«, sagte Tim Dyson. »Ich komme dann mit den Kindern.«

Nur zwei Mitglieder der Familie kamen in Schwarz. Tim trug einen dunklen Nadelstreifenanzug, aber Edwards war grün, blankgewetzt am Gesäß und den Ellenbogen, hervorgeholt für Schulfeiern und wahrscheinlich zwanzig Jahre alt. Helen hatte ihren Kamelhaarmantel angezogen; der Maimorgen war ziemlich kalt, und sie hielt den Mantel für etwas gedeckter als ihren kastanienbraunen, das einzige andere Kleidungsstück, das für eine förmliche Gelegenheit passend war. Louise trug einen Mischmasch knalliger Farben und Muster. Nur die beiden Jugendlichen waren passend für die Beerdigung gekleidet; sie waren von Kopf bis Fuß in schwarzes Leder gekleidet.

In der Kirche waren zwanzig bis dreißig Leute. Die erste Bankreihe war frei gelassen worden. Die Familie schob sich hinein. Helen, zwischen ihrem Bruder und ihrer Schwester, betrachtete den Sarg, der im Mittelschiff unterhalb der Kanzelstufen aufgestellt worden war.
Er erschien ihr jetzt viel zu klein. Helen dachte an die untersetzte Figur ihrer Mutter, sah den Sarg an und konnte sich nicht vorstellen, wie sie dort hineingezwängt worden war. Sie ließ ihren Blick über das lackierte Holz und die Messinggriffe wandern und wartete darauf, Protest- und Klagerufe zu hören. Sie erwartete fast, sie müsse aufstehen und die Dinge in Ordnung bringen. Als sie Edward von der Seite ansah, wußte sie, daß er genau dasselbe dachte.
»Lasset uns beten ...«
Helen sank gehorsam auf die Knie. Sie sagte zu sich: Oh Gott, nun, da sie eher Dein denn mein ist, so tu etwas mit ihr. Wenn sie nach Deinem Bilde geschaffen war, dann ist die Schöpfung unvollkommen.
»Wir vergeuden zu Deinem Mißfallen und fürchten Deinen zornigen Unwillen ...«
Nein, Mutter nicht. Sie war kaum mehr Christin als ich. Nur zum Schein, da sie von Natur aus konservativ war. Doch ich bezweifle, ob sie je einen Gedanken mehr an Dein Mißfallen vergeudet hat als an das von irgendjemand sonst.
Der Gottesdienst ging weiter. Die Gemeinde sang ein Lied, es klang dünn. Louise und die Kinder waren still. Edward und Helen bewegten die Lippen. Tim Dyson ließ mit fester Stimme seinen hohen Tenor erklingen. Helen wagte einen Blick zur Seite und nach hinten, um zu sehen, wer da war. Erwartete Gesichter. Dorfgesichter, entferntere Verwandte, Doktor Taylor, jemand mittleren Alters, sicher Mr. Carnaby

von Carnaby und Proctor, Anwälte, die Helen am Telefon gesprochen, aber noch nicht getroffen hatte. Dorothy Glover mit ihren achtzig Jahren hatte keine Freunde gehabt. Tatsächlich hatte sie nie viele gehabt, weder mit sechzig noch mit vierzig oder vielleicht gar mit zwanzig. Helen konnte sich nur an eine Frau erinnern, mit der Dorothy im Krieg freiwilligen Schwesterndienst versah, die Weihnachtskarten schrieb, und an eine andere, die ihr Interesse an einer seltsamen Heilmethode teilte – wobei ein schwarzer Kasten mit vielen Drähten und Knöpfen eine Rolle spielte – und mit der sie korrespondierte.

Mutter war keine nette Frau. Ich habe das immer gewußt, und ich kann das sagen, weil ich ihre Tochter bin und naturgemäß eher geneigt war, sie zu lieben, als irgend jemand sonst. Genau wie Edward. Louises Einstellung ist aus verschiedenen Gründen ganz anders.

Gerade jetzt schien Louise zu leiden. Ihr Gesicht hatte sich verzogen; sie griff nach einem Tempotuch, mit dem sie sich verärgert die Augen rieb. Als das Lied dem Ende entgegenleierte, zischte sie Helen zu: »Verfluchter Heuschnupfen! Das kommt von den blöden Blumen. Warum mußten wir überhaupt welche haben?«

»Weil sie geschickt wurden.«

Die Blumen waren ziemlich scheußlich: Gladiolen und riesige weiße Margeriten, die künstlich aussahen, und Rosen mit fest geschlossenen Knospen lagen fächerförmig unter Cellophanpapier. Und ein paar Kränze aus Blättern, die glänzend und hart aussahen. Diese Gebinde waren mit dem Leichenwagen gekommen und lagen jetzt vor der Kirchentür. Helen hoffte, sie würden nicht zurück zum Haus gebracht werden: Ihr war die Etikette hier nicht ganz klar.

Sie sehnte sich danach, die Blumen loszusein, die entsetzlichen drohenden Stunden hinter sich zu haben, in denen sie Gastlichkeit demonstrieren und mit Leuten reden mußte, diesen ganzen lästigen Tag hinter sich zu bringen. Sie wollte einfach nur ihr Leben fortsetzen, das jetzt anders sein würde. Sie wollte ganz einfach herausfinden, worin der Unterschied wohl bestünde. Auch war sie entsetzlich müde. Ihre Mutter war vorwurfs- und anspruchsvoll gestorben. Weder sie noch Edward hatten seit geraumer Zeit viel Schlaf gehabt.

Und jetzt hinaus auf den Friedhof, hinter dem Sarg herlaufen. Die Grube; der Hügel frisch ausgehobener Erde. Mein Gott, dachte Helen, das ist ja fürchterlich. Warum wird sie nicht verbrannt? Sie wird nicht verbrannt, weil sie es so bestimmt hat. Alles schwarz auf weiß, so scheint es. Begräbnis auf dem Friedhof von St. Peter, Long Sydenham, in einem Grab im entlegenen Winkel, nahe bei dem großen Bergahorn, das sie sich vor einigen Jahren anscheinend reserviert hatte – wie sich jetzt herausstellt, nach einem Streit mit dem Pfarrer, von dem niemand von uns etwas wußte. Jetzt weiß ich, wieso er uns schon so lange so komisch ansieht. So hat Mutter sich das also vorgestellt: Wir alle sind hier versammelt, stieren so entsetzlich nach unten, gucken alles Mögliche lieber an, als in die Runde zu schauen, hoffen, daß es weitergeht und endlich vorbei ist. Das hättest du uns ersparen können, Mutter.

Erde zu Erde, Asche zu Asche, Staub zu Staub. Die Worte sind wirklich schön – der Rhythmus, der Klang. Die Bedeutung ist eine andere Sache für uns Ungläubige. Gnädigerweise. Ewiges Leben ist eine grausige Vorstellung, besonders was Mutter angeht.

Und das, endlich, war's dann. Sie konnten sich abwenden, einander ansehen, sie unter dem Bergahorn zurücklassen und gehen. Und jetzt, verflucht und zugenäht, fühlt Helen, daß ihr Tränen in die Augen treten, aufwallen, zu rinnen anfangen – und sie guckt Edward an und sieht, ihm geht es ebenso. Beide blicken unmutig und tupfen verstohlen. Wir können sie nicht hierlassen, denkt Helen, wir können sie nicht einfach da reintun und verlassen. Mutter.
Aber sie können es. Und tun es. Sie ist tot. Helen denkt, fast das erste Mal, Mutter ist gestorben. Sie ist nicht unter uns. Ungläubig mustert sie die Gruppe um das Grab herum: Edward, Louise, Tim, Suzanne und Phil. Keine Mutter mehr.

»Ich dachte, sie würde nie gehen«, sagte Louise. »Kusine Phoebe – möge ich für immer und ewig von Kusine Phoebe verschont bleiben. Wer war dieser gutaussehende Typ mit dem silbernen Haar?« Sie stand an den Salonfenstern, die zum Garten hin offen waren, schniefte und wischte sich die Augen. »Oh, diese verfluchten Blumen ...«
»Aber ein *paar* Blumen müßt ihr doch auch in Camden haben«, sagte Helen.
»Nicht viele. Aus irgendwelchen Gründen sind die vom Blumenladen jedenfalls schlimmer. War das der Anwalt?«
»Ja. Er schreibt uns allen. Wegen des Testaments.« »Ach, der ganze Papierkram ...« sagte Louise verschwommen. »Ich nehme an, ihr denkt jetzt nicht daran, die Britches zu verkaufen? Das hier ein wenig behaglicher zu machen? Es ist sterbenskalt, wie üblich – ehrlich gesagt, ich weiß nicht, wie ihr das aushaltet.«
»Selbstverständlich werden wir die Britches nicht verkaufen«, sagte Edward.

Sie standen am Fenster, die drei, und sahen in den Garten hinaus, auf den jetzt wieder Regen fiel nach einer taktvollen Unterbrechung während der Beerdigung. Er war provozierend ungepflegt; der Rasen war eine hochgewachsene Wiese, die Eibenhecke bog sich fast bis zur Erde, und die einzigen überlebenden Pflanzen waren kräftige Büsche und ein paar Schlingpflanzen, die über das andere Grün hinauswucherten. Keiner von ihnen nahm es wahr, denn es war immer so gewesen.

Louise sah Schwaden von Blütenstaub und sehnte sich nach dem geteerten Norden Londons. Helen sah ihre Mutter, untersetzt, gereizt, in braunen Cord gekleidet, wie sie durch das Gras stampfte, mit einer Frage oder einer Anweisung auf den Lippen. Edward sah einen Fliegenschnäpper, ein Kohlmeisenpaar und eine Türkentaube. Er hielt nach dem Fliegenschnäpperweibchen Ausschau und fragte sich, wo wohl das Nest sei.

Sie sahen nicht wie Geschwister aus. Zweiundfünfzig und neunundvierzig Jahre alt, sahen sich Helen und Edward nicht ähnlich, obwohl sie einen gewissen Stil gemeinsam hatten: Edwards abgewetzter Anzug, Helens unvorteilhafte Kleidung, offenbar ohne Interesse oder langes Nachdenken ausgewählt. Edward war blond, mager, blauäugig und etwas gebeugt; Helen war kleiner, mit braunem Haar und frischem Gesicht, eine Frau, die in einer Gruppe nicht auffiele; nur auf den zweiten Blick zeigten sich ausgeprägte Züge: die leuchtenden Augen, die hübsche Nasenlinie. Die zehn Jahre jüngere Louise schien einer anderen Generation und Kultur anzugehören – ihre liederliche und doch großstädtische Kleidung, ihr Haar gefärbt nach der letzten Mode, aber ungepflegt.

»Selbstverständlich nicht«, sagte Louise und wandte sich vom Fenster ab. »Ich habe nie wirklich angenommen, daß ihr das tun würdet.« Sie tätschelte Edwards Arm. »Wäre es behaglich, würdet ihr euch unwohl fühlen, nicht? Ich helfe euch mit dem Abwasch, und dann ziehen wir lieber ab. Wo sind die anderen?«

»Sie tragen Gläser in die Küche«, sagte Edward. »Laß gut sein mit dem Abwasch.«

Louise ließ sich auf einen Stuhl fallen. »In Ordnung. Vielleicht machen's die Kinder. Wunder gibt es immer wieder.«

Helen nahm eine Platte mit übriggebliebenen Happen und brachte sie in die Küche, wo Tim Dyson mit Widerwillen zum vollgestopften Spülstein blickte. Es war ein großer, gewöhnlicher Keramikspülstein, wie man ihn heutzutage häufiger mit Gebirgspflanzen versehen in Gärten sieht. Durchaus möglich, daß Tim, gewöhnt an Edelstahl, ihn gar nicht als solchen erkannte. Er machte um die Küche in Greystones immer einen Bogen; tatsächlich konnte Helen sich nicht daran erinnern, ihn schon mal in der Küche gesehen zu haben. Normalerweise hielt er sich im Salon oder im Eßzimmer auf, wenn häusliche Pflichten zu erledigen waren; seit vielen Jahren hatte er nicht mehr in dem Haus übernachtet. Als ihre Mutter krank war, kam Louise allein zu Besuch.

Die Kinder – man konnte sie jetzt kaum noch als Kinder bezeichnen, so wie sie aussahen, aber fünfzehn und sechzehn ist mehr Kind als Erwachsener – aßen Würstchen in Teig. Suzanne schluckte schnell und sagte: »Ich wasche gleich ab, Helen, das macht mir nichts aus.«

»Kümmere dich nicht darum. Wir machen das, wenn ihr weg seid. Ich glaube, Louise will los.«

Suzannes Metamorphose war weniger alarmierend als Phils. Ihr Haar stand speichenförmig von ihrer Kopfhaut ab und schien der Anziehungskraft zu trotzen, ihre Augen waren schwarzgerändert, und man hatte den Eindruck von Leder und Metallarbeit. Doch Phil war fast unkenntlich. Helens erste Reaktion war gewesen, daß jemand Louise und Tim ins Haus gefolgt war, dann, daß Louise Phil die Begleitung eines unerwünschten Freundes erlaubt hatte, daß es wirklich zu dumm von Louise war, daß sie ihm nicht erlauben konnte, mit zur Kirche zu kommen, und schließlich, mit bassem Erstaunen, daß es *Phil* war. Auch er trug schwarze Lederkleidung und überall Ketten; seine Stiefel hatten Sporen, sein Rücken war gespickt mit Chromnägeln. Am meisten jedoch schockierte sein Kopf: die rasierte Kopfhaut, der pechschwarze Schopf mit smaragdgrünen Streifen. Schwer mitgenommen durch Streß und Erschöpfung, hätte Helen fast hysterisch losgelacht. Weder Louise noch Tim hatten es für nötig gehalten, darüber ein Wort zu verlieren. Vermutlich hatten sie sich daran gewöhnt. Helen hatte die Kinder fast ein ganzes Jahr nicht gesehen, stellte sie fest. Ein Jahr ist in ereignisreicheren Leben eine lange Zeit. Louise und Tim führten ein ereignisreiches Leben. Louises Anrufe waren Auflistungen von Aktivitäten und Katastrophen; beide waren immer überarbeitet, total gestreßt, unmittelbar vor einer aufsehenerregenden Großtat oder traurigen Berühmtheit und geplagt von kleinen Krankheiten. Louise hatte Heuschnupfen, Blasenkatarrh und Migräne; Tim Bluthochdruck und Ärger mit den Nebenhöhlen. Sie waren immer urlaubsreif, doch unabkömmlich. Louise arbeitete in einer Firma für Designberatung; Tim war in der Werbung tätig. Vor langer Zeit war Louise Helens kleine Schwester gewesen

– entzückend, reizend, empfindlich, man mußte sich um sie kümmern und sie beschützen. Diese Louise schien jetzt sehr weit weg und unerreichbar zu sein; doch manchmal kam das wieder zum Vorschein, und sie weinte am Telefon wegen Verrat, Ausgenutztsein und des grausamen Schicksals. Doch meistens schalt die Louise von heute Helen wegen ihrer altmodischen Ansichten, ihrer Knausrigkeit und vor allem, weil sie sich ihrer Mutter nicht widersetzte. »Ich lebe mit ihr«, sagte Helen dann. »Du nicht. Das ist der Unterschied.«
Louise stieg aus, wie sie es nannte, als sie siebzehn war. Sie hatte unzählige Auseinandersetzungen mit Dorothy und flüchtete auf die Kunsthochschule, wo sie die Leitung bei der Frage nach der elterlichen Zustimmung und Unterstützung belog. Das gab noch mehr Ärger. Schließlich gab Dorothy widerstrebend und laut protestierend nach, und von der Zeit an war Louise, da man über ihren Weggang von Greystones einig war und sie zu Weihnachten und manchmal am Wochenende zurückkam, ein ungebärdiger, emotionaler Hauch aus fremden Welten. »Du und Edward könnt doch nicht einfach für immer hierbleiben«, sagte sie jedesmal. »Ich meine, Herrgottnochmal, Helen, du bist *dreißig*...« »Ich werde sehen, was sich ergibt«, sagte Helen dann. Und es ergab sich nichts. Oder nicht genug.

Als die Dysons weg waren, machten sich Helen und Edward an den Abwasch. Edward beugte sich über den Spülstein – wie immer unbequem tief – und Helen trocknete ab. Helen wäre lieber mit dem ganzen Durcheinander allein geblieben, sie hätte dann ihre geheime Flasche *Fairy*-Spülmittel hervorgeholt, doch es hätte Edward verletzt, zu diesem Zeitpunkt weggescheucht zu werden. Er wollte reden. Eine Fettschicht trieb auf dem Spülwasser; das Geschirr war schmierig. Edward, der begeisterte Naturschützer, ignorierte die Tatsache, daß Reinigungsmittel seit fünfzehn Jahren biologisch abbaubar waren. Die schaumbepackten Flüsse der sechziger Jahre, die Unmenge toter Fische, die zerstörte Pflanzenwelt standen ihm immer noch lebhaft vor Augen. Reinigungsmittel befleckten Greystones nie, zumindest keine, von denen Edward wußte.

Er sagte: »Was ist mit Phils Haar passiert?«

»Wahrscheinlich gefärbt.«

Edward dachte nach. »Er scheint immer noch ein sehr netter Junge zu sein. Was für ein gräßlicher Tag. Das auf dem Friedhof war am allerschlimmsten.«

»Ja. Bitte kratz' den Teller ab, bevor du ihn spülst. Ruhe, Tam!«

Tam, Edwards weißer Rauhhaarterrier, hockte auf dem Fußboden und jammerte vor Freßlust. Er war ein Hund mit unstillbarer Gier. Edward sah zu ihm hinab und dann auf den Tisch, wo sich ein Teller mit Würstchen im Teig und Pasteten türmte. Er sagte: »Was meinst du, werden wir die essen?« Ohne auf eine Antwort zu warten, legte er zwei Würstchen und eine Huhn-Pastete in Tams Napf. Helen sagte nichts. Sie sahen einander an und merkten beide, daß das nie zuvor offen und ohne schlechtes Gewissen geschehen war. Wie aus der Erkenntnis heraus, daß die Dinge von jetzt an anders sein würden, rülpste Tam voller Zufriedenheit. Vierzig Jahre lang hatte Dorothy einen erbitterten, rachsüchtigen Feldzug gegen Edwards Tiere geführt, angefangen von dem eingeschmuggelten Kätzchen, als er noch zur Schule ging, bis zu den gestatteten, doch abgelehnten Hunden in späteren Jahren.

»Jetzt fühle ich mich schuldig«, sagte Edward. »Wird das immer so bleiben?«

»Das werden wir schon noch herausfinden, denke ich.«

Edward, der völlig uneffektiv im trüben Spülstein herumfingerte, sagte: »Diese Teller habe ich noch nie gesehen. Woher sind sie?«

»Ich glaube, sie waren ein Hochzeitsgeschenk für Mutter. Wir haben sie nie gebraucht, aber ich mußte heute alles ausräumen, es hätte sonst nicht gereicht.«

Ohnehin paßte nichts zusammen, ein Durcheinander von Gläsern, Tassen, Tellern, die einst vollständige Gedecke überlebt hatten. Angestoßene Tassen, unpassende Untertassen ohne dazugehörige Tassen, Teile aus angelaufenem Pyrexglas von vor dem Kriege.

»Es gibt in Greystones wirklich überhaupt nichts, was hübsch anzusehen ist«, sagte Louise einmal in einem Wutanfall, und Helen, ungerührt und gleichgültig, erkannte, daß sie völlig recht hatte.

»Eigentlich sind sie ziemlich hübsch«, sagte Edward. Er hielt einen Teller vom Spülstein weg, um ihn zu betrachten, und augenblicklich rutschte er ihm aus der Hand und zersprang auf dem Fliesenfußboden in mehrere Stücke. Sie suchten nach Handfeger und Kehrblech und stießen dabei gegeneinander. Edward, der die Teile auf dem Ablaufbrett sammelte, sagte ängstlich: »Kann man das nicht irgendwie wieder zusammensetzen? Anheften oder so?«

»Was soll's?« sagte Helen.

»Aber ...« er sah sie an. »Nein. Ich verstehe, was du meinst. Egal ...« Er stapelte die Teile auf dem Bord neben der Coronation Keksdose, wo sie, Helen sah es erschreckend deutlich, die nächsten fünf Jahre bleiben würden.

Sie beendeten das Aufräumen und gingen in den Salon zurück. Es war jetzt früh am Abend, und der nasse Garten glitzerte in der tiefstehenden Sonne. Dahinter war die Wildnis der Britches, und das schrille Kreischen einer Kettensäge auf Ron Pagets Hof übertönte Amseln und Rotkehlchen. Die Kaminuhr schlug sechs, und die Kettensäge brach abrupt ab. Helen sah ihn zu den Britches gehen. Sie wußte genau, wo er hingehen würde. Er würde auf dem umgefallenen Baumstamm irgendwo dort inmitten des Pflanzenwirrwarrs sitzen und nichts tun. In etwa einer halben Stunde würde er wiederkommen, anscheinend irgendwie gestärkt.

Das Dorf am äußeren Rand der Cotswolds war kaum der Rede wert. Es gehörte nicht zu den Orten, von denen man sagt, man müsse sie gesehen haben. Die Kirche war schön, aber nichts Besonderes. Es gab viele Kalksteinhäuser mit Sprossenfenstern und Tropfrinnen, doch kaum außergewöhnliche Gebäude. Weder gab es viel Fotografierenswertes, noch gab es Antiquitäten oder Marmelade vom Lande, Trockensträuße oder Korbwaren aus Hongkong zu kaufen. Der Dorfladen war ein kleiner Supermarkt und verkaufte nur Lebensmittel, ziemlich teuer und nicht bester Qualität. Die meisten Leute fuhren samstags zum Einkaufen zehn Meilen weit. Die meisten arbeiteten auch zehn oder fünfzehn Meilen weit weg. Sie arbeiteten in Büros, Krankenhäusern und Läden. Es gab einige Lehrer und vereinzelt Pensionäre, den Pfarrer und seine Frau in der Barratts-Wohnsiedlung für gehobene Ansprüche sowie einen Industriellen und seine Familie im Alten Pfarrhaus. Soziologisch gruppiert wären es überwiegend As und ABs mit ein paar eingestreuten Cs dazwischen; Sozialwohnungen gab es in Long Sydenham kaum, und die wenigen, die es gab, waren überwiegend vor dem Kriege gebaut worden. Die Glovers, Helen und Edward und – bis zu diesem Zeitpunkt – Dorothy, waren wahrscheinlich ABs wegen ihres Berufes (Edward unterrichtete, Helen arbeitete als Halbtagskraft in der Bibliothek). Was Einkommen und Lebensstil anging, gaben sie, zumindest dem Rest des Dorfes, ein Rätsel auf.

Im Dorf war der Reichtum ungleich verteilt. Das ist natürlich immer so. Die Hadleys im Alten Pfarrhaus waren unglaublich viel reicher als sonst jemand, ganz konkurrenzlos. Ihre gepflegten Autos, Mrs. Hadleys noch gepflegteren Jagdhunde, das Haus in der Karibik und die Yacht in Fowey, über die man munkelte; Attribute von Göttern, wie man es auch erwartete. Unterhalb von ihnen bewegte sich fast jeder in einer Einkommensspanne, die eng genug war, eine Menge an Unmut, Sehnsucht und Wetteifer zuzulassen. Es drehte sich um Wohnung, Autos, elektrische und elektronische Geräte, Urlaub und Schulausbildung für die Kinder – wahrscheinlich in dieser Reihenfolge. Auf der untersten Stufe standen die Armen, immun gegen Wettbewerb und nur auf das Überleben bedacht. Aufgrund der geographisch günstigen Lage von Long Sydenham gab es davon nicht viele: eine Handvoll Rentner, ein paar sehr große Familien (man sah sie als nutzlos an), ein alleinerziehendes Elternteil (dito) und einige Arbeitslose, von denen die meisten sehr jung waren. Wenn auch niemand hungerte, so mußten sie dennoch täglich die Üppigkeit um sich herum betrachten: angefangen vom Mercedes der Hadleys, der an ihrer Tür vorbeiglitt, bis zu der fünf Pfund teuren Pralinenschachtel im Dorfladen, die fast genauso unerreichbar war. Die Fernsehwerbung sorgte dafür, daß sie die Vielzahl der vorhandenen Konsumgüter und die Dringlichkeit und Intensität, sie besitzen zu müssen, nicht vergessen konnten.

Die Glovers waren ein Problem, was den Status anging. Das Haus, eines der größten und – zumindest potentiell – wertvollsten des Dorfes, ließ sie einer bestimmten Kategorie angehören, genau wie ihre Sprechweise und ihre Bildung; das Selbstbewußtsein der alten Dorothy fußte auf Generationen. Doch offensichtlich gab es in Greystones das Geld nicht im Überfluß. Man brauchte sich nur ihre Autos anzusehen, die Ausstattung im Haus (nichts Neues zu sehen, keine Zentralheizung, keine Geschirrspülmaschine, nur eine uralte, klapprige Waschmaschine mit Zwillingstrommel); es war nicht bekannt, daß einer von ihnen je im Ausland gewesen war. Und was die Kleidung anging …

Die Unmöglichkeit, die Glovers einer Kategorie zuzuordnen, verwirrte das Dorf, denn man wußte gerne, woran man bei den Leuten war. Die Bewohner der Barratts-Siedlung wußten nicht, ob sie vor ihnen buckeln oder sie freundlich von oben herab behandeln sollten, und taten schließlich beides, was sie noch mehr verwirrte. Ihr Reichtum entrückte die Hadleys wie altmodische Aristokraten; für sie waren alle anderen ein gesichtsloses Proletariat, und sie waren allen gegenüber gleichermaßen höflich; sie hätten die Glovers nie wahrgenommen. Die älteren Bewohner der Sozialwohnungen hatten jahrelang ein gespanntes Verhältnis zu Dorothy Glover gehabt. Ihre Kinder und Enkel, die etwas toleranter waren, hielten sie für eine übellaunige alte Schachtel, aber mochten Edward und Helen ganz gerne, die überhaupt nicht hochnäsig waren und denen es nicht in den Sinn kam, sich über laute Motorräder zu beschweren.

Es gab nur zwei Gewerbebetriebe in Long Sydenham. Am einen Ende des Dorfes stellte die Alte Schmiede schmiedeeiserne Gartentore, Ofenschirme, Lampenständer und Kerzenhalter her. Mit einem Pferd hätte man nichts anzufangen gewußt. Am anderen Ende, von Greystones durch den *cordon sanitaire* der Britches getrennt, lag Ron Pagets Bauhof, laut, schmutzig, mit Lastwagen, rüttelnden Zementmischern und Ziegelstapeln.

Die Britches waren ein Stück Wald voller Gestrüpp, etwa einen knappen Hektar groß. Jeder im Ort nannte es die Britches aus nicht mehr bekannten Gründen; es war einfach sein Name. Er gehörte den Glovers; ihr Garten ging fließend und allmählich dort in sie über, wo einige Sträucher von Sauerampfer, alten Büschen und ein paar kranken Apfelbäumen abgelöst wurden, die bis auf ein paar spärliche Blüten im Frühling schon längst nichts mehr hervorbrachten. Jenseits davon erstreckte sich Gras, das im August hüfthoch stand, und riesige wogende Mengen von Nesseln, und daran anschließend wieder ein dicht verschlungenes Stück mit Buchen, Birken, Holunder und einem Dickicht aus Brombeeren und niedrigen Büschen über einer Schicht halbverrotteter Blätter.

Sie hatten in Greystones die vage Vermutung, daß die Britches früher einmal ein Steinbruch waren; das Gelände war ausgesprochen uneben. Vor langer Zeit hatte Edward im Garten aus großen Blöcken, die er von dort herübergeschleppt hatte, einen Steingarten angelegt. Von Ron Pagets Hof trennte sie ein hoher, jedoch arg mitgenommener Zaun, durch den Eindringlinge wie Hunde, Katzen oder Kinder hineinkamen. Zuweilen tauchte Unerfreulicheres auf: Tierkadaver, Knäuel von Toilettenpapier und gebrauchte Kondome.

Das Dorf hatte lange über die Britches gestaunt. Während der habgierigen siebziger Jahre, als jedes winzige Stückchen Ödland, jede Scheune, jeder Schuppen, Schweinestall, jede verfallene Kate, jeder Obstgarten und eine ganze Reihe Rasenflächen hinter dem Haus von den Besitzern zu Geld gemacht wurden, hatte Dorothy Glover den Schmeicheleien der Bauspekulanten keine Beachtung geschenkt. Allen voran Ron Paget. Er hatte alles versucht: Er wechselte von handfesten, offenen Angeboten zu subtileren Manövern, von Zeiten unablässigen Drucks bis zu denen taktvoller nachbarlicher Besorgtheit. Dorothy ignorierte ihn.

Manchmal brachten die Leute aus Neugier die Sache zur Sprache. Wenn Sie die Britches verkaufen würden, sagten sie (umständlich, fein gesponnen, in Euphemismen eingekleidet ...), könnten Sie sich ein neues Auto kaufen, eine Zentralheizung installieren, Urlaub auf den Bahamas machen, nach Brighton ziehen. Helen und Edward könnten Autos haben, Ferien, neue Kleidung. Dies würde Respekt und Neid hervorrufen. Sie würden netter aussehen. Sie würden öfter eingeladen werden. Edward und Helen hätten sexuell mehr drauf. Geld ist Macht.

Die Jahre vergingen, und die Britches blieben unverkauft und unberührt. Den Leuten im Dorf wurde klar, daß man es mit Zeitgenossen zu tun hatte, die nicht durch Vernunft erreichbar und gesundem Menschenverstand unzugänglich waren.

Diejenigen, die Dorothy Glover finanziellen Scharfsinn und größere Geduld, als sie selbst besaßen, zugeschrieben hatten – die alte Eule wartete, bis die Grundstückspreise noch höher kletterten –, mußten erkennen, daß sie sich geirrt hatten.

Die Grundstückspreise kletterten und kletterten noch weiter; Baugenehmigungen wurden von den Büros der Grafschaftsverwaltung noch und noch erteilt, und doch verkaufte sie noch immer nicht. Sie wollte überhaupt nie verkaufen: Sie meinte, was sie sagte.

Dorothy selbst ging nie in die Britches, Helen nur selten. Der einzige, der regelmäßig hinging, war Edward, um die ökologische Situation zu überwachen. Es gab erstaunlich viel zu sehen, wenn man wußte, wonach man suchte. Ein Waldkäuzchenpaar nistete, auch Grün- und Buntspechte. Es gab reichlich Grasmücken. Hinzu kamen Baumläufer, auch einmal ein Kleiber, Stieglitze und alle Arten von Meisen. Es gab recht viele verschiedene Schmetterlinge und Nachtfalter. Die Flora war weniger vielfältig; das kleine noch vorhandene Fleckchen mit Glockenblumen war durch üppiges Wachstum gefährdet, die wenigen Buschwindröschen waren genau wie die purpurn gefleckten Orchideen, von denen es kaum mehr welche gab, überwuchert worden. Doch gab es einige Bärenlauchpflanzen und eine Menge Schöllkraut und Brunelle und Gundelrebe und noch mehr gewöhnliches Kraut. Edward kämpfte halbherzig gegen Eichhörnchen und Elstern, die er als Gefahr verstärkter Auslese in der Vogelwelt ansah. Von Zeit zu Zeit machte ihm Helen die Irrationalität seines Handelns deutlich: »Eigentlich mischst du dich ein. Pfuschst im System herum. Und warum ist ein Vogel wünschenswerter als der andere?« Edward gab zwar zu, es sei problematisch, meinte aber, man könne gegen das Gefühl nichts tun. Wie die Dinge lagen, war das einzige, zu dem er sich aufraffen konnte, Geräusche zum Verscheuchen und gelegentlich ein Elsternnest zu zerstören. Als vor Jahren Ron Paget entdeckt hatte, was er da trieb, und anbot, mal mit einem Gewehr herüberzukommen, war Edward entsetzt. Auch hier wies Helen ihn auf die Irrationalität hin.

Es fing wieder an zu regnen. Helen blieb am Fenster stehen, und nach ein paar Minuten erschien Edward, der sich seinen Weg durch die Lücke im Gesträuch bahnte, wo der Weg zu den Britches verlief. Er hatte den Anzug nicht ausgezogen, seinen einzigen, dem kleine Zweige und halbverrottete Laubreste anhaften würden, wenn er das nächste Mal benötigt würde. Edward sah genauso aus wie der, der er auch war: ein geistesabwesender, wohlmeinender Lehrer, der auf die fünfzig zuging.

In den Tagen darauf hatte Helen das Gefühl, ihre Mutter wäre als großes schwarzes Loch immer im Haus anwesend. In Dorothys Schlafzimmer war ein Loch, in dem Bett, worin sie nicht war und auf dem jetzt die Decken ordentlich gefaltet lagen und der Überwurf ausgebreitet war. Es gab eine Reihe anderer Löcher, wo sie am Küchentisch stand und einen dieser unappetitlichen Eintöpfe zubereitete oder vom Treppenabsatz Anweisungen herabrief oder einen Besucher an der Haustür inspizierte. Es gab wandernde Löcher, in denen sie die knarrende Treppe herab- oder durch die Haustür hineinkam. Fast trat Helen zur Seite, um sie vorbeizulassen, oder manövrierte um die große schwarze Luftmasse herum, die die Spülküche oder den engen Gang bei der Hintertreppe einnahm. Es dauerte Wochen, bis Helen gerade durch sie hindurchgehen oder die Schlafzimmertür öffnen konnte, ohne ihren Mut zusammennehmen zu müssen, ihr gegenüberzutreten.

Fast täglich rief Louise an: »Geht's dir gut?«

»Natürlich geht es mir gut.«

»Und Edward?«

»Edward geht es auch gut«, sagte Helen verärgert. »Warum auch nicht?«

»Nach all der Zeit. Ihr hattet euch so an sie gewöhnt. Ich meine, ich kann's selbst noch nicht begreifen. Es ist ein Schock.«

»Nein, das ist es nicht«, sagte Helen. »Wir wußten, daß sie sterben würde.«

»Ja, aber wir konnten es nicht glauben. Das tut man nicht.

Sie tat's bestimmt nicht, was, denke ich, so gut war. O Himmel ...« – Louises Stimme verlor sich – »Ich kann immer noch nicht ...«

Dorothy, die selten auch nur einen Tag im Laufe ihrer achtzig Jahre krank war, hatte die Diagnose bestritten. Sie hatte rundweg widersprochen. »Dieser Dummkopf meint, ich habe etwas Schlimmes«, verkündete sie. »Ich sagte ihm, er solle nicht so einen Unfug erzählen.« Mit fortschreitender Krankheit warf sie dem Arzt erfolglose und fehlerhafte Behandlung vor, schrie ihn im Krankenhaus über seinen Schreibtisch hinweg an oder zog am Telefon über ihn her. Als sie schließlich bettlägerig war und ihr nur ein wütendes Vor-sich-Hinstarren blieb, schob sich der Spezialist in den Vordergrund, nun fähig, ihren Kampfgeist zu loben. »Ihre Mutter hat nie aufgegeben«, sagte er bedeutungsvoll zu Helen und Edward. »Jemandem wie ihr kann man die Wahrheit erzählen, und man weiß, es wird eher Stärke als Verzweiflung wecken.« Helen hatte es nicht übers Herz gebracht zu sagen, daß ihre Mutter ihm nie auch nur einen Augenblick lang geglaubt hatte. Ihr totes Gesicht hatte einen Ausdruck von Rage und Ungläubigkeit gehabt.

»Ihr solltet Urlaub machen«, sagte Louise. »Fahrt irgendwo hin. Paß auf, wir haben so einen Freund, der hat eine Hütte im Lake District ...«

»Nein danke. Ich habe zuviel zu tun. Ich muß wieder in die Bücherei, wenn ich das Haus in Ordnung gebracht habe.«

In den langen Wochen der Krankheit ihrer Mutter hatte Helen sich in der Bücherei beurlauben lassen müssen. Jetzt freute sie sich auf die Rückkehr zu jenen heiteren, unpersönlichen Tagen. Doch erst einmal riefen lästige Pflichten. Es galt, die Ausstattung für die Krankenpflege wieder loszuwerden, Rechnungen zu begleichen, alles das zu tun, was liegengeblieben war. Sie sah, daß die durchhängende Dachrinne vorn am Haus kaum noch befestigt war und daß ein weiterer Dachziegel fehlte. Ron Paget war gebeten worden zu kommen und hatte es nicht getan. Wie töricht zu glauben, eine Anfrage würde genügen. Die Rückbank des Morris Minor mit Sachen für das Rote Kreuz vollgepackt – den Nachtstuhl, die Rückenstützen –, hielt sie am Bauhof an, als sie Ron Paget einen Lastwagen beladen sah.

»Mr. Paget!«

Er kam herüber. Sie waren alte Sparringspartner. Er war fast erfreut, sie zu sehen, bemerkte sie – aufgemuntert durch den Gedanken an einen kleinen Kampf. Die ganzen Jahre hindurch hatte es viele davon gegeben: wegen Lärm und Schmutz, der vom Hof herüberdrang, das beherrschende ewige Thema der Britches, Rons Bedürfnis, sich mit der Stammlinie in Greystones gut zu stellen, gegenüber deren häufigem Bedürfnis nach kleineren Reparaturen und Dienstleistungen. Wir sind zusammen in die Jahre gekommen, dachte Helen. Nur, daß Ron dabei immer reicher geworden ist, seine langweilige alte Frau gegen eine schicke jüngere eingetauscht hat und sich von einem schrottreifen Lieferwagen gesteigert hat zu einem protzigen neuen Auto jedes Jahr. Die Zeit hat es gut mit Ron gemeint. Besser als mit mir. Er war Ron in ihren Gedanken, doch aus guten strategischen Gründen redete sie ihn immer förmlich an.

»Mr. Paget, Sie sagten, Sie würden nach der Dachrinne sehen. Und nach den Dachziegeln.«

»Ganz recht, Miss Glover, ganz recht. Mach' ich auch. Passen Sie auf. Ich schick' morgen früh ein paar Leute rüber. Wie wär's?«

»Danke. Ich warte dann auf sie.«

»Schon eine traurige Zeit für Sie«, sagte Ron zahm. »Wir haben an Sie gedacht, Pauline und ich. Ich hoffe, es geht Ihnen gut, und auch Ihrem Bruder.«

»Bestens, danke«, sagte Helen ganz lebhaft. Sie ließ den Morris wieder an. Ron Paget legte eine Hand auf den Kühler. »Die alte Kiste ist ganz schön treu, was? Wie alt ist sie denn jetzt?«

»Da fragen Sie mich zuviel«, sagte Helen. »Ich interessiere mich nicht für Autos.«

Der Morris Minor war fünfzehn Jahre alt, hatte sich aber selten weiter als fünfzig Meilen von Long Sydenham entfernt. Er hatte kaum vierzigtausend Meilen und war in einwandfreiem Zustand, hervorragend gepflegt von einem vernarrten Mechaniker in Willoughbys Werkstatt in Spaxton.

Ron betrachtete den Morris und meinte: »Ich sag' Ihnen was, Miss Glover, ich hab' eine Idee. Ich tu' Ihnen einen Gefallen. Meine Schwester braucht was, um damit rumzugurken. Muß nichts Schickes sein. Ich kauf' Ihnen die alte Klapperkiste ab und mach' sie ihr zurecht.« Erstaunlich, was ein guter Morris jetzt brächte, Sammlerstücke sind sie. Dieser hier war heiß begehrt. Die alte Miss G. weiß das bestimmt nicht, na klar, würd' es nie und nimmer wissen. »Schaffen Sie sich mal was Neues an«, fuhr er fort. »'N netten kleinen Escort, sowas in der Art. Sie haben es sich verdient.«

»Tatsächlich?« fragte Helen. »Na, vielleicht haben Sie recht.«

Sie stieg aus und betrachtete den Morris prüfend. »Was, meinen Sie, ist er wert, Mr. Paget?«

»Na ja ...« Ron dachte nach. »Klar. Wird heute nicht mehr

gebaut. Völlig aus der Mode. Ersatzteile kriegt man nicht mehr. Und er ist schon ganz schön alt.«

»Mmh«, machte Helen.

»Bei Hartwell würden sie den gar nicht mehr anseh'n. Nicht mal in Zahlung nehmen für einen neueren Escort.«

»Glaube ich wohl auch nicht«, sagte Helen.

»Ich möchte Ihnen aber trotzdem ein gutes Angebot machen, Miss Glover. Ich selbst kann an ihm ein bißchen rumflicken und mal seh'n, ob ich ihn zurechtkriege. Ich sag' Ihnen was; ich geb' Ihnen fünfhundert dafür.« Er schlug klatschend hinten auf den Morris, kratzte an einer kleinen Schramme und runzelte die Stirn. »Ich bin ein Idiot, aber ich will mal nicht so sein. Fünfhundert.«

»Eigentlich läuft der Wagen immer noch sehr gut«, sagte Helen. »Ich habe meine Zweifel, ob Sie daran viel flicken müßten. Ich werde darüber nachdenken. Oder ich könnte auch eine Anzeige in die Zeitschrift des Morris-Minor-Clubs setzen. Haben Sie den Artikel im *Observer* gesehen?« Sie setzte sich ins Auto und ließ den gut eingestellten Motor wieder an. »Jedenfalls vielen Dank für das Angebot. Und das mit der Dachrinne ist versprochen, nicht wahr?«

Ron sah ihr nach. Schlaue Tante. Gar nicht so dämlich wie sie aussieht. Wie die Alte. Aber was bringt ihnen das?

Helen, die sich seit geraumer Zeit das erste Mal ein wenig amüsiert hatte, bog aus dem Hof in die Straße ein. Tatsächlich brauchte Edward eher ein neues Auto als sie. Der Morris konnte noch viele Meilen halten, aber Edwards alter Käfer (auch, wie man weiß, heutzutage von Seltenheitswert, doch in diesem Falle, leider!, schon fast hinüber) hatte heute morgen wieder gestreikt, und Edward hatte mit dem Bus zur

Schule fahren müssen, durch Umsteigen, verbunden mit langer Wartezeit, eine umständliche Sache.
Edward unterrichtete in Croxford House, einer privaten Mädchenschule für die Töchter der etwas wohlhabenderen einheimischen Bauern, des weniger wohlhabenden Landadels und der aufstrebenden Geschäftsleuten aus Spaxton. Man hatte wenig Ambitionen. Kaum eines der Mädchen ging danach auf die Universität. Ein paar der strebsameren wählten Berufsbildungskurse und wurden Physiotherapeutinnen oder Krankenschwestern. Die meisten begnügten sich mit Büroarbeit, wurden Sprechstundenhilfe oder, wenn es zum Schlimmsten kam, arbeiteten als Verkäuferin. Heiraten stand auch ganz oben an.
Möglicherweise war es in London für Frauen kein Makel mehr, unverheiratet zu sein, aber hier in der Provinz lagen die Dinge etwas anders. Die Mädchen heirateten immer noch mit zwanzig; Ehe blieb ihr Ziel und die einzige Möglichkeit, Status zu erlangen. Mrs. Hadley vom Alten Pfarrhaus richtete eine Unmenge Parties aus mit dem Ziel, ihre zwei Töchter in den hiesigen Adel einzuschleusen. Nicht so einen Unsinn wie Universität oder interessanten Beruf. Es gab hier ein stillschweigendes Übereinkommen, was das Leben eines Mädchens ausmachte. Und in Croxford House, auch wenn man hier ein Lippenbekenntnis neuzeitlicherer Gedanken ablegte, hätte man dem nicht völlig widersprochen.
Edward unterrichtete Englisch, Geschichte und Biologie bei den Kleinen und Gegenwartskunde bei den Großen. Edward war der einzige Mann im Kollegium außer einem, der im Sommer mittwochs zum Tennisunterricht kam und von allen mit freundlicher Herablassung behandelt wurde, außer

von der Rektorin, die ihn bemerkenswert fand (eher im gesellschaftlichen denn im intellektuellen Sinne) und ihn deswegen vor fünfzehn Jahren eingestellt hatte.

Die Mädchen mochten Edward. Sie erkannten, daß seine disziplinarischen Fähigkeiten dermaßen schwach waren, daß es überhaupt keinen Sinn hatte, ihn zu reizen. Dazu war er liebenswürdig, hörte ihnen mit sichtlichem Interesse zu, und er gab ihnen nie schlechte Noten in Betragen oder meldete sie bei der Rektorin. Er verlangte wenig von ihnen, und so verlangten sie wenig von ihm. Seine Stunden waren sanfte, träumerische Angelegenheiten, die scheinbar ewig weitergingen, mit Sonnenlicht, das in Strahlen auf den Tischen lag, und mit Fliegen, die am Fenster summten.

Er war schon lange von Unterrichtspflichten entbunden worden, die irgend jemanden betrafen, der alt genug war, sich in der Nähe solcher staatlichen Prüfungen zu befinden, mit denen sich Croxford House herumschlagen mußte, und plauderte mit den Elf- und Zwölfjährigen einfach über die eher märchenhaften Abschnitte der englischen Geschichte. Er las ihnen auch aus Büchern vor, die ihm seiner Erinnerung nach in ihrem Alter gefallen hatten. Neue Kinderbücher waren an ihm vorbeigegangen. Er las *Alice im Wunderland*, *The Wind in the Willows* und *The Water Babies* den Jüngeren vor, während sie Mitteilungen austauschten, unter den Tischen strickten oder den Kopf auf die Arme gelegt dalagen, offensichtlich eingeschlafen. Edward liebte *Alice im Wunderland* immer noch und hatte nie bemerkt, daß es die Kinder nicht taten. Tatsächlich las er vor allem sich selbst vor und war glücklich. Es erinnerte ihn daran, von seiner Mutter vorgelesen zu bekommen – nur, daß er sich schlecht erinnern konnte, da Dorothy das selten getan hatte. Bücher langweilten sie völlig. Es war Helen, die Edward und dann später Louise vorgelesen hatte. Was sich in Edward wieder regte, war ein verschwommenes, schwelgerisches Gefühl der Hingebung an jemanden mit Autorität, größerer Kundigkeit und Zugang zu einer wundersamen anderen Welt. Zu der Zeit mußte Helen ungefähr neun gewesen sein.

Während sie sich der Krankenausstattung in Spaxton entledigte, wurde Helen nicht daran erinnert, Edward vorgelesen zu haben, sondern an die Abneigung ihrer Mutter dem gedruckten Wort gegenüber. Eines der wachsenden Probleme der letzten Jahre war die Unterhaltung einer lebhaften alten Frau gewesen, die gesund an Geist und Körper war, doch keinerlei Interessen hatte.

Dorothy Glovers Aufmerksamkeit konzentrierte sich auf ein persönliches Bezugssystem. Sie las ausschließlich die Geburts-, Hochzeits- und Todesanzeigen der *Times* und konnte mit geübtem Blick sekundenschnell jeden bekannten Namen herauspicken. Romane fanden nur Billigung, wenn der Schauplatz vertraut war. »Besonders gern mag ich *Persuasion*«, sagte sie. »Ich ging in der Nähe von Bath zur Schule. Es ist bei weitem ihr bestes Buch.« Ihr Wissen um persönliche Beziehung war allumfassend – sie wußte von Vettern zehnten Grades, sie erinnerte sich an alle Menschen, die sie je getroffen hatte, ihre Namen, ihre Berufe und Eigenschaften. Sie wußte all das mit der Gleichgültigkeit eines Beamten vom Staatsarchiv; an den Menschen selbst hatte sie kein Interesse. Sie war eine Expertin, sich Unwesentliches vom Hals zu schaffen; da war einmal der Teil der Welt, der zu ihr in Bezug stand, wo sie gewesen war oder mit dem sie gesprochen hatte, und dann war da der Rest, und der war unwichtig. Überflüssig zu erwähnen, daß sie Geschichte nichts abgewinnen konnte und Politik ignorierte. Sie ging nie zur Wahl. Der Neigung nach war sie konservativ, hätte aber eine politische Zuordnung entrüstet zurückgewiesen, indem sie behauptete, sie hätte keine Zeit für Politik und verdanke ihre Meinungen gesundem Menschenverstand und dem Gebrauch ihres Kopfes. »Dumm« war ihr Lieblingsschimpfwort; doch interessanterweise benutzte sie »gescheit« nicht als Lob. Sie war eher geneigt, jemanden »viel zu gescheit« zu nennen.

Bücher las sie nur, wenn sie einen guten Grund hatte, und wenn sie es tat, dann laut, indem sie die persönliche Wirkung, aufgrund derer das Buch sie zufriedenstellte, darlegte – den vertrauten Ort oder den Namen, mit dem sie irgendetwas verband. Einst hatte sie an eine bekannte Schriftstellerin geschrieben und angefragt, ob eine Person in ihrem Roman mit einer Familie gleichen Namens verwandt wäre, die Dorothy gekannt hatte. Die freundliche, aber beißende Antwort der Autorin war Helen und Edward beim Frühstück vorgelesen worden, die äußerst verlegen waren. »Was zum Kuckuck meint diese Frau mit ›... Ihre ungewöhnlich buchstabengetreue Betrachtungsweise von Literatur‹? Versucht sie witzig zu sein oder was?«

Als Helen, Edward und Louise heranwuchsen, erkannten sie die Sichtweise ihrer Mutter als das, was sie war. Sie bemerkten mit Unbehagen, daß sie nicht so sehr selbstsüchtig war, sondern eingeschränkt – gefangen in einer fortwährenden Adoleszenz. Sie bewegte sich in einer Landschaft, deren einziger Bezugspunkt sie selbst war.

Die Dame des Roten Kreuzes nahm den Nachtstuhl und die Rückenstützen mit Beileidsgemurmel in Empfang. Helen parkte den Morris und machte einen Einkaufsbummel. Die

mittelgroße Marktstadt Spaxton bot all die notwendigen Dinge, die es im Dorf nicht gab. Helen und Edward, anspruchslose Esser und außergewöhnlich bescheiden, hatten weniger Bedürfnisse als die meisten. Trotzdem gab es doch ab und zu Dinge zu besorgen. Heute einen Schraubenzieher, um etwas mit der kaputten Lampe zu machen, Earl-Grey-Tee (eine von Edwards wenigen Schwächen) und einen Pullover für sie selbst. Sie ging die Hauptstraße hinunter und ging in das neue Einkaufszentrum, ein futuristischer Ort, wo die Läden vorne nicht zu waren, sondern sich zu dem blitzenden, beheizten, überdachten Gehbereich hin öffneten, wie eine unbeholfene Parodie orientalischer Marktbuden. Ihre Mutter ging neben ihr her, die noch streitbarere Person von vor zehn Jahren, die lautstark kritisierte und die Blicke auf sich zog. »Ich weiß«, sagte Helen. »Vom Ästhetischen her finde ich das auch nicht gut, aber ich sehe nicht ein, warum die Leute nicht eine größere Auswahl an Dingen haben sollen, wenn sie das so wollen.«
Sie blieb stehen, um eine Auslage von Pullovern zu betrachten. Blau. Interessant gemustert.
»So etwas kannst du nicht tragen«, sagte ihre Mutter. »Das ist zu jugendlich für dich. Du bist zweiundfünfzig. Und zu klein und zu dick. Louise könnte sich das noch erlauben, nehme ich an. Du nicht.«
»Ich könnte zur Abwechselung mal ein bißchen was wagen«, sagte Helen.
»Braun«, schnaubte ihre Mutter verächtlich. »Braun ist das richtige für dich. Das trägst du immer.«
Helen ließ sie draußen stehen und betrat den Laden. Sie hielt sich Pullover an und versuchte, diese und ihr Gesicht unvoreingenommen zu betrachten. Das Gesicht war – na,

anspruchslos war das Wort, was einem in den Kopf kam – weder besonders attraktiv noch unattraktiv, der Teint besser als Durchschnitt, irgendwie ganz interessante Augen, das Kinn eine Spur zu breit. Sie sah Alter und Verfall, aber es machte ihr nicht allzuviel aus. Sie wünschte sich nicht besonders, jünger zu sein, doch eine Veränderung wäre ihr willkommen gewesen. Braun, stellte sie jetzt fest, ließ ihr Gesicht zur Anonymität verblassen; sie hielt sich einen Pullover an, der die Farben bunter Glasfenster hatte – Blau- und Rottöne und eine Spur grün – und meinte, darüber ein antwortendes Leuchten zu sehen. Sie kaufte den Pullover. Ihre Mutter, die draußen wartete, gab mißbilligende Töne von sich. »Na«, sagte Helen, »Vielleicht. Vielleicht auch nicht. Wir werden sehen. Ich werde sehen. Egal, ich brauche Auftrieb.« Sie drehte sich weg, und mit einem seltsamen, noch nie dagewesenen Ausdruck von Verwundbarkeit auf dem Gesicht begann ihre Mutter zu verschwinden wie die Cheshire-Katze in *Alice im Wunderland*. Hilf mir, schien sie zu sagen, rette mich, behalte mich. Und Helen, mit Tränen in den Augen, tückisch und taub, marschierte aus dem Einkaufszentrum, den Pullover, den Schraubenzieher und das Päckchen Earl Grey fest in der Hand haltend.

»Wir haben jeder einen Brief von den Anwälten bekommen«, sagte Helen.

Edward stand an der Küchentür, aß Popcorn aus einer Schüssel und warf den Vögeln Brot zu, die scharenweise darauf lauerten. Manchmal schien es Helen, daß Greystones die wildlebenden Tiere der Gegend, wenn man sie überhaupt so nennen konnte, völlig versorgte; allein für die Vögel kauften sie im Winter täglich einen Laib Brot. Der

Garten war mit Kokosnüssen und Futternetzen girlandenförmig überzogen, als ob es exotische Dekorationen aus China wären.

Edward wandte sich zurück zum Raum. »Ich habe keine Zeit, meinen zu lesen – ich muß den Bus erwischen. Hast du irgendwo einen Stapel Hefte gesehen?«

Helen öffnete ihren Brief. Edward durchstöberte das Zimmer, ging in die Diele und kam zurück, immer noch wegen der Hefte vor sich hinmurmelnd.

»Es geht um Mutters Testament.«

»Ja«, sagte Edward. »Hast du sie gestern abend gesehen? Kannst du dich erinnern? Vielleicht habe ich sie gar nicht wieder mitgebracht.«

»Mutter hat uns Greystones nicht vermacht. Nur die Britches.«

Edward blieb stehen. Er starrte sie an.

»Das Haus hat Phil geerbt.«

»*Phil?*« Edward glotzte. »Aber warum?«

»Das hat was mit den Steuern zu tun. Erbschaftssteuer. Zumindest in einem gewissen Ausmaß. Dieser Anwalt hier scheint ein wenig verblüfft zu sein. Er ist neu. Offensichtlich setzte der alte das Testament auf, so vor fünf oder sechs Jahren. Sie hat es Phil hinterlassen, weil durch so etwas Steuern gespart werden, aber es gibt eine Klausel, daß wir hier bis zu unserem Lebensende wohnen können.«

»Oh«, sagte Edward. »Dann, glaube ich, macht das wohl keinen großen Unterschied.«

»Ich glaube auch nicht.«

Sie sahen einander an. »Ich frage mich, warum Mutter uns das nie erzählt hat«, sagte Edward schließlich.

»Ich mich auch.«

Jetzt öffnete Edward auch seinen Brief und las. Die Briefe waren identisch.

»Ich glaube nicht, daß Louise darüber besonders erfreut ist«, sagte Edward.

In diesem Augenblick klingelte das Telefon. Helen ging in die Diele, um das Gespräch anzunehmen.

»Ich *glaub's* einfach nicht!« kreischte Louise. »*Was* in aller Welt soll das Ganze? Was zum Teufel hat sich Mutter dabei gedacht? Es ist verrückt. Warum hat sie uns dazu nicht befragt? Oh Gott – ich kann jetzt nicht mehr reden. Ich bin schon eine halbe Stunde zu spät dran und habe eine wichtige Besprechung. Du, wir kommen Samstag runter; wir müssen darüber reden.«

Helen kehrte in die Küche zurück. »Sie ist es nicht.«

Edward suchte wieder nach seinen Heften. Er öffnete den Brotkasten und spähte hinein. »Oje … Habe ich sie vielleicht im Bus liegengelassen? Louise ist außer sich, nicht? Müssen wir diese Briefe beantworten?«

»Sie sind ziemlich schlüssig«, sagte Helen. Nach einer kleinen Weile setzte sie hinzu: »Ich rufe ihn an – Mr. Carnaby. Es erscheint mir doch ein wenig erklärungsbedürftig.«

»Oh, gut«, sagte Edward erleichtert. Er hob das Brotschneidebrett hoch und fand die Hefte darunter. »Da sind sie …! Ich wußte doch, ich hatte sie wieder mitgebracht.« Er klang jetzt ganz glücklich. »Kann ich mir heute abend dein Auto leihen – da ist ein Treffen des Bundes der Naturkundler in Spaxton.«

Während sich Helen an jenem Morgen im Haus zu schaffen machte, dachte sie darüber nach, wie man auf Besitz reagiert. Sie besaß sehr wenig: ein Auto (zugegebenermaßen von Ron

Paget begehrt, was ihm doch Glanz verlieh), einen Schrank voll mit Kleidung (die niemand begehren würde), einige Bücher und etwas Schnickschnack. Hinzu kamen einige Geschäftsanteile und Aktien, die sie von ihrem Vater geerbt hatte und die jetzt etwa eintausend Pfund im Jahr einbrachten. Edward und Louise hatten, als John Glover 1958 starb, dieselbe Erbschaft gemacht. Alles andere war natürlich an Dorothy gegangen. Helen stellte fest, daß, was Besitz anging, sie, Edward und Dorothy nicht so waren wie die anderen. Sie wollte selten etwas haben. Mit Edward war es dasselbe. Ihre Mutter gab äußerst ungern Geld aus, nicht aus Sparsamkeit, sondern aus Trägheit. Welche Veranlagung es bei den meisten Leuten auch ist, die sie auf den Anblick von Verkaufswaren reagieren läßt, in ihrem Falle war sie nicht vorhanden. Dementsprechend zogen sie auch aus Besitz keine Befriedigung. Helen konnte sich nur an einen gewissen Schauer erinnern, den ein Abendkleid in ihr hervorrief, als sie achtzehn war, aber das hatte sich selten wiederholt.
Louise war da ziemlich anders. Louise hatte eine Menge anzuziehen und ein großes, unordentliches Haus in London, das mit Möbeln von Ausverkäufen und von Trödelläden vollgestopft war. Sie kaufte Bilder und wurde dann ihrer überdrüssig, verstaute sie in Schränke und kaufte neue. Sie besaß wahrscheinlich sehr viel, kaufte impulsiv und ohne nachzudenken und entledigte sich der Dinge häufig in gleicher Weise. Louise war großzügig, unkonzentriert und ungeduldig.
Und jetzt gehörte Greystones Phil. Während sie darüber nachdachte, ging Helen in den Garten. Sie nahm an, daß mit dem Garten etwas geschehen müßte. Völlig abgesehen von Apathie gab es Hindernisse bei allem, was zu tun war. Insek-

tizide durften nicht angewendet werden, auch nicht Fungizide oder Unkrautvernichter oder irgendwelche anderen dieser arbeitssparenden Dinge, die sonst jeder benutzte. So durften auch Mäuse oder Maulwürfe nicht gefangen oder gegen Fliegen und Wespen nicht gesprüht werden. Vernachlässigung und ein Gefühl für das Bewahren hatten den Garten in eine schöne Fläche voller Gemeinem Kerbel, Butterblumen, Löwenzahn, Winden und Nesseln verwandelt. Helen mochte ihn ziemlich so, wie er war, auch wenn es ärgerlich war, daß man nicht über den Rasen gehen konnte, ohne bis zu den Knöcheln hin naß zu werden. Er sollte wirklich gemäht werden.

Tam kauerte über etwas und nagte. Als sie sich näherte, legte er die Ohren an und begann zu knurren und nagte dabei wie wild. Helen sah, daß er eine verweste Amsel hatte. »Aus!« befahl sie. Tam fletschte die Zähne und rutschte etwas zur Seite. Helen ergriff einen Teil der Amsel und zog. Tam versuchte, in ihre Hand zu beißen und ließ dabei die Amsel los. Sie marschierte damit zum Abfallhaufen, Tam bedrängte sie dabei und blieb ihr verrückt kläffend auf den Fersen. Sie warf sie so hoch und weit weg, wie sie konnte. Tam sah haßerfüllt zu und lief dann fort, wobei er mit dem Hinterteil so wackelte, als ob ihn etwas stach.

Helen nahm an, sie würde den Rest ihres Lebens in Greystones verbringen. Dasselbe glaubte sie von Edward. Edwards Versuche, woanders zu leben, waren nie weit gediehen. Es gab eine Zeit, als er in London mit verhaltensgestörten Kindern arbeitete und sich eine Wohnung mit einem Mann teilte, mit dem er auf dem College gewesen war. Die Kinder waren unkontrollierbar und raubten Edward fast den Verstand; zudem konnte er den Verkehrslärm nicht ertragen.

Nach achtzehn Monaten packte er seine Sachen und kehrte nach Greystones zurück, wo er nun vollkommen zufrieden damit war, ein wenig Privatunterricht zu erteilen und den Rest seiner Zeit ehrenamtlich für die Leute der Naturschutzbehörde tätig zu sein, bis eine beiläufige Kritik eines Verwandten ihn in eine Gewissenskrise stürzte. Edward verkündete, er sei nun vierunddreißig, habe kein Lebenskonzept und wolle sein berufliches Fortkommen ernst nehmen. Er bewarb sich um eine Stelle an einer kleineren Schule und bekam sie. Als er nach acht Monaten kündigte und nach Greystones zurückkehrte, war Dorothy fassungslos. »Wieso um alles in der Welt gibt er so leicht auf?« wollte sie wissen. »Es ist doch nicht so, daß das so unmögliche Jungen wären wie der Haufen in London.« Helen, die wußte warum, sagte nichts. Edward bekam die Stelle in Croxford House und verlor den gehetzten Blick.

Und Helen? Auch Helen hatte Greystones verlassen. Mehr als einmal. Sie war fort aufs College gegangen und natürlich in den Ferien zurückgekehrt. Sie hatte ihre erste Stelle fünfzig Meilen entfernt in der Grafschaftshauptstadt angenommen, in einem möblierten Zimmer gewohnt und war an den Wochenenden nach Greystones gefahren. Augenscheinlich gab es keinen Grund, das nicht zu tun, und sowieso war Edward für gewohnlich dort. »Helen sucht etwas hier in der Gegend«, machte ihre Mutter denjenigen klar, die überhaupt Interesse zeigten. »Es ist lächerlich, wie sie so jeden Montagmorgen davonzieht.« Und so hatten sich die Möglichkeiten in der Gegend unausweichlich ergeben: die Halbtagsstelle an einer Schule, dann an einer Berufsschule und schließlich in der Bücherei in Spaxton. Helen sah jetzt in kristallener Klarheit selbst das Abgleiten von Unschlüssigkeit zu einem unausweichlichen, sich immer wieder fortsetzenden Sich-Einrichten; sie sah, wie das, was möglicherweise eine mittelmäßige, doch nützliche Karriere, die diese Bezeichnung auch verdiente, hätte werden können, sich in eine Reihe von Anstellungen verwandelt hatte. Fatale Schritte werden in dem Moment selten als solche erkannt. So lange Zeit hatte es die Annahme gegeben, daß irgendwann plötzlich etwas auftauchen würde, das eine Veränderung bewirkte. Da war Dorothy gewesen mit ihren Vermutungen. Und Edward. Und jedenfalls mochte sie Greystones und ließ, wie es schien, einen Instinkt für eigenes Territorium in pathologischer Weise vermissen.

Rein technisch gesehen gehörte Greystones jetzt also Phil. Genauso hatte es vorher ihrer Mutter gehört. Spielte das eine Rolle? Aber natürlich, dachte Helen, aber spielt es eine signifikante Rolle? Und als sie mit nassen Füßen über den Rasen zurückging, die Arme voller Flieder, um das Haus ein wenig aufzumuntern, entschied sie, daß es das nicht tat.

Was natürlich signifikant war, was zählte, war die fortdauernde Wirkung ihrer Mutter; abwesend, machte sie immer noch Vorschriften.

»Absurd!« stieß Louise ärgerlich hervor.

»Nicht unbedingt. Es scheint einen steuerlichen Anreiz gegeben zu haben.« Tim im großen Sessel war das immer noch ruhige Zentrum. Louise wirbelte um ihn herum. Phil und Suzanne saßen auf Armlehnen. Helen und Edward standen auf beiden Seiten der Kamineinfassung.

»Mutter scherte sich den Teufel um sowas. Und überhaupt, warum hat sie uns nichts *erzählt*?«

»Ah«, sagte Tim. »Da hast du nicht unrecht.«

»Ich wills sowieso nich«, sagte Phil beruhigend.
»Du hast es auch nicht«, sagte Louise erregt. »Es ist Helens und Edwards Zuhause, genau wie es immer war. Das macht keinen Unterschied.«
»Genau«, sagte Helen. »Und deshalb gibt es für keinen von uns einen Grund, sich darüber so aufzuregen. Es ist eine Formalität.«
»Is richtig«, stimmte Phil zu.
Louise, die wütend aus dem Fenster starrte, wirbelte herum. »Es geht hier ums Prinzip. Erstens hätte sie es mit uns *besprechen* müssen, und zweitens ist es eine Beleidigung für Helen und Edward, ob Formalität oder nicht, und ehrlich gesagt, ob es mit den Steuern zu tun hat, möchte ich bezweifeln. Mutter hatte von Finanzen nie einen Schimmer und interessierte sich auch nicht dafür, und so ...«
»Angenommen, dieser Anwalt ...« fing Tim an.
»Ach, zum Henker mit dem Anwalt. Mutter hätte sowieso getan, wozu sie sich entschlossen hatte. Das hat sie immer. Ich glaube wohl, daß er ihr die *Idee* in den Kopf gesetzt hat – das ist durchaus möglich –, doch danach war sie es. Sie hätte es uns *sagen* müssen. Es ist eine Beleidigung für Helen und Edward, und es macht zwischen Phil und Suzanne einen Unterschied. Suzanne hat ihren Schmuck geerbt. Ihren Schmuck! Ihren *Schmuck*! Ihr Schmuck ist eine Halskette mit braunen Perlen, ihr Hochzeits- und ihr Verlobungsring und die Regimentsbrosche, wo die Hälfte der Steine fehlt, und das Kupferarmband gegen Rheumatismus. Das nennt sich ihr Schmuck.«
»Ach, halt' die Klappe, Mama, sagte Suzanne. »Ist mir doch *egal*. Das ist alles so bescheuert.«
»Das ist nicht der Punkt. Der Punkt ist, daß Phil alles kriegt

und Suzanne nichts. Der Punkt ist auch, daß Phil ein Junge ist und Suzanne ein Mädchen. Das ist der Punkt. Was Mutter da macht, könnte man eine politische Entscheidung nennen.«
»Machte«, murmelte Tim mit hinter dem Kopf verschränkten Händen und hatte den Blick sorgfältig zur Decke gerichtet. »Machte, mein Schatz. Leider muß man das so sagen.«
Louise beachtete ihn nicht. »Das ist ein offenkundiger Fall von Anti-Feminismus. Ganz bewußt. Reine Schikane. Sie mochte Phil nicht besonders gern. Immer, wenn sie ihn sah, hatte sie etwas an ihm auszusetzen.«
»Auf mich ging sie genauso oft los«, sagte Suzanne.
»Oh, hört doch auf, so zu reden!« rief Edward.
»Is richtig«, stimmte Phil zu. »Is sowieso alles blöde. Hat jemand was dagegen, wenn ich 'n bißchen rausgeh?«
Einen Augenblick sah Louise so aus, als würde sie ihn vielleicht schlagen, dann ließ sie sich stöhnend auf das Sofa fallen.
»Ich glaube, ich gehe auch«, sagte Suzanne und folgte Phil aus dem Zimmer.
Alle schwiegen. Edward nahm seine Brille ab und begann sie übertrieben sorgfältig zu putzen, was er nur tat, wenn er verwirrt war; meistens war sie staubüberzogen. Helen hörte ein Knarren von irgendwo oben und vergegenwärtigte sich, daß es nicht Mutter war. Nein, Mutter stemmte sich nicht aus dem Bett, um etwas zu suchen; es war nicht nötig, nach oben zu gehen, nicht nötig, sich Sorgen zu machen. Tim räusperte sich und warf einen Blick auf seine Uhr.
Louise nieste heftig. »Oh, Himmel ... Mir ist es egal, was man sagt, das ist auch psychosomatisch. Ich krieg's hier immer schlimmer.« Sie putzte sich die Nase und rieb sich die Augen. »Von allem anderen mal abgesehen: Ihr merkt, daß es

für euch schwierig, wenn nicht unmöglich wird, Greystones jemals zu verlassen?«

»Das wollen wir gar nicht«, sagte Edward. »Zumindest ich nicht.« Er sah Helen an.

»Wie könnt ihr das wissen?« Louise hüpfte zum anderen Sofaende. Sie stopfte sich ein Kissen hinter den Kopf und lehnte sich zurück.

Tim war unruhig. »Schatz, ich habe noch tausend Dinge zu erledigen, bevor ...«

»Ja, ist ja gut. Und sowieso sind die Kinder ja irgendwo hin. Wie kannst du wissen, *was* du vielleicht möchtest? Oder Helen. Ich meine, es ist durchaus möglich, daß ...«

»Das möchte ich bezweifeln«, sagte Helen. »Mein Marktwert ist im Laufe der Jahre gesunken. Und wenn ich's bedenke, ist er jetzt wahrscheinlich noch geringer.« Sie lachte. Tim sah peinlich berührt aus.

»Das habe ich nicht gemeint. Du weißt genau, daß ich das nicht gemeint habe. Was ich meine, ist, du weißt nicht, *was* sich vielleicht ergibt. Besonders jetzt, wo du nicht mehr um Mutter herumtanzen mußt. Das gilt für euch beide.«

»So viel sind wir nie um sie herumgetanzt«, sagte Edward. »Nur in der letzten Zeit. Mutter kam immer allein zurecht, das mußt du zugeben.«

Tim stand auf. »Ich glaube, ich gehe und sammle mal die Kinder ein.« Er ging.

»*Heiraten* kann jeder«, sagte Louise. »Es interessiert mich nicht, ob ihr *heiratet*. Ich finde es wichtig, daß ihr in der Lage sein solltet zu ... zu ...«

»Gehen, wohin der Wind uns trägt?« schlug Edward vor. Er setzte seine Brille wieder auf und sah ungewöhnlich klarsehend aus. Er schien jetzt ziemlich guter Laune zu sein.

Louise blickte ihn finster an. »Du nimmst das einfach nicht ernst.«

»Das ist es auch nicht wert.«

Louise drehte sich zu Helen. »Aber du siehst das doch bestimmt so?«

»Ich stehe irgendwo dazwischen. Es kann gut sein, daß Edward Probleme, die auf uns zukommen, nicht sehen will. Aber ich glaube nicht, daß es etwas ist, worüber wir uns so erregen sollten. Es ist letzten Endes eine reine Verwaltungsangelegenheit. Es wird praktisch für niemanden einen Unterschied machen.«

»Ich weiß, ich weiß. Es geht um die *Wirkung*.«

»Es gibt nichts, was man gegen eine Wirkung tun kann«, sagte Helen.

Als sie am Abend vor ihrem Schlafzimmerspiegel stand, kamen ihre Worte ihr wieder in den Sinn. Der neue Pullover war ein Fehler. Er machte ihr Gesicht nicht ansprechender, sondern beunruhigend hinterlistig. Über die ungewöhnlichen Farben und Muster starrte es, so schien es Helen, mit herausfordernder Hinterhältigkeit hinweg. Sie zog den Pullover aus, legte ihn zusammen und packte ihn auf ein Bord in der Garderobe. Als *pièce de résistance* würde er sich für den Wohltätigkeitsstand beim Dorffest gut machen.

Sie ging ins Bett. Es war spät. Edward war schon vor einiger Zeit hinaufgegangen, als sie noch in der Küche wirkte. Jetzt hörte sie, wie sich seine Tür leise öffnete. Die Treppe ließ ein verstohlenes Knarren hören. Sie wußte genau, was er tat. In der Annahme, daß sie schlief, ging er nach unten, um zu sehen, ob sie in der Speisekammer eine Mausefalle aufgestellt hatte. Falls das so wäre, würde er sie schuldbewußt mit Hilfe eines Bleistifts zuschnappen lassen und die Sache nicht erwähnen. Helen, einen Schritt weiter im Mausekampf, stellte jetzt Fallen unter den Abfluß; Edward hatte sie – im Gegensatz zu den Mäusen – bisher noch nicht entdeckt.

Helen konnte sich deutlich an Edward als Kleinkind erinnern, wie er im hohen Gras saß und in entzückender Versunkenheit einen Schmetterling auf einer Kleeblüte betrachtete. Sie sah es jetzt vor sich: die wogenden Gräser, die leckere Kleeblüte, der Schmetterling, der seine Flügel öffnete und schloß, Edwards Babygesicht. Hatte damit alles angefangen? Oder später? Denn daneben – wie das nächste Dia im Kasten – gab es eine andere Szene mit einem aufrechten, sprechenden Edward, drei oder vier Jahre alt: Ein Mann schoß Tauben über einem Stoppelfeld, neben sich den Haufen perlmutterfarbener Leichname, und Edward warf sich in die Arme seiner Mutter und schrie: »Sag' ihm er nicht schießen darf! Sag' ihm er darf sie nicht totmachen weil sie schön!« Und Dorothy stieß ihn ungeduldig zur Seite: »Sei doch nicht so dumm, Edward. Vögel müssen geschossen werden.«

Heutzutage waren die Leidensmöglichkeiten unbegrenzt und waren es viele Jahre lang gewesen. Edwards Empörung reichte von der Mißhandlung von Eseln, Zirkustieren und Batteriehühnern bis zu Vivisektion und Otterjagd. Man mußte sich über Wale Sorgen machen und über Fischadler und Gorillas und die Große Hufeisennase, Orchideen und Flechten, Schmetterlinge und Kröten. Ein Ende war nicht abzusehen. Und, soweit Helen sehen konnte, wurde es schlimmer. Genährt durch Beweise, die das Fernsehen in Farbe ausstrahlte, sah man, daß das Ausmaß menschlicher Gefühllosigkeit so groß war wie nie zuvor. Die Zerstörung der südamerikanischen Regenwälder, das Austrocknen der Ebenen Somersets, die Verschmutzung finnischer Seen – all das wurde einem jetzt ins Wohnzimmer geliefert, um dann Menschen wie Edward schlaflose Nächte zu bereiten. Im Dorf sammelten kleine Jungen keine Vogeleier mehr, Aufklärung in der Grundschule hatte dafür gesorgt. Doch fünftausend Meilen weiter zerstörte man ganze Ökosysteme. Edwards Interesse an Schutzorganisationen hatte sich von der Königlichen Gesellschaft für Vogelschutz und Naturforschergruppen aus der Umgebung bis zu Greenpeace und den World Wildlife Fund erstreckt. Einen Fernseher hatte Greystones nur aus einem Grund: daß Edward seiner Leidenschaft für Filme über die gefährdete Natur fröhnen konnte, Filme, die ihm wieder etwas zeigten, worüber er sich Sorgen machen mußte. Seine seltenen Urlaubsreisen verbrachte er mit Gleichgesinnten, campte auf Vogelinseln und lebte von wildem Spinat und Konserven mit baked beans. Er kam immer in wunderbar gehobener Stimmung zurück, was Helen vor ein Rätsel stellte. Die Betrachtung schwindender Reichtümer müßte doch sicher eher dämpfen als beleben. »Es ist das Wissen, daß es sowas noch immer irgendwo gibt«, sagte Edward.

Helen, die am Morgen vor ihm nach unten kam, lief schnell mit der Mausefalle, aus der eine steife Leiche ragte, hinaus in den Garten. Tam folgte mit hoffnungsvollem, nach oben gerichtetem Blick. Als sie zurückkamen, war Edward in der Küche und machte Tee. Helen sagte: »Ich habe ganz vergessen, dir zu sagen – Mr. Carnaby hat angerufen. Der Anwalt. Er kommt heute nachmittag vorbei.«

»Ich werde nicht da sein«, sagte Edward sofort. »Warum?« fügte er hinzu.

»Das ist nicht klar. Er sagte nur, um etwas zu besprechen.«
»Ach, das kann er viel besser mit dir als mit mir. Du kannst mir ja hinterher alles erzählen.« Er warf ihr ein besänftigendes Lächeln zu und machte sich auf den Weg zum Dienst. Gewohnheitsmäßig ging Edward jeder Konfrontation aus dem Wege; falls es möglich gewesen wäre, hätte er auf ein Bankkonto verzichtet, und er hatte große Probleme mit den Leuten von der Einkommenssteuer. Nie beantwortete er Briefe, deren Adresse mit der Maschine geschrieben war, und oft machte er sie gar nicht auf.

»Es macht Ihnen hoffentlich nichts aus, daß ich mich selbst hier eingeladen habe«, sagte Giles Carnaby. »Ich hatte das Gefühl, daß meine Kanzlei nicht der richtige Ort sein würde. Manche Menschen fühlen sich dort benachteiligt.«
»Wie Bittsteller. Und diese ganzen Aktenschränke. Natürlich«, fügte Helen hastig hinzu, »müssen Sie Aktenschränke haben. Ich sehe das ein.«
»Genau. Und ich denke, daß auf jeden Fall ich der Bittsteller bin. Ich möchte direkt zur Sache kommen. Ich bin etwas betroffen – und verlegen – wegen des Testaments Ihrer Mutter. Wir waren uns in der Kanzlei nicht darüber im klaren, daß Sie und Ihr Bruder nie vom Testament in Kenntnis gesetzt worden waren: daß dieses Haus Ihrem Neffen hinterlassen werden soll mit der Klausel über Ihr Wohnrecht. Die Sache ist die, daß, als mein Vorgänger Ihre Mutter beriet und das Testament aufgesetzt wurde, er ihr anscheinend – der Korrespondenz nach – nahegelegt hat, Sie alle zu konsultieren – Sie alle drei. Jetzt sieht es so aus, daß ... äh, nun, daß sie das nicht getan hat.«
»Das ist richtig«, sagte Helen.

»Was ein wenig bedauerlich ist. Mein Vorgänger scheint den Eindruck gehabt zu haben, daß sie es getan hat, und setzte seine Arbeit dementsprechend fort, und natürlich war es nicht seine Angelegenheit, Sie zu informieren, und er hätte wahrlich nicht standesgemäß gehandelt, wenn er es aus eigenem Antrieb heraus getan hätte.«
»Ach du meine Güte«, sagte Helen. »Niemand macht ihm einen Vorwurf.« Sie rutschte ein wenig zur Seite; die Sonne schien ihr in die Augen und störte ihren Blick auf den Besucher. Volles silbriges Haar und ein Gesicht darunter, das jünger als das Haar aussah. Tatsächlich mein Alter, dachte sie – vielleicht ein, zwei Jahre mehr oder weniger. Angenehme Stimme.
»Nun denn. Wir sind ... bekümmert. Ich bin bekümmert. Natürlich macht es nicht den geringsten Unterschied für ... für Ihre Lebenslage. Doch offensichtlich hat es ... hat es ...«
»Eine Wirkung«, schlug Helen vor.
»Genau. Die man hätte vermeiden können.«
»Ich glaube nicht, daß meine Mutter sie vermeiden wollte«, sagte Helen. Er sieht aus wie ein Filmstar, dachte Helen, der in diesem Film über den Mann, der von einem Flugzeug über ein riesiges Feld gejagt wird. Wie heißt er nur, verflixt? Ein Mann mit nettem Gesicht und vollem Haar. Bißchen jünger.
»Oh«, sagte Giles Carnaby. »Ich verstehe.«
Sie schwiegen. Ich hab's, dachte Helen. Cary Grant. Warum, zum Kuckuck, denke ich daran? Ich hab' seit Jahren keinen Film mehr gesehen. Giles Carnaby hüstelte. Er strich mit der Hand durch sein dichtes Haar. Er trug einen schweren Goldring. Verheiratet? fragte sich Helen. Trauring? Einige Männer tragen das. Na, verheiratet wahrscheinlich. Jeder ist verheiratet.

»Die andere bedauerliche Sache ist – und ich meine, daß ich das wirklich erwähnen muß –, daß der Steuervorteil, offen gesagt, nicht so groß ist. Mein Vorgänger war – also, seine anfängliche Begeisterung für diesen Plan stellte sich als etwas unangebracht heraus, obwohl, um ihm gerecht zu werden, er das auch wirklich Ihrer Mutter mitteilte. Doch zu der Zeit scheint sie für den Plan selbst eine gewisse Begeisterung empfunden zu haben. Zumindest ist das mein Eindruck durch die Korrespondenz.« Giles Carnaby blickte unbehaglich zu Boden; er bewegte mit dem Fuß ein wenig den Teppich, fuhr sich wieder durch das Haar. Machen Sie davon nicht so viel her, dachte Helen, bitte, es ist nicht *Ihre* Schuld. Es ist wirklich alles in Ordnung, bestimmt. Möchten Sie ein Glas Sherry? Nein – mein Gott, es ist erst halb fünf. Tee. Möchten Sie eine Tasse Tee?

»Ja, das könnte sein«, sagte sie. »Ich kann es mir vorstellen.«

»Hoffentlich verursacht das nicht familiäre Probleme.«

»Meine Schwester ist ziemlich verstimmt. Sie wird sich wieder beruhigen.«

»Der Junge selbst ...«

»Er hat grüne Streifen im Haar«, sagte Helen. »Ich glaube nicht, daß das etwas Ernstes bedeutet. Er war immer ein ausgesprochen nettes Kind.«

Giles Carnaby lachte.

Helen sprang auf. »Möchten Sie eine Tasse Tee?«

»Eine Tasse Tee wäre mir sehr lieb.«

Er folgte ihr in die Küche, ein Schritt, den sie sofort bedauerte. Von Zeit zu Zeit sah sie Greystones, wie es in den Augen anderer erscheinen mußte. Dieses war einer der Augenblicke. Die Sprünge im gefliesten Fußboden. Der grüne Schimmel, der an der Hintertür die Wand hochkroch und den man einfach nicht zur Kenntnis nahm, denn wenn man renovierte, war er nach ein oder zwei Monaten wieder da. Die rostenden Keksdosen. Das Steingut. Dieser Abfluß.

»Was für eine herrliche Küche«, sagte Giles Carnaby.

Helen warf ihm einen mißtrauischen Blick zu. Nein, wirklich ehrlich.

Er ging umher. »Ach nein! Der ›*Landleben*‹-Kalender von 1962!«

»Es sind ein paar Photos von Fledermäusen darin, die mein Bruder ziemlich mag.«

»Kommt er dann nicht mit dem Datum durcheinander?«

»Um so etwas kümmert er sich nie sehr«, sagte Helen. Sie setzte den Kessel auf. Kekse? Sie öffnete die Coronation-Dose und schloß sie rasch wieder. Man bietet einem Besucher keine angeschimmelten Exemplare von »Teezeit-Vorliebe« (Dorothys Lieblingssorte) an. Kuchen? Es gab keinen Kuchen.

»Earl Grey!« sagte Giles Carnaby. »Seit dem Tode meiner Frau habe ich keinen Earl Grey mehr getrunken. Ich weiß nie, wo ich ihn bekommen kann.«

»Oh«, sagte Helen. »Nehmen Sie diesen.« Sie schob ihm das Päckchen zu; mit einem außergewöhnlichen, ungewohnt sonnigen Lächeln. »Ich kann neuen besorgen.«

»Das käme mir nicht in den Sinn.«

»Bitte . . .«

»Nun gut«, sagte Giles Carnaby. »Doch nur unter der Bedingung, daß Sie mich einmal besuchen kommen und mit mir eine Tasse trinken.«

Der Kessel kochte. Heftig wie immer spuckte er Wasser über den ganzen Herd. Helen stürzte zum Herd, dieses alberne Lächeln immer noch ins Gesicht geklebt. Wie tragisch.

Wann ist sie gestorben? Kommen Sie mich einmal besuchen und trinken eine Tasse mit mir.

»Wahrscheinlich müßten Sie ihn auch machen«, sagte Giles Carnaby. »Ich bin hoffnungslos untauglich. Nicht beruflich, natürlich – Sie dürfen nicht denken, Sie hätten eine Niete als Anwalt. Beruflich bin ich eine Kanone.«

Steh' nicht einfach rum, du dummes Weib. Heißes Wasser in die Teekanne, Tassen aufs Tablett und Milch ins Kännchen. Der Mann denkt doch, du bist minderbemittelt. Und sieh' ihn nicht so an. Gott weiß, was er sich denkt.

»Lassen Sie mich das Tablett tragen.«

»Danke«, sagte Helen.

Sie gingen wieder ins Wohnzimmer.

»Oh – ich habe den Zucker vergessen.«

»Ich nehme keinen«, sagte Giles Carnaby. »Meine Frau zog mich immer auf, daß ich zu dick würde. Ich bin ein bißchen zu dick.« Er blickte vorn an der Hose an sich herab. »Meinen Sie nicht? Nein – ich frage Sie nicht; Sie werden viel zu höflich sein, etwas anderes zu tun als die Wahrheit zu verdrehen. Jedenfalls kein Zucker. Ihre entzückende Küche aus vergangener Zeit hat mich ganz abgelenkt. Gibt es irgend etwas, wofür Sie – oder Ihr Bruder – einen Rat brauchen?«

Helen zerbrach sich den Kopf. Rat? Brauchten sie bestimmt keinen Rat? Natürlich brauchten sie Rat; blitzartig ließ sie den ganzen unbefriedigenden Zustand von Greystones, ihrer geistigen Verfassung, des Lebens selbst Revue passieren. Wie können wir verhindern, daß das Abflußrohr bei jedem Regen überläuft? Warum muß ich mich schuldig fühlen, daß meine Mutter gestorben ist? Wie schaffe ich es, daß ich mich rundum zufrieden fühle?

»Mir fällt nichts ein.«

»Ach je. Wie schade. Ich habe nicht im mindesten Lust, zur Kanzlei zurückzufahren. Lassen Sie uns noch eine Tasse trinken, und vielleicht fällt uns etwas ein.« Er hielt ihr die Tasse hin. »Ich mag dieses Haus. Es ist so ... etabliert. Ich nehme an, Sie wohnen hier schon lange Zeit.«

›Etabliert‹ – das muß ich behalten, dachte Helen. Wenn Louise uns wieder im Nacken sitzt, daß wir das hier ein wenig aufpolieren sollten. Etabliert. »Fast dreißig Jahre. Wir kamen kurz nach dem Tode meines Vaters hierher. Wir hatten in London gewohnt, und meine Mutter wollte immer in einem Dorf wohnen.«

»Und die Erwartungen haben sich erfüllt?«

»Natürlich«, sagte Helen. »In Dörfern wird mit Klauen und Zähnen gewütet, und meine Mutter war von Natur aus streitsüchtig.«

»Wirklich? Wie interessant. Worüber streitet man sich denn so?«

Helen dachte nach. »Im großen und ganzen darüber, welchen Leuten was gehört und was sie machen. Bewahren auf der einen Seite, Geld machen auf der anderen. All das. Oh – und die kleinen Streitereien wie Lärm und persönliche Rachefeldzüge und Sachen, die die Kinder so im Schilde geführt haben. Das hört nie auf.«

»Und nehmen Sie daran teil? Und Ihr Bruder?«

»Nur sporadisch. Edward, glaube ich, überhaupt nicht. Man hält uns für exzentrisch. Und dann sind da noch die Britches.«

»Ah. Das Stück Wald. Was ist damit?«

Helen erklärte es. Giles Carnaby hörte aufmerksam zu. Als sie fertig war, sagte er: »Ja. Ich verstehe, daß man das als verrückt ansehen kann. Ihre Mutter hat nicht dem Zeitgeist entsprechend gehandelt. Sie hätte hunderttausend oder so einnehmen können. Lag das daran, daß sie so umweltbewußt war wie Ihr Bruder?«

»Überhaupt nicht. Sie schlug den Leuten nur gern etwas ab. Besonders gern sagte sie nein zu Ron Paget.«

»Wem?«

»Dem Bauunternehmer die Straße hinauf.«

»Ah ja. Fährt er nicht diesen teuer aussehenden roten Wagen? Ich glaube, ich sah ihn, als ich ankam. Es ist Ihnen doch klar, daß es ohne weiteres möglich wäre, dieses – wie heißt es noch? – Stück Land jetzt zu verkaufen, falls Sie das wollen?«

»Das kommt nicht in Frage«, sagte Helen. »Edward würde sich fürchterlich aufregen.«

»Dann gibt es, solange Ihre Finanzen in Ordnung sind, nicht den geringsten Grund, weshalb Sie das tun sollten. Vielleicht hat Ihre Mutter deswegen die ... die ...«

»Britches.«

»Seltsamer Name. Was bedeutet er? Die Britches nicht mit dem Haus gekoppelt. Möglicherweise war sie sich nicht sicher, ob Ihr Neffe den Familienvorbehalt gegen Wohlstand teilen würde. Vielleicht dachte sie, er würde sie an Ihren Freund, den Bauunternehmer, verkaufen – da die Zeit erfüllet ward.«

»Ja«, sagte Helen. »Ich kann mir vorstellen, daß dies der Grund war. Sie wußte, wir würden es nie tun.« Mit einem Anflug von Respekt dachte sie an ihre Mutter, wie sie ihren Kampf gegen Ron Paget noch über das Grab hinaus erfolgreich weiterführte.

»Die ganze Situation ist etwas bizarr, aber Sie brauchen sich darüber keine Sorgen zu machen. Der Knabe kann Sie nie vertreiben, selbst wenn er sich als Bösewicht herausstellt, und wer meint schon, daß er das wird? Das grüne Haar besagt gar nichts, nehme ich an. Das hat nur Totem- und Stammesbedeutung. Wie auch immer, mit sechzehn ist er eine unbekannte Größe. Ich spreche aus Erfahrung: Mein Sohn konsolidierte sich sozusagen nicht, bevor er weit über zwanzig war. Und Sie haben keinen Grund, das Land zu verkaufen, und so kann Ihr Bruder an seinem Naturschutz weiterhin seine Freude haben.«

»Gut.«

»Sie passen auf Ihren Bruder auf, nicht? Oje, es tut mir leid, das geht mich nichts an. Jetzt dehne ich meinen kurzen Besuch aber zu sehr aus.« Er lächelte. »Das Ambiente verführt mich – ich vergesse die ganze Zeit, daß ich aus beruflichen Gründen hier bin.«

Ambiente, dachte Helen. Ambiente und etabliert. Na warte, Louise. Sie lächelte zurück – nein, strahlte: fühlte ihr Gesicht erstarrt in diesem idiotischen Grinsen von Wohlgefühl und Erwiderung.

»Noch Tee?«

»Was hat der Anwalt gesagt?«

»Er sagte, sie hätten nicht gewußt, daß Mutter uns nichts darüber gesagt hatte, das Haus Phil zu vermachen, und daß es sowieso kaum Steuern spart. Und ihm gefiel die Küche.«

»Wie war er?«

»Erinnerst du dich an diesen alten Film, wo ein Mann von einem Flugzeug über ein riesiges Feld gejagt wird?«

»Nein.«

»Na, macht nichts«, sagte Helen. »Jedenfalls nett. Wirklich sehr nett.«

Aufpassen.
Ja genau. Man hatte wirklich keine Wahl. So wie Mutter war. So wie Edward war.

Sie hatte sie, vielleicht vier und sieben Jahre alt, zu einer Geburtstagsfeier mitgenommen. Überall schlitterten Kinder über blanke Parkettböden, geübtere und selbstsicherere Kinder als sie. Reise nach Jerusalem. Pantoffel suchen. Ballons aufpusten. Mit Kindermädchen. Sie hatten kein Kindermädchen. Mütter waren im Salon versammelt.
Sie hatte ihre Mutter am Ärmel gezupft und geflüstert: »Edward hat sich naß gemacht. Was sollen wir tun?«
»Ich spreche mit Mrs. Carew«, sagte ihre Mutter. »Sei still, Helen. Wenn du etwas sagen willst, dann warte, bis ich fertig bin.«
»Aber Mutter ...«
Ihre Mutter starrte sie mit lodernden Augen an. »Unterbrich mich nicht, Helen. Und geh', bitte. Spiel' mit den anderen.«
Helen brachte Edward ins Badezimmer. Feucht fiel seine Hose zu Boden. Nun zog sie ihm auch die restlichen Sachen aus. Auch seine Strümpfe waren durchnäßt. Sie versuchte, sie auf der Badematte zu trocknen. Edward stand einfach nur da und hob brav einen Fuß, wenn sie ihn darum bat. Einmal sagte er: »Gibt es keine Kekse zum Tee?« Sie rieb ihn mit Toilettenpapier ab und zog ihm die Hose wieder an; sie war immer noch naß, aber es gab nichts anderes. Seine Unterhose und die Strümpfe stopfte sie hinter die Heizung der Carews. Dann wusch sie sich und ihm die Hände und brachte ihn wieder nach unten. Er sprach schon wieder über Kekse. Sie konnte nur daran denken, ob jemand merken würde, daß er keine Strümpfe anhatte.

Mit neun wurde er auf eine Internatsschule geschickt. Es war unvermeidlich. »Sei nicht albern, Helen«, sagte ihre Mutter. »Natürlich wird er es nicht hassen. Er kann Fußball spielen und all so etwas. Was meinst du damit – er mag keinen Fußball? Alle Jungen mögen Fußball. Und es hat keinen Zweck, deswegen zu Papa zu gehen. Papa ist der gleichen Meinung.« So ähnlich sagte sie. Und das schien er auch zu sein: Er zog sich in sein Arbeitszimmer zurück, Zeitung in der Hand, mit abwehrender Handbewegung. Ferner, verschwommener, toter Papa. Schon längst ertränkt von anderen Stimmen, anderen Eindrücken; jetzt verblichen zu einer vagen Kontur, wenigen Verschrobenheiten, einer gerade noch erinnerten Vorliebe für Sardellenpaste statt Marmelade. Kann ein Leben darauf reduziert werden?

Doch was das Internat anging, so durchlebte Edward, von dem man hätte annehmen können, er leide stark und gewohnheitsmäßig in der Schule, die Zeit in einer Art von Trance. Er zog sich so weit in sich selbst zurück, wurde so introvertiert und unansprechbar, daß er in einer anderen Zeit wahrscheinlich für geistesgestört erklärt worden wäre. So wie die Dinge lagen, wurde er einfach in Ruhe gelassen, mit einer Art privatem Filtersystem, das Luft und Nahrung Zutritt gewährte, die quälende, obszöne Roheit seiner Altersgenossen und dic Monotonie der neunjährigen Haft, zu der er verdammt worden war, aber ausschloß. Dem Unterricht muß er gefolgt sein, denn er bestand die Prüfungen, wenn auch nur so eben. Zu Spielen taugte er nicht, doch überlebte er auch hier durch eine Art Selbsttilgung: Er verträumte Nachmittage im hohen Gras am alleräußersten Rand des Cricket-Feldes oder trottete beim Fußball hilfreich an der Auslinie umher. Es kam schon mal vor, daß er tyrannisiert wurde, doch war seine Anonymität so ausgereift, daß nach einiger Zeit die Schinder die Lust verloren. Es macht keinen Spaß, wenn jemand gar nicht reagiert; Schmerzensschreie sind schon nötig.

»Wie kam er überhaupt in die Küche?« fragte Edward. »Anwälte kommen nicht in die Küche. Hast du ihn nicht im Wohnzimmer empfangen?«
»Eins führte zum anderen, irgendwie.«
»Aha.« Er fummelte an den Knöpfen des Fernsehers herum. Es war ein Uraltmodell und erforderte viel Überredungskunst. In fünf Minuten sollte Edwards Lieblingsprogramm beginnen. »Glaubst du, Mutter hat das alles mit Absicht getan? Das Testment, Phil und alles?«
»Ich glaube schon«, sagte Helen.
Der Fernsehschirm erwachte zitternd zum Leben und produzierte eine zarte Seurat-Landschaft aus farbigen Punkten mit gerade noch erkennbaren Bäumen und Gestalten. »Zum Teufel!« sagte Edward. Er hämmerte auf die Seite des Apparats, und die Punkte gingen von grün zu rot über. Er drehte sich um und sah sie einen Augenblick lang an. »Es hat wirklich keinen Sinn, wenn wir darüber so in Rage geraten. Über sie, meine ich.«
»Überhaupt keinen.«
»Ich glaube, sie konnte den Gedanken nicht ertragen, nicht mehr alles zu diktieren. Es ist schon schlimm genug, wenn man weiß, daß man einmal sterben muß, doch ich glaube, für Menschen wie Mutter ist es noch schlimmer. Wie mittelalterliche Könige. Arme Mutter. Wir haben wirklich nie bemerkt, was sie durchmachte.«
»Hm. Vielleicht nicht.«

Oben schlug ein Fenster. Unvermittelt sprangen beide auf. Und setzten sich beschämt wieder hin. »Mein Gott«, sagte Edward. »Werden wir uns daran gewöhnen?«
»Ich glaube schon.«
Edward schlug auf die andere Seite des Fernsehers, und plötzlich sah man klar und deutlich einen Kopf mit Schultern, der über Pestizide sprach. Er seufzte und warf sich in den Sessel.
An diesem Abend handelte das Programm unter anderem von den arktischen Ringelgänsen. In der Brutzeit wandern sie nach Norden bis zu einem weiten Flußtal, das von niedrigen Bergen gesäumt ist. Um ihre Jungen vor den umherstreifenden Füchsen der Ebene zu schützen, nisten die Gänse sechzig bis neunzig Meter hoch an einem Steilhang. Sowie die Jungen flügge sind, wird es notwendig, sie von den Klippen nach unten zu den Futterplätzen zu bringen. Dazu führen die Eltern die piepsenden Flaumknäuel über die Felsen, bis sie die Steilkante erreichen. Dann erheben sich die ängstlich quakenden Eltern in die Luft, kreisen herum und rufen ihre Jungen.
Die Kamera blieb unerschütterlich auf den nun folgenden Horror gerichtet, als die ergreifend piepsenden Gänseküken sich eines nach dem anderen über die Kante warfen. Sie verweilte bei den stürzenden Flaumbällchen, als sie, die embryonischen Flügel ausgebreitet und mit den kleinen Füßen wie Dreschflegel rudernd, unten auf den Felsen anlangten. Dort trottete ein schnüffelnder Fuchs auf und ab. Mit wilden Rufen jagten die Elternvögel umher. Es war dann wirklich eine Überraschung zu erfahren, daß etwa fünfzig Prozent der Vögel diese bezaubernde natürliche Ordnung überleben.

Edward und Helen sahen in erschrecktem Schweigen zu. Das Programm endete mit einer überwältigenden photographischen Glanzleistung: Eine blutrote Polarsonne hing tief in einem orangefarbenen Himmel über einer außergewöhnlichen wilden Naturlandschaft, in der Wölfe und Karibus, Füchse und Gänse ungestört waren und das einander antun konnten, was sie wollten.

Edward fand es danach schwer zu schlafen. In seinem Kopf gingen die Gänseküken mit anderen, eher persönlichen Dingen durcheinander. Der besonders grausame Haken bei der Qual, die er der Küken wegen fühlte, war, daß es nichts gab, wogegen sich sein Zorn richten konnte. In gewissem Sinne war es einfacher, wachzuliegen und über die Barbareien kanadischer Seehundschlächter oder die ökologische Unempfindlichkeit englischer Bauern zu grübeln. Nichts und niemand konnte wegen der Küken verantwortlich gemacht werden. Man konnte sich keiner Organisation anschließen, niemandem eine Spende schicken, keinen Brief an die Zeitung schreiben.

In der Dunkelheit schnarchte Tam am Fußende des Bettes in lauten stakkatohaften Ausbrüchen; von Zeit zu Zeit änderte er im Schlaf seine Lage und versuchte, Edwards Fuß aus dem Weg zu schieben. Er war ein Hund, der sich völlig der Verfolgung eigener Interessen hingab; wenn Edward und Helen darüber sprachen, so kamen sie immer zu dem Punkt, mit dem man schwer umgehen konnte, nämlich, daß es keine andere Art Hund, oder überhaupt Tier, geben könne. Tiere handeln immer aus Eigeninteresse, es sei denn im Interesse ihrer Jungen, und auch das kann wohl als Eigeninteresse im genetischen Sinne verstanden werden.

Edward hatte den Verdacht, daß Tam noch nicht einmal im Interesse seiner Jungen handeln würde, wenn er denn welche hätte. Da er nun auf das Alter von zehn zuging und den Dorfhündinnen nie mehr als einen Aufmerksamkeitsbeweis gegeben hatte, war das unwahrscheinlich. Edward liebte Tam in der umfassenden und etwas verdrehten Weise der Leute, von denen man sagt, sie liebten Tiere, obwohl er andere Hunde mehr geliebt hatte. Tam war einer von vielen; er hatte Vorgänger und würde zweifellos Nachfolger haben, und manchmal dachte Edward so an die anderen, wie Leute andere Kinder oder andere Ehepartner mustern. Und er wußte recht gut, daß dies die Begriffe waren, mit denen er an sie dachte und warum.

Er hatte nie sein Bett mit jemandem geteilt. Ein- oder zweimal war er nahe daran gewesen, doch das war lange her. Selbst jene Gelegenheiten waren jetzt verblaßt; in der Erinnerung erschienen sie auch rosiger als in der harten Wirklichkeit. Vor dem Gedanken an Menschen, die damit verbunden waren, schreckte er zurück. Was geblieben war, war die Erinnerung an etwas anderes: seine eigenen Gefühle. Er hatte eine lebendige, und viel frühere, Erinnerung an die erste Begebenheit, bei der es ihm zum Bewußtsein gekommen war, daß Gefühle etwas waren, wofür es Worte gab, und daß sie von anderen bemerkt wurden. Er war noch ziemlich klein – sein Kopf reichte nicht über die Fensterbank hinweg, unter der er stand –, und durch das offene Fenster kam Helens Stimme, die ganz entrüstet ihre Mutter anschrie: »Du hast seine Gefühle verletzt! Warum hast du das gesagt!« Und drei Dinge vermischten sich in seinem Kopf: Dorothys Hohn, weil er sich dumm angestellt hatte, die Gefühle, die er daraufhin hatte, und die Tatsache, daß Helen verstand, wie er sich fühlte, obwohl ihr das nicht passiert war. Nun, da er wußte, wie sie hießen, bemerkte er auch, daß er sie die ganze Zeit hatte, und zwar in unterschiedlicher Intensität, und daß somit andere das auch kennen müßten.

Auch ihre Mutter, so läßt sich annehmen, obwohl in ihrem Fall Ausdrücke von Gefühl gewöhnlich mehr die Form von Ärger zeigten. Für Dorothy hatten Wutausbrüche durchaus etwas Belebendes; am nächsten Morgen kam sie munter und gestärkt herunter, während alle anderen halb betäubt herumkrochen. Louise war die einzige, die ihr gewachsen war. Als Kleinkind lernte sie, dem Zorn ihrer Mutter Wutanfälle entgegenzusetzen, wobei sie ihren Atem anhielt und dabei so blau im Gesicht wurde, daß es selbst Dorothy beunruhigte, die meinte, die meisten kindlichen Leiden seien nur aufgesetzt. Die Wutanfälle gingen natürlich nur bis zu einem gewissen Grad, aber dennoch waren sie eindrucksvoll. Als sie für Wutanfälle zu alt war, ging Louise dazu über, zu streiten und laut zu werden. Und schließlich ging sie fort.

Helen und Edward dagegen zogen sich zurück. Als sie groß genug waren, vor Dorothys Zorn keine Angst mehr zu haben, wichen sie ihm aus; wann immer sich etwas zusammenbraute, gingen sie ihr einfach aus dem Weg. Dadurch, daß sie mit ihr lebten, lernten sie, sie wie das Wetter zu nehmen – elementar und unentrinnbar.

Auch Gefühle mögen unentrinnbar sein, lernte Edward, doch gibt es Wege, sie zu betrügen. Sie abzulenken. Sich vor ihnen zu verstecken. Dein eigenes Geheul kann im Geheul der restlichen Welt untergehen, wenn du es richtig anstellst. Wenn du dich von Natur aus selbst ablehnst und außergewöhnlich geringe Fähigkeiten zum Eigenlob hast, dann kommt es dazu fast von ganz allein. Schließlich bist du nur ein Experte für die Widerwärtigkeiten ringsum. So kann es jedenfalls aussehen.

Auch Helen dachte in jener Nacht an die Ringelgänse, doch nicht so intensiv. Das Bild der herabstürzenden Jungen lauerte bohrend in ihrem Kopf, aber es waren andere Dinge, die sie wachhielten. Gefühle natürlich – diese verrücktmachenden, unstillbaren Attacken eines Leidens. Sie ließ Giles Carnabys Besuch Revue passieren und war sich bewußt, sich während dieser ungefähren Stunde auf zwei verschiedenen Ebenen bewegt zu haben; auf der einen Ebene hatte sie Giles Carnaby zugehört und mit Giles Carnaby gesprochen, auf der anderen Ebene hatte sie seltsame körperliche und emotionale Erfahrungen gemacht. Ihr war heiß und kalt geworden; sie hatte sich leicht benommen gefühlt; ihr war es unmöglich gewesen, die Augen von ihm zu wenden. All das, während sie das Testament ihrer Mutter besprachen.

So hatte sie sich seit etwa fünfzehn Jahren nicht mehr gefühlt und auch nicht erwartet, es je wieder zu tun.

Edward, soweit er überhaupt darüber nachdachte, hatte immer angenommen, daß seine Schwester Jungfrau sei. Er irrte sich. Das Sexualleben anderer Menschen ist natürlich sehr mysteriös; allerdings war Edwards Annahme verständlich. Seines Wissens nach hatte sie nur wenige dauerhaftere Beziehungen zu Männern gehabt und auch nicht viele flüchtige. Es war der Mangel an Gelegenheit und auch seine Kenntnis ihres Wesens, das Jungfernschaft wahrscheinlich machte.

Tatsächlich war Helen das erste Mal mit einem Mann ins Bett gegangen, als sie dreiundzwanzig war. Sie fand den ganzen Vorgang peinlich, doch ausgesprochen wohltuend. Sie mochte ihn recht gern, aber war nicht in ihn verliebt und betrachtete es als rein sexuelle Erfahrung. Der Mann machte vage Andeutungen, mit ihr in Verbindung zu bleiben, und verschwand dann. Helen blieb unglücklich zurück und wartete auf das Ergebnis; sie bezweifelte, daß die richtigen Vorsichtsmaßnahmen getroffen worden waren, und wußte, daß Verkehr meistens zu Schwangerschaft führt. Sie erzählte niemandem davon und saß es stoisch aus. Als sie am siebzehnten Tag ihre Periode bekam, waren die Erleichterung und die gehobene Stimmung wie eine religiöse Erfahrung. Sie kniete in der Tat an jenem Sonntag in der Kirche neben ihrer Mutter und dankte Gott heimlich und schuldbewußt. Sie sagte Ihm nicht, daß sie es nicht wiedertun würde, weil sie mit einer weiteren Gelegenheit nicht rechnete. Die ergab sich auch nicht für geraume Zeit.

Dorothys Einstellung dem Sex gegenüber war eine von vernichtender Verachtung. Sie mißbilligte nicht, sie verachtete. Das Thema rief bei ihr einen ganz eigenen Gesichtsausdruck hervor – einen Ausdruck störrischer Ablehnung, verkniffener Mund, Verhärtung des Blicks. Jedesmal wenn Helen das sah, dachte sie an ihren Vater, und sie erschauerte für ihn.

Mit sechzehn entdeckte Louise die Jungen. Die Auseinandersetzung mit Dorothy und Louises Flucht nach London und an die Kunsthochschule hatten eher mit Sex zu tun als mit Bildungsmöglichkeit. Eines späten Abends hatte Dorothy die Haustür zum falschen Moment geöffnet und Louise auf der obersten Stufe entdeckt, in glühender Umarmung mit dem Gastwirtssohn. Der folgende Tumult ließ alle bis in die frühen Morgenstunden nicht zur Ruhe kommen. »Du bist widerlich!« kreischte Dorothy. »Du bist eine aufsässige kleine Schlampe, hörst du?« Und Louise schrie aufgebracht und weinend unzusammenhängende Sätze, daß Dorothy sie nicht *besäße,* daß Mütter von anderen nicht … daß jeder Teenager im Land … daß dieses um Gottes Willen nicht das neunzehnte Jahrhundert wäre!

Louise und Dorothy setzten ihren Kampf über Louises Sexualleben mit Unterbrechungen fort, bis Louise Tim heiratete. Dann verlor Dorothy das Interesse daran. Mit Helen und Edward war es insgesamt einfacher. Laut Dorothy hatten sie damit nichts zu tun: Sie waren nicht ›dumm‹ wie Louise. Als Helen Freundschaften mit Männern begann, ging Dorothy mit einer Strategie der Verunglimpfung in die Offensive: »Dieser arme junge Mann – man fragt sich, was der erreichen kann, mit der Stimme und dem Aussehen.« Sie mußte Menschen nach ihrem Erscheinungsbild bewerten. Mädchen wurden klassifiziert als hübsche Mädchen, nette Mädchen und schlaue Mädchen. Hübsch war am besten, schlau am schlechtesten. Es blieb einem nicht erspart zu erwähnen, daß auf Dorothy in ihrer Jugend keine dieser Kategorien zutraf, doch Dorothy betrachtete sich auch immer als etwas Besonderes. Nicht in dem Sinne von Überlegenheit; einfach als etwas Besonderes. Es gab sie, und es gab den Rest der Welt.

Anfangs regte sich Helen über Dorothys Nörgeleien auf: »Nun gut, wenn du bereit bist, die Akne dieses Kerls hinzunehmen – ich glaube, niemand sonst täte das.« »Warum hat ihm nie jemand etwas über seine Zähne gesagt?« Dann unterließ Helen es, ihre Freunde mit nach Hause zu nehmen, es sei denn, es war unvermeidlich. Schließlich zählte das, was Dorothy sagte, nicht mehr. Während der längst vergangenen

Wochen und Monate, als es möglich erschienen war, daß sie vielleicht vor einer festen Verbindung stand, erklärte sie dem in Frage kommenden Mann die Situation mit ihrer Mutter, und er schien zu verstehen. So, wie es ausging, hätte sie es sich sparen können.

Die Dielenuhr schlug vier. Edward und Helen, wach und jeder für sich, hörten es. Edward fiel ein, daß er in ein paar Stunden die Förderklasse in Französisch betreuen müßte, immer eine anstrengende Sache; er drehte sich um und machte einen entschlossenen Versuch zu schlafen. Helen fühlte ein seltsames kleines Kribbeln von Interesse an dem herannahenden neuen Tag: noch ein ungewöhnliches Gefühl. In den Britches maunzte eine Katze.

Warum stehen hier überall Leitern herum?« fragte Edward.

»Die Leute von Ron Paget reparieren die kaputte Dachrinne.«

»Das Haus sieht aus wie unter mittelalterlicher Belagerung. Sag' ihnen bitte, sie sollen auf die Schwalbennester aufpassen.«

»Schon erledigt. Wenn ich auch nicht einsehe, weshalb die Schwalben nicht neu bauen sollten. Da ist Ron.«

Edward stürzte zur Tür, doch zu spät. Ron Paget war schon da.

»Ich dachte, ich komm' lieber ums Haus rum zu dieser Tageszeit. Lassen Sie sich beim Tee nicht stören. Ich hörte Mr. Glovers Auto vorbeifahren, also dachte ich, ich guck' mal rüber, mal sehen, ob bei den Leuten alles glatt geht. Was ist mit dem Fensterrahmen da? Soll ich ihnen sagen, sie sollen sich darum kümmern, wo sie schon mal dabei sind?«

»Meinetwegen können sie das auch machen«, sagte Helen.

»Kein Problem.« Ron ließ seinen Blick kurz durch die Küche schweifen. »Die Feuchtigkeit hat sich hier richtig eingenistet, was? Schon mal dran gedacht, was gegen die Feuchtigkeit zu machen?«

»Nun ...«, begann Helen.

»Ich sag' Ihnen was: Soll ich im Lauf der Woche mal vorbeischaun? Überleg' mir, was wir machen können und was Sie das kosten würde. Nur damit Sie 'ne Vorstellung haben. Würd' 'nen Haufen Arbeit, sag' ich Ihnen, aber ich mach'

Ihnen 'nen guten Preis – sind doch schon wer weiß wie lange Nachbarn, und ich hatte eine Schwäche für Ihre Mutter.«

Helen und Edward sahen einander an.

»Lassen Sie mich mal machen«, sagte Ron. »Ich find' den Schaden raus, und wir reden später drüber.« Er drehte sich zur Seite und sah in den Garten hinaus. »Wirklich hübsch hier. Klar, muß Ihnen ja zuviel werden, haben ja beide keine Zeit für so was. Wissen Sie, ich an Ihrer Stelle hätte 'ne Terrasse. Etwas von dem Gras da weg, gibt Platz zum Draußensitzen, mit Platten aus York gepflastert, Hollywoodschaukel, richtig schön.«

Die Glovers äußerten sich nicht dazu.

»Ja.«

»Also, so wie das aussieht, stehen Sie wohl mehr auf natürlichem Aussehen. Ist das da eine Eibenhecke?«

»Ich glaube schon«, sagte Edward. »Theoretisch jedenfalls.«

»Braucht auf jeden Fall 'ne Schere. Und dahinter, das nennen Sie wohl den Küchengarten, was? Ihre Mutter hatte, wenn ich mich recht erinnere, so 'ne vegetarische Tour.«

»Seit geraumer Zeit nicht«, sagte Helen und fragte sich, wie sie das Gespräch beenden könne. »Haben Sie jedenfalls vielen Dank, Mr. Paget, wir dürfen Sie wohl nicht länger aufhalten, die Männer scheinen ...«

Ron trat ein paar Schritte zurück und starrte am Haus hinauf. »Die Fugen müssen da oben auch mal wieder so'n bißchen verstrichen werden. Wir kümmern uns drum. Und ich sag' Ihnen was, Miss Glover, ich hab' mir was gedacht. Wegen dem Garten. Unser Gary kommt mal rum für'n paar Stunden, samstagmorgens.«

»Gary?« Die Nachkommenschaft von Paget war nicht klein. Gary mußte der Halbwüchsige sein, aus der ersten Ehe.

»Er ist 'n großer Kerl jetzt. Vierzehn. Muskeln hat er, ganz toll. Können ihm ruhig schwere Arbeit geben, Gemüsegarten umgraben und so was. Geben Sie ihm 'n Pfund fünfzig die Stunde, das sollte reichen. Vielleicht zwei zu Weihnachten, wenn Sie meinen, daß er's verdient hat.«

»Aber wir bauen kein Gemüse an«, sagte Edward.

»Da staun' ich aber, Mr. Glover.« Ron klang ziemlich tadelnd. »Ich dachte, heutzutage hat jeder so seinen Gemüsekram. Nouvelle cuisine und all sowas. Zuckererbsen und gelbe Zucchini – darauf verleg' ich mich dieses Jahr. Fabelhaft. Ich sag' Ihnen mal die Sorten, die man nehmen sollte.«

Verblüfft über diese unerwartete Wendung starrten die Glovers ihn an. Auf einmal dachte Helen: Nun, warum eigentlich nicht? So wie wir den Garten verschwenden, ist es absurd. Diese gelben Wie-heißen-sie-noch interessieren sie nicht, aber neue Kartoffeln wären sehr schön. Und er könnte den alten Rasenmäher säubern und etwas gegen das Gras unternehmen. »Nun gut. Vielleicht gar keine schlechte Idee.«

»Oh«, begann Edward. »Wir würden nie ...«

»Sagen Sie ihm, er soll Samstag kommen«, sagte Helen.

Ron grinste. »Ganz genau, Miss Glover. Sie werden's nicht bereuen. Und ich komm' auch mal vorbei und denk' über die Feuchtigkeit nach. Tschüss für heute.«

»Was soll das Ganze?« sagte Edward, als er weg war. »Bringt sich ja um vor Hilfsbereitschaft.«

»Die Britches natürlich.«

»Der gibt wohl nie auf, was? Aber wollen wir wirklich, daß der Junge sich hier herumtreibt?«

»Können ja mal sehen.«

Edward zuckte die Achseln. »Wenn du meinst.«

Das Leben meldete sich zurück. Die Tage waren so verstrichen, und die Beerdigung war jetzt zwei Wochen her. Als Helen in Dorothys Zimmer ging, stellte sie fest, daß es staubig geworden war. Ihre Gegenwart war immer noch laut und stark, doch nur noch zeitweise; gelegentlich gab es Augenblicke, in denen sie gar nicht da war, in denen man die Treppe hinauf oder in die Küche gehen konnte, ohne zu erwarten, sie zu sehen. Die schwarzen Löcher wurden allmählich grau; Helen konnte hinter ihnen die Bestandteile des Hauses sehen, als ob Ziegel, Stein und Holz ihre Mutter auslöschten.

Sie fing an, sich auf andere Art zu manifestieren.

»Schaff' wenigstens neue Vorhänge an«, sagte Louise. Sie war gekommen und wollte über Nacht bleiben, wobei ihre Absichten noch nicht klar waren. »Die sind doch alle bestimmt schon dreißig Jahre alt. Voller Motten und Schimmel. Ich habe sie immer gehaßt. Sie sehen genauso aus wie Pinkel.«

»Mutter hat sie genäht.«

»Ich *weiß*, daß Mutter sie genäht hat. Deshalb sind die Säume so ungerade. Deshalb haben sie so eine eklige Farbe.« Reste eines Schlußverkaufs von Elliston & Cavell in Oxford, welche es nicht mehr gibt, dachte Helen. Ich half, falls das das richtige Wort ist, Mutter, den Stoff auszusuchen. Stand eigentlich nur herum, während sie den Kram ballenweise herumzerrte und Verkäuferinnen schikanierte. Ich murmelte damals etwas über die Farbe. Sie hob hervor, daß das Gewebe billig sei und seinem Zweck diene. Und tatsächlich, hier ist es und dient immer noch.

»Und dann noch etwas«, sagte Louise. »Das Klo unten. Garderobe, wie Mutter es nannte. Damit muß etwas passieren. Da sind Schichten, wirklich Schichten ausgedienter

Regenmäntel drin. Da ist noch Kram von *Vater*. Tu' mir den Gefallen und schmeiß' es raus.«
»Das ist ein Teil des Ambiente«, sagte Helen.
»Des *was?*«
»Man hat das Gefühl, es ist alles so etabliert.«
»Was soll das alles? Wer hat dir diesen Quatsch weisgemacht? Hier ...« Louise kramte in einer Tragetasche. »Ich habe ein Fläschchen Wein mitgebracht. Was essen wir? Und wo ist Edward? Sag' nicht, er ist abgehauen – ich will mit euch beiden reden. Tim ist übers Wochenende auf einer Tagung, und deshalb, verdammt noch mal, sah ich überhaupt nicht ein, warum ich nicht auch eine Pause machen sollte. Gott weiß, was ich vorfinden werde, wenn ich zurückkehre, aber was soll's.«
»Edward ist in den Britches und hängt ein paar Nistkästen auf, die heute morgen kamen, und wir essen eine Art Eintopf.«
»Versandhausnistkästen!« sagte Louise. »Das gibt's doch nicht!« Sie ging in der Küche umher und öffnete Schränke. »Ich kann diese Gläser nicht leiden – wo sind die grünen? Ach, da ... Ich brauch' einen vernünftigen Korkenzieher, dieses Modell ist hoffnungslos. Hier, laß' uns was zu trinken mit ins Wohnzimmer nehmen. Man geht ja ein hier.«
Sie ließ sich in der Sofaecke nieder. »Man fühlt sich jetzt so *seltsam* hier. Ich erwarte dauernd, mein Gott, ich weiß gar nicht richtig, was ich erwarte. Und ich wünsche mir immer, ich hätte mich nicht so viel mit ihr gestritten. Du weißt, ich hab's versucht, das ganze letzte Jahr über, eine ... na, eine Art große Wiederannäherung zu starten ... und jedesmal hat sie es kaputtgemacht, indem sie mit Sachen kam ... na, eben damit, womit sie immer kam. Du weißt schon.«

»Ich weiß.«
»Und so fühle ich mich jetzt ... kotz! Schuldig. Eklig.«
Edward kam herein. »Hallo. Weswegen fühlst du dich schuldig?«
»Mutter natürlich«, sagte Louise mürrisch. »Hier ist ein Glas, und die Flasche ist auf dem Bücherregal. Sagt mal, war sie so, wie ich denke, oder habe ich sie mir nur so vorgestellt?«
Edward schenkte sich ein Glas Wein ein und betrachtete es zweifelnd, nicht weil er die Qualität in Frage stellte, sondern weil geistige Getränke in Greystones unüblich waren und Assoziationen ritueller Feiern hervorriefen – Weihnachten und Geburtstage. Der Ton, der gerade angeschlagen wurde, schien nicht zu einer Feier zu passen. Er nahm einen großen Schluck und setzte sich ans andere Sofaende.
»Sie hat mal einen Teller nach mir geworfen«, fuhr Louise fort. »Habt ihr das gewußt? Einen von diesen orangeblauen. Sie hat nicht getroffen.«
»Ich dachte, die wären angeblich Crow Derby«, sagte Edward. »Das zeigt, wie sehr sie in Rage gewesen sein muß.«
Louise starrte ihn wütend an. »Ich war damals siebzehneinhalb. Alles was ich denken konnte, war – die Mütter von anderen machen so was nicht.«
»Das ist wahrscheinlich verbreiteter, als man glaubt.«
Helen hatte ihr Glas leergetrunken. »Mutter war so, wie du denkst. Und so, wie ich denke und wie Edward denkt. Sie war anspruchsvoll und anmaßend und dogmatisch und besitzergreifend, und sie dachte immer, sie wisse über alles am besten Bescheid. Sie schikanierte uns. Sie schikanierte jeden, der ihr dazu Gelegenheit gab. Sie war voller Vorurteile und unflexibel und starrsinnig. Sie hörte nie zu, was irgend je-

mand sonst sagte. Sie hatte einen miesen Charakter. Es gab auch andere Eigenschaften, die sie nicht hatte. Sie war nicht habgierig oder boshaft oder grausam, jedenfalls nicht vorsätzlich, wenn auch das Ergebnis einiger ihrer Handlungen eine Form von Grausamkeit war.«

Die anderen starrten sie an. »Ich bin mir nicht sicher, ob du das alles sagen solltest«, sagte Edward ziemlich aufgebracht.

»Was ist der Unterschied, ob man es sagt oder denkt? Und es ist die Wahrheit. Und es kann sie jetzt nicht mehr verletzen, weil sie tot ist. Und es bedeutet auch nicht, daß ich irgendwie anders für sie empfinde.«

Es herrschte Stille. Schließlich sprach Louise. »Was empfandest du für sie?«

»Ich liebte sie, nehme ich an«, sagte Helen. »Das tut man, wohl oder übel.«

»Manchmal haßte ich sie«, sagte Louise.

»Oh, das auch.«

Wieder Stille. Louise langte nach der Weinflasche und teilte den Rest auf. »Edward, dein Hund ist widerlich.«

Tam saß unter der üblichen Lampe; sein Speichel floß reichlich, während er eine Fliege betrachtete, die auf dem Schirm herumkrabbelte. Edward stieß ihn mit dem Fuß an. Tam wedelte einmal besänftigend mit dem Schwanz, leckte sich die Lefzen und konzentrierte sich wieder auf die Fliege.

Edward sagte: »Na ja, es ist ja nun vorbei. Arme alte Mutter. Sie ist ganz einfach nicht hier. Wir sind jetzt selbständig.«

Helen lachte. »Das ist genau das, was wir nicht sind.«

Edward warf ihr einen strengen Blick zu. »Wein läßt dich immer die Kontrolle verlieren. Gib ihr nichts mehr, Louise.«

»Herrgottnochmal!« rief Louise. »Sie kriegt nicht *genug* Alkohol, das ist das Problem. Dieses Haus war immer eine

Anti-Alkohol-Zelle. Natürlich wieder Mutter – nur weil sie sich selbst nichts draus machte. Oh –, das reicht, das reicht! Eigentlich bin ich gekommen, um über mich zu reden, nicht über Mutter.«

»Gut«, sagte Edward behaglich. Der *Sturm und Drang* von Louises Privat- und Berufsleben verschaffte ihm die Befriedigung aus zweiter Hand wie die Seifenopern im Fernsehen. »Was wurde aus dem Streit in deinem Büro wegen des neuen Restaurant-Vertrags?«

Louise sah ihn scharf an. »Mein Leben ist nicht so was wie ein Sport zum Zuschauen, weißt du. Es hat mit dem Büro jedenfalls nichts zu tun. Es dreht sich um Phil. Der übliche Teenager-Kram, nehme ich an, aber es geht einfach ein bißchen zu weit. Er möchte von der Schule abgehen und mit so einer Clique von kaputten Freunden rumgammeln und so'n Unfug.«

Edward verlor das Interesse. »Sprich mit ihm«, riet er freundlich.

»Das ist jämmerlich!« schnauzte Louise. »Ehrlich gesagt, möchten wir ihn zur Zeit lieber prügeln. Von dem Streß habe ich ständig Kopfschmerzen. Jemand anders hätte schon längst Beruhigungsmittel genommen.«

Das Telefon klingelte. »Ich gehe schon«, sagte Helen. In der Diele nahm sie den Hörer ab. »Hallo?«

»Miss Glover? Helen ... wenn ich darf? Hier ist Giles Carnaby. Es gibt so ein paar weitere Kleinigkeiten, die ich mit Ihnen besprechen sollte. Da habe ich mich gefragt, ob Sie mich nicht vielleicht in Spaxton zum Lunch treffen könnten?«

Sie kehrte ins Wohnzimmer zurück. Louise redete immer noch über Phil. Edward zupfte Kletten aus Tams Fell. Beide sahen sie an. Louise sagte: »Der Wein hat dir eine ganz rosige Farbe gegeben – er muß noch hinterhältiger sein, als ich dachte. Laßt uns noch eine Flasche öffnen. Und dein Eintopf brennt an, ich kann es riechen.«

Als Louise noch ein kleines Mädchen war, war Helen unendlich stolz auf sie gewesen. »Louise wird die hübsche«, sagte Dorothy, als Louise etwa zwei war; und sagte es danach eher zu oft. Tatsächlich war Louise gar nicht hübsch, doch sie sandte gute Schwingungen aus. Heutzutage sah sie in Gegenwart gutaussehender Frauen fad aus – sie hatte schlechte Haut, und ihr Haar war durcheinander. Aber neben den meisten Frauen – einschließlich Helen – war sie eine eigenartige Illustration dessen, warum eine Frau attraktiv ist und eine andere nicht. Man war ganz einfach eher geneigt, Louise anzusehen als andere. Und als kleines Kind hatte sie das Interesse auf sich gezogen mit ihrem Schwung, ihren leuchtenden Augen, ihrem Haarwust. Wenn Helen sie auf der Straße oder in einen Laden begleitete, so hatte sie ihre Freude daran: »Ja, sie ist meine Schwester. Ja, sie macht einem ganz schön zu schaffen – komm weiter, Louise.«
Manchmal sah sie eine Nuance von Louise in ihrem eigenen Gesicht, interessiert und ziemlich ohne Groll. Das Leben einer attraktiven Frau ist offenkundig verschieden von dem einer unauffälligen – und nicht ausschließlich im sexuellen Sinne: Die persönliche Erscheinung bedingt für die meisten Menschen die Reaktion der Welt. Louises Aussehen rief Aufmerksamkeit hervor, Helens nicht. Aber über diese Feststellung hinaus wußte Helen, daß die Kluft zwischen ihrer Erfahrung und der ihrer Schwester in gleichem Ausmaß der Persönlichkeit und Neigung wie dem Schnitt der Nase oder

des Mundes beizumessen war. Louise war extrovertiert und unüberlegt; Helen war reserviert und vorsichtig. Seit sie zwei Jahre alt war, hatte Louise gegen ihre Mutter gekämpft; Helen hatte besänftigt und Konfrontation vermieden. Louise hatte jede Gelegenheit genützt (und gelegentlich dafür bezahlt); Helen hatte gezögert, das Für und Wider abgewogen und dann festgestellt, daß es zu spät war.

Sie hatte Louise nie beneidet; eher hatte sie sich Sorgen um sie gemacht. Helen hatte all die Jahre im Hintergrund gestanden und mit Besorgnis zugesehen, wenn Louise kein Glück in der Liebe hatte, wenn sie sich stritt und wieder versöhnte, gefeuert wurde, pleite ging, eine Eileiterschwangerschaft durchlitt, eine Gürtelrose hatte und ein Auto zu Schrott fuhr. Sie kam auch zu der Erkenntnis, daß, wenn Temperament auch Erfahrung bedingen mag, es auch bestimmt, wie wir mit ihr fertig werden. Sie hatte den Verdacht, eine dieser Erfahrungen hätte sie schon umgeworfen; Louise protestierte lauthals und gedieh. Für Helen war es ein Rätsel, daß zwei Menschen denselben Umständen entstammen und so grundverschieden mit der Welt umgehen: Verfolgt man den Faden zurück, so trifft man auf denselben Herd, dasselbe Kinderbettchen, dieselben Indoktrinationen, Dorothys unnachgiebigen Schoß.

»Ist das hier in Ordnung?« fragte Giles Carnaby. »Ich dachte an die ›Krone‹, aber ich kann das bukolische Gelächter von Rotariern beim Lunch nicht ausstehen. Und diese Weinbar ist eher etwas für junge Leute und der ›Weiße Hirsch‹ eher für ältere. Ich hoffe, dieses liegt dazwischen – offenbar ist es neu.«

Helen kam das Restaurant wie eines vor, das sich in Spaxton wohl kaum lange halten könnte: Die Speisekarte war in jedem Sinne überladen und die Preise hoch. Außer ihnen war kaum jemand da. Es war auch auf elegante Weise wenig beleuchtet: Sie hatte Schwierigkeiten, Giles zu finden, bis sie den Glanz seines silbrigen Haares in der hintersten Ecke entdeckte. Als sie sich näherte, sprang er auf und machte viel Aufhebens um ihren Mantel; einen Augenblick lang lag seine Hand auf ihrer Schulter.

»Es ist gut so«, sagte sie.

»Wirklich? Ich hatte Zweifel wegen des Dekors. Wir können uns immer noch aus dem Staube machen.«

»Jetzt nicht mehr, wo sie meinen Mantel haben. Und Sie haben auch Ihre Serviette entfaltet.«

»Stimmt. Reine Nervosität.« Dieses gewinnende Lächeln. »Nun, dann bleiben wir. Sollen wir die langweiligen Angelegenheiten erst hinter uns bringen oder möchten Sie, daß ich damit bis zum Kaffee warte?«

Es ging um Aktien, wie sich herausstellte, und eine Erläuterung der gerichtlichen Testamentsbestätigung und wie lange so etwas dauerte. Es erschien Helen, daß das alles ganz nett in einen Brief gepaßt hätte; in einen recht kurzen Brief. Sie nippte an ihrem Sherry und dachte darüber nach.

»So!« sagte er zum Schluß. »Der Pflicht ist Genüge getan. Nun erzählen Sie mir mal, was Sie so gemacht haben. Wie geht es dem jungen Mann mit den grünen Haaren? Übrigens – der Earl Grey war ein wahrhafter Genuß. Immer wenn ich mir eine Tasse Tee mache, denke ich an Sie – nicht, daß ich das nicht sowieso täte, doch dies macht das Frühstück, zur Zeit eher trostlos, zu einem richtigen Vergnügen. Was essen Sie zum Frühstück? Ich habe Sie mir immer in dieser unglaublichen Küche vorgestellt mitsamt Ihrem Bruder, außer daß er natürlich eine Lücke ist, weil wir uns noch nicht kennengelernt haben.«

Das Problem mit diesem facettenreichen Konversationsstil war, daß man nicht recht wußte, womit man sich zuerst befassen sollte. Helen war ein wenig atemlos und versuchte, über verschiedene unausgesprochene Reaktionen und Fragen zu reden und ihnen ihre Aufmerksamkeit zu schenken. Sie fühlte sich sowohl unbesonnen als auch irgendwie im Nachteil. Das Essen war recht gut; Wein zum Lunch war natürlich immer ein Fehler, doch den konnte man später in Ruhe bereuen.

Verschiedene Dinge kamen zum Vorschein, die auch ihre Auswirkungen später noch vergrößern sollten. Carnaby & Proctor war erst vor vier Jahren gegründet worden, als die Carnabys von London hierher gezogen waren, da Gillian Carnaby, die schon krank war, sich gewünscht hatte, ihre letzten Jahre woanders zu verbringen. Dann hatte sich der alte Mr. Proctor, wie vorauszusehen war, zur Ruhe gesetzt und Giles mit dem jungen Simon als Partner zurückgelassen. Giles vermißte London manchmal sehr, doch er hatte sich immer schon sehr angepaßt. Es gab einen Ausgleich. (Was? Wen?) Das Haus war angenehm, doch Giles konnte einen Haushalt nicht gut führen. Der Sohn, ein Schiffsingenieur, war im Ausland. Giles hatte Spaß an langen Feldspaziergängen, besonders in Gesellschaft (wessen?), der Oper, an süßen und klebrigen Puddings (die Wahl des Desserts führte zu einer Gewissenserforschung), und an Reiseberichten der 30er Jahre. Montag abends sang er in einem Gesangverein, wählte die Liberalen, war allergisch gegen Erdbeeren und war, als er zwanzig war, durch Frankreich geradelt. Was Autos anging, war er eine Niete, konnte mit Picasso nie etwas anfangen, aber akzeptierte, daß er wahrscheinlich ein Ignorant war; er trank selten Hochprozentiges und betrieb gern ein wenig Gartenarbeit. Er hatte ziemlich weit hinten im Mund eine Goldfüllung, die blitzte, wenn er herzlich lachte. Seine Rechnungen zahlte er per Kreditkarte.

»Meine Güte, das kann doch nicht schon halb vier sein! Was meinen Sie, ist Bedienung inklusive? Ich kenne mich nicht damit aus. Ich habe das Gefühl, ganz und gar schamlos immer nur über mich gesprochen zu haben. Was sind Sie doch für eine geduldige Frau.«

Er legte seine Hand auf die ihre. Dort blieb sie für einige Sekunden liegen, bis der Kellner kam und mit Brieftasche und Kreditkarte hantiert werden mußte.

»Sie haben mir gar nichts von Ihrem grünhaarigen Neffen erzählt.«

»Er scheint Schwierigkeiten zu machen«, sagte Helen. »Meine Schwester klagte darüber.«

»Adoleszenz kann schon rechte Sorgen machen. Seien Sie dankbar, kein Elternteil zu sein. Obwohl Sie, da bin ich mir sicher, als das ganz wunderbar wären. Ich frage mich wirklich ...« Er bremste sich. »Jedenfalls hat Ihre Schwester meine Sympathie. Der Junge auch. Sagen Sie ihnen, das wird schon werden.«

Sie standen auf. Die Mäntel wurden gebracht. An der Tür sagte er: »Wohin gehen Sie?«

»Ich habe das Auto auf dem Parkplatz an der Market Street gelassen.«

»Ich kann zum Büro zurück dort langgehen.«

Hinaus auf die Straße, die öde Straße in Spaxton, Schlachter und Wohnungsbaugesellschaften und Banken, bekannt seit dreißig Jahren, aber heute irgendwie verwandelt – fröhlich, schrullig, einladend. Eimer voller Sonnenblumen draußen vorm Gemüsehändler. Kleine Kinder, die hopsend auf dem Nachhauseweg von der Schule waren, mit riesigen Ranzen, die gegen ihre Rücken schlugen. Sonnenlicht auf alten Ziegeln. Ein pfeifender Junge.

Er nahm ihren Arm, um sie über die Straße zu führen, auf der kein Verkehr war. »Was für eine *Wonne!* Normalerweise verbringe ich meine Mittagszeit im Pub an der Ecke. Oder mache einen kleinen Spaziergang. Oder es gibt belegte Brote im Büro.«

»Ich fand es auch schön«, sagte Helen. »Haben Sie wirklich vielen Dank. Vielleicht ...« Sie zögerte.

»Ich muß mich bei *Ihnen* bedanken. Die Zeit so zu verbringen ... Mich so drauflos schwatzen zu lassen. Oje, hier ist schon der blöde Parkplatz.« Er zog ein Gesicht, schenkte ihr dann ein strahlendes Lächeln, legte eine Hand auf ihren Arm.

»Vielleicht ...«, begann sie.

»Nun denn – auf Wiedersehen und vielen Dank, meine Liebe.«

Und das war es dann. Kurz den Arm gedrückt und weg. Meine Liebe. Vielleicht, sagte sie zu seiner Rückenansicht – sie wurde schwächer, löste sich auf, verschwand zwischen Passanten – vielleicht hätten Sie Lust, auf einen Drink vorbeizukommen und meinen Bruder kennenzulernen. Naja.

Ich bin einfach ungeübt in diesen Dingen, dachte sie, als sie nach Hause fuhr. Ich habe die Chiffren vergessen, wenn ich sie je gewußt habe. Ich kenne das Hin und Her nicht.

Wutentbrannt starrte sie auf die Straße vor sich. Ihre Mutter, die neben ihr hockte, wies sie darauf hin, daß sie zweiundfünfzig sei, keine Schönheit, es nie gewesen sei und besser daran täte, sich zusammenzunehmen und an etwas anderes zu denken. Geh weg, sagte Helen. Es tut mir leid, aber geh weg. Davon verstehst du nichts, hast es nie getan.

Sie legte alle Kleidung ab und stand vor dem großen Spiegel in ihrem Schlafzimmer. Sie sah einen Körper mit schweren Schenkeln, Beinen mit purpurähnlichen Flecken beginnender Krampfadern, hängenden Brüsten und einem Bauch, der alles andere als flach war. Ganz emotionslos konnte sie nicht erkennen, wie dieser Körper Verlangen erwecken konnte. Er war nachweislich weiblich, aber nur sehr entfernt den weiblichen Körpern ähnlich, die in Anzeigen oder auf Illustrierten zu sehen sind. Auf sie wirkte dieser Körper eher wie eine Illustration in einer medizinischen Zeitschrift.

Als Edward nach Schulschluß zurückkehrte, fand er Helen auf dem oberen Treppenabsatz inmitten von Dingen vor, die auf den ersten Blick aussahen, als wären es die letzten Reste eines Wohltätigkeitsbasars. Schuhe und Kleidungsstücke waren planlos verteilt. Mit vollen Armen lief Helen zwischen ihnen unsicher hin und her. Als er oben an der Treppe ankam, erkannte Edward die Kleider seiner Mutter.

Unbehaglich blickte Helen ihn über einen Armvoll graurosa Korsagen aus Fischbeinstäbchen und Strumpfhaltern hinweg an. »Es mußte mal gemacht werden. Plötzlich dachte ich – jetzt. Und bring' es hinter mich.«

»Ja, natürlich. Wo soll das alles hin?«

»Na ... Oxfam, denke ich; nur sind sie, glaube ich, heutzutage recht wählerisch. Und ...« Ihr Blick glitt schuldbewußt zu ein paar vollgestopften Müllsäcken. Sie war schon zu dem

Schluß gekommen, daß nur ganz wenig wiederverwendbar war; Dorothy hatte sich, wenn es hochkam, knauserig angezogen.

Edward wandte die Augen von dem ab, was Helen hielt: Entfernt lauerte dort *malaise*.

»Ich habe nie bemerkt, daß sie Hüte hatte.«

»Ich auch nicht. Sie muß sie vor langer Zeit bei Hochzeiten getragen haben. In vielem waren leider die Motten. Wie im Pelzmantel. Sie hat ihn kaum getragen, und er stammt von vor dem Kriege.«

»Woraus ist er, was meinst du?« fragte Edward voller Abneigung. Er erinnerte sich an den Pelzmantel, der in seiner Kindheit gewöhnlich für seltene Besuche eines Weihnachtsspiels oder Balletts hervorgeholt wurde. Er ließ seine Mutter wie einen kleinen entschlossenen Braunbären aussehen, und er hatte das gehaßt.

Helen nahm den Mantel. Er hatte kahle Stellen und einen Riß an einem Ärmel. Ein Bär war immer noch das Tier, woran er am meisten erinnerte. Sie hielt ihn Edward hin, der den Kopf schüttelte und ein Gesicht zog. Helen lachte. »Was es auch war, es starb vor schrecklich langer Zeit. Zu lange her, um sich jetzt noch darüber aufzuregen.« Sie ließ den Mantel auf einen der Haufen fallen.

»Darüber habe ich nicht nachgedacht«, sagte Edward. Sein Blick glitt von dem Mantel zu dem rosa Gewirr in Helens Armen. Er nahm die Brille ab und begann, sie heftig mit einem schmuddeligen Taschentuch zu putzen.

Das sinnliche Gefühl von Pelz war eine seiner frühesten Erinnerungen. Lebendiger Pelz. Die warme Flanke der Nachbarkatze, um genau zu sein, in die er sein Gesicht vergraben hatte und ihn belohnte mit dem tröstenden Widerhall ihres Schnurrens. Eine liebenswerte, nicht zurückweisende, mütterliche Katze.

Als sehr kleines Kind hatte er unter dem Eindruck gestanden, seine Mutter wäre gepanzert wie das Nashorn im Londoner Zoo, das er mit Staunen betrachtet hatte. Man konnte das Nashorn nicht anfassen, doch es sah aus, wie seine Mutter sich anfühlte. Unter ihren Tweedröcken und dicken Jerseyjacken war ein Rückenschild, eine gepanzerte Steifheit, die kindliche Gliedmaßen und Hände zurückwies. Später im Leben erfuhr er von weiblichen Korsetts und erkannte, was es war, wogegen man gestoßen war, aber der Eindruck einer unnachgiebigen Struktur blieb bestehen.

Dorothy ermunterte nicht zu Körperkontakt. »Begrapsch' mich nicht so, Edward«, sagte sie. »Nein, du kannst meine Hand nicht halten/nicht auf meinem Schoß sitzen/nicht kuscheln. Stell' dich nicht so an. Du bist doch kein Baby mehr, du bist zwei/drei/vier.« Die Katze sagte nie so etwas; sie bot einfach eine sanft pochende Flanke, bis Wichtigeres sie rief. Daher vielleicht die beunruhigenden Gefühle, die durch den Anblick des toten Pelzes ausgelöst wurden und, sogar noch mehr, durch den des schäbigen schlaffen Haufens aus Stoff und Gummiband, der jetzt einen anderen trüben Widerhall, einen anderen fernen Augenblick wachrief. Einst hatte er im Bett gelegen, vielleicht in früher Kindheit, und in heimlicher Qual zugesehen, wie seine Mutter sich anzog; wahrscheinlich hatte sie angenommen, er schliefe. Warum teilte er mit ihr das Zimmer? Möglicherweise gab es Verwandtenbesuch. Jedenfalls hatte er den Anblick immer noch vor Augen: jene schattenhafte Figur, die ungeahnte Spalten und Höcker enthüllte. Gebannt hatte er unter der Bettdecke gekauert und ihre baumelnden Brüste betrachtet, als sie sich bückte, um einen rosa Schlüpfer an ihren schweren Schenkeln hochzuziehen, hatte dort Haar gesehen, wo auf keinen Fall welches sein sollte, hatte für immer die runzligen Brustwarzen und das schwarze Tal zwischen den Hinterbacken in seine Vorstellung eingebrannt.

Er begann, sich die Treppe hinunter zurückzuziehen. Vorwurfsvoll sagte Helen: »Du könntest wenigstens etwas von dem Kram mit hinunternehmen.«

Edward griff sich die schwarzen Plastiksäcke. »Ich helfe dir, wenn du willst, aber ich würde sicherlich …«

Helen verschwand in Dorothys Zimmer und sagte beißend, es wäre schon gut; seit langer Zeit waren sie nicht so dicht an schlechter Stimmung gewesen, und Edward blieb mit einer weiteren Ladung unguten Gefühls allein. Draußen an der Hintertür bei den Mülleimern warf er die Säcke hin, rief Tam und machte sich auf den Weg in die Britches.

Er überprüfte die Nistkästen. Es war offensichtlich, daß in einem von ihnen möglicherweise schon ein Vogel geschlafen hatte, was ihn zufriedenstellte. Sie wurden von einer Organisation verkauft, die Arbeit für geistig Behinderte bot, was sie doppelt wertvoll machte; das einzige, was an ihnen störte, war ihr schrecklich rustikales Aussehen – eine Kreuzung zwischen Kuckucksuhr und Miniaturausgabe eines *cottage orné*. Edward hatte erfolglos versucht, die überflüssigen Giebel und Auswüchse an Zweigen abzuschlagen. Im rauhen Winterklima der Britches, so hoffte er, würden sie mürbe werden.

Es war jetzt Juni, und obwohl es nach sechs war, immer noch warm. Das Abendlicht, das durch die Blätter fiel, überzog den ganzen Ort mit goldener Glut. Edward setzte sich auf seinen Baumstamm und bemerkte, während er an ganz andere Sachen dachte, daß er ein Rotkehlchen, allerlei Meisenarten, Saatkrähen, einen Buchfink und eine Elster hören konnte. Er betrachtete einen zarten Kragen aus Farn und rosa Pilzen um den Fuß eines toten Baumes, kräftig grüne Mooskissen, das hochrote Flattern eines Karminbärchens vor modernden Blättern, eine kleine Spinne mit weißen Punkten auf dem Rücken. Er hörte, registrierte aber nicht das Kreischen der Kettensäge auf Ron Pagets Hof, das Rattern und dumpfe Stoßen eines Lastwagens, der die Straßenkurve nahm, das Brüllen einer amerikanischen F I-II etwa zwei Meilen über seinem Kopf. Ungefähr einen Meter weiter nagte Tam an etwas Zweifelhaftem, das er im Unterholz gefunden hatte.

Edward versuchte, an überhaupt nichts zu denken; wie Tam, wie die Vögel, das Karminbärchen, die Pilze, die Britches selbst. Er fühlte sich verwirrt, unbehaglich, bis ganz tief in sein Inneres beunruhigt, wie er sich tatsächlich seit dem Tode seiner Mutter fühlte. Er hatte sich so sein ganzes Leben lang immer mal wieder gefühlt und diese Gefühle jedesmal gemeistert, weil er sich rigoros anderen Dingen zugewandt und abgelehnt hatte, darüber nachzudenken, was er fühlte. Wenn man etwas nicht mit einem Namen versah, existierte es vielleicht nicht viel länger. So hatte er als Kind die Schatten an der Schlafzimmerwand verscheucht – die hexen- und wolfsartigen Schatten. Und so saß er heute auf seinem Baumstamm – einem Baumstamm in zartem Graurosa, hier und da grün bemoost – und versuchte, sich darauf zu konzentrieren, was er sah, während er das zur Seite schob, was er wußte. Er sah dem Bärchen und der Spinne zu, folgte den Bewegungen der Meisen und des Rotkehlchens, sah den heroischen Wuchs eines zwei Meter großen Buchenschößlings. Die Britches rauschten und flackerten ganz angenehm um ihn her. Tam kaute an dem uralten Leichnam eines kleinen Lebewesens herum.

Und Edward, nicht gefühllos, nicht unempfindlich, begann zu wehklagen. Nichts bleibt, weinte er, alles geht. Meine Mutter ist tot, die immer dagewesen war, in Freud und Leid. Meist in Leid. Und ich bin neunundvierzig und werde älter, und bald wird es zu spät sein für all die Dinge, von denen ich nichts weiß, die mich aber in der Nacht quälen und jetzt auch hier an diesem Ort, der eigentlich Trost spenden sollte. Ich bin einsam und giere und habe nie ein Sterbenswörtchen zu irgend jemandem gesagt. Niemand weiß davon, niemanden interessiert es. Ich möchte, daß niemand davon weiß, daß es niemanden interessiert.

Tam grub ein Loch und versteckte seinen Schatz. Dann kam er an und stieß mit der Nase an Edwards Fuß; er wollte weiter. Edward stieß ihn weg, recht heftig, und Tam, der so eine herzlose Behandlung nicht kannte, sah erstaunt auf.

Als Helen auch nach acht Tagen nichts von Giles Carnaby gehört hatte, versank sie in düsterer Selbstverachtung. Dieser Zustand hielt an, dagegen konnte sie nichts machen: ihre wechselhafte Laune, die entflammten Sinne. Ein Tier, sagte sie sich ganz brutal, würde man als läufig bezeichnen. Ihre Mutter, die am Verblassen war, kehrte zurück, um das schwarze Loch bei der Küchenspüle auszufüllen oder Helen auf der Treppe entgegenzutreten und ihr selbstgefällig mitzuteilen, sie hätte ihr schon die ganze Zeit sagen können, was sie zu erwarten hätte.

Louise kam mit Suzanne im Schlepptau, die die ganze Zeit abgeschottet unter den Kopfhörern ihres Walkmans verbrachte; sprach man sie an, so lächelte sie in verbindlicher, toleranter Selbstversunkenheit, wie es sehr alte Leute tun. Über Phil wurde viel geklagt. Und indirekt über Tim. Helen war bestürzt und vermutete Untreue (es hatte mal in der Vergangenheit eine Episode gegeben, worüber die kochende Louise monatelang am Telefon getobt hatte), und sie fragte, was denn mit ihm das Problem sei.

»Es gibt kein *Problem*«, sagte Louise verärgert. »Tim ist wie immer. Das ist wohl das Problem.«

»Liebst du ihn nicht?« fragte Edward.

Louise verdrehte die Augen. »Herrgott! Von Ehe hast du wirklich keinen blassen Schimmer, was? Naja, mein Lieber, wie könntest du auch? Hör zu – *tout passe, tout casse, tout lasse.* Stimmt's?«

»Was?«

»Französische Redensart, die auf Instabilität schließen läßt.« Edward schien für eine kurze Zeit angestrengt darüber nachzudenken, stand dann auf und verließ abrupt das Zimmer.

»Und was hat *er* nun wieder?« sagte Louise. »So bissig habe ich ihn noch nie erlebt, jemand, der von Natur aus unfähig ist, gereizt zu sein. Das Problem mit Edward ist: Er ist praktisch ein Heiliger. Ich glaube ganz ehrlich, daß er in seinem Leben nie etwas Böses über jemanden gedacht hat, was ihn zuweilen so unmöglich macht. Gut, daß *er* nie geheiratet hat – das hätte niemand aushalten können. Natürlich stand es ja sowieso nie an.«

»Er ist schon ein bißchen gereizt gewesen«, sagte Helen. »Vielleicht durch Mutter.«

Louise seufzte. »Er hat sich etwa vierzig Jahre zu lange Zeit gelassen, wegen Mutter zickig zu werden.«

»*Gibt* es nun ein Problem mit Tim?«

»Tim und ich«, sagte Louise mit schwerer Stimme, »durchlaufen momentan eine miese Phase, wie es so schön heißt. Unverhohlen gesagt, gehen wir einander auf die Nerven. Deshalb ich hier und er da. Soweit ich weiß, hat er nichts mit jemand anders und ich bestimmt nicht, was mir eher leid tut, doch wenn ich ehrlich bin, so hatte ich noch nie in meinem Leben weniger Lust dazu.« Sie starrte düster auf das Fenster. »Ehrlich gesagt, zur Zeit macht mich kaum jemand an, einschließlich Tim, und ich glaube, deshalb hängt manches schief. Daß Sex alles so versauen kann … Entschuldige, ich sollte nicht so reden. Ich weiß, daß du …« Der Satz blieb unvollendet.

»Du weißt, daß ich was?« sagte Helen scharf.

Louise blickte sie forschend an. »Jetzt fängst du auch an, wie Edward zu klingen. Ich weiß nicht, was in euch gefahren ist.

Ich wollte nur sagen, daß ich weiß, du bist... es ist kein Thema, was dich sehr fesselt. Sex, meine ich. Siehst du? Du machst sofort wieder so ein Gesicht. Na jedenfalls... zwischen Tim und mir läuft es momentan ganz einfach schief – ich weiß nicht, wie ich es sonst sagen soll. Wir kommen nicht zueinander. Mach dir keine Sorgen – wir trennen uns nicht, zumindest glaube ich es nicht.«

Suzanne kam herein, die Kopfhörer aufgesetzt, die ein entferntes blechernes Klimpern absonderten. Sie setzte sich ans Fenster und lächelte vage.

»Es ist nicht so, daß wir uns nicht mehr lieben«, erklärte Louise. »Im Verhältnis dazu, wie lange wir schon zusammen sind. Es ist, daß ...«

»Pst ...« murmelte Helen.

»Für sie ist die Welt verschwunden. Kleiner Glückspilz. Schon seltsam, nicht? Waren wir so? Nein, natürlich nicht. Noch nicht mal ich. Na, wie ich gerade sagte, Tim ...«

Edward erschien und sah erregt aus. »Da ist ein Junge, der gräbt den alten Küchengarten um.«

»Ja«, sagte Helen. »Der Sohn von Ron Paget. Das weißt du doch. Es ist Samstag.«

»Weiß ich das? Ach ja. Ist das eine gute Idee? Wir wollen doch nicht wirklich Gemüse anbauen.«

»Ron Paget?« sagte Louise. »Davon hat mir niemand was gesagt. Alles, was Ron Paget einfädelt, muß einen stutzig machen.«

Helen erklärte es.

»Ein Pfund fünfzig die Stunde würde man in London Ausbeutung nennen, aber ich glaube, für hier ist es wohl angemessen. Ich traue Ron glatt zu, daß er sich davon noch einen Teil einsteckt. Gebt es dem Jungen persönlich. Wie ist er?«

»Mir ist nichts aufgefallen«, sagte Edward. Er ging zum Fenster, blieb dort stehen und putzte seine Brille: Sie konnten jetzt alle die entfernten stechenden und plumpsenden Geräusche der Spatenarbeit hören. Edward drehte sich um, ging unschlüssig im Zimmer umher und ging dann zur Tür, wo er stehenblieb. »Ich gehe jetzt. Eine Exkursion des Vogelschutzbundes – werde erst spät nach Hause kommen. Wiedersehen, Louise... und, äh...« – er blickte auf Suzanne, die leer und besänftigend lächelte. »Ach, Helen, übrigens, ich hab' ganz vergessen – dieser Rechtsanwalt hat angerufen. Er möchte, daß du zurückrufst.«
»Wann hat er angerufen?« fragte Helen nach einem Augenblick.
»Emm... Gestern, vorgestern...« Edward ging. Suzanne, die sich weder bewegt noch ihre Miene verändert hatte, klimperte weiter am Fenster in ihrer eigenen Welt. Louise begann aufzuzählen, mit was sie sonst noch unzufrieden war. Weder Tochter noch Schwester hörten ihr jetzt zu.
Helen verschob den Anruf, wie man eine Köstlichkeit aufhebt, damit man um so länger die Vorfreude auskosten kann. Als sie schließlich zur Tat schritt, war Giles Carnaby sehr herzlich. »O Gott, was für eine Erleichterung! Ich fing schon an zu glauben, ich wäre irgendwie abserviert.« Er redete so, als ob sie sich schon gut und lange kannten. »Haben Sie meine Mitteilung nicht bekommen? Ich muß mit Ihrem Bruder mal ein ernstes Wörtchen reden. Na egal, jetzt, wo ich Sie endlich an der Strippe habe... Ich habe einen Vorschlag. Der Chor... meine kleine Abwechslung montags... Nächste Woche haben wir unseren großen Abend – Konzert. Dafür haben wir seit Wochen geprobt. Möchten Sie kommen? Wir alle bringen Freunde und Familienmitglieder

mit – bitte kommen Sie doch als meine Begleitung mit. Nach dem Auftritt sitzen wir alle bei Wein und Käse zusammen. Ist gewöhnlich recht amüsant. Bitte sagen Sie doch zu.«
Später, als sie sich vom Bann dieser Stimme gelöst hatte, plagte sie nagende Ungläubigkeit. Ich? *Ich*? Warum? Was meint er damit? Meint er überhaupt etwas damit? Warum ausgerechnet ich von allen Frauen in Spaxton?
Sie sind alle verheiratet, sagte ihre Mutter. Nicht, daß das die meisten heutzutage stören würde. Was das betrifft, so muß er sich fragen, warum du es nicht bist. Und sieh' dich an, wie du voreilige Schlüsse ziehst: Du bist richtig dabei, dich lächerlich zu machen. Warum sollte dieser Mann dem Bedeutung geben? Du bist eine Klientin, oder nicht?
Wenn er alle seine Klientinnen zu teurem Lunch ausführte, zu Konzerten einlüde …
Vielleicht tut er das, sagte ihre Mutter. Von Zeit zu Zeit. Wie willst du das wissen?

Sie arbeitete jetzt regelmäßig drei Tage die Woche in der Bücherei. Es schien unglaublich, jedesmal aus dem Haus gehen zu können, ohne ein Gefühl der Heimlichtuerei zu haben oder verärgert zu sein über dieses Gefühl der Heimlichtuerei. Ihre Mutter hatte nie begriffen, daß eine Arbeit auch eine Verpflichtung bedeutet. »Ich möchte, daß du das mit der Bücherei heute verschiebst«, sagte sie etwa. »Du mußt mir beim Pflaumeneinmachen helfen.« Bei schlechtem Wetter sah sie Helens Vorbereitungen, aus dem Haus zu gehen, mit Verachtung zu: »Es ist völlig idiotisch bei diesem Wetter. Ich verstehe einfach nicht, warum du es nicht bis morgen aufschiebst.« Als Helen im letzten Stadium ihrer Krankheit unbezahlten Urlaub nahm, verkündete sie in klaren Augenblicken Besuchern gegenüber zufrieden: »Zumindest habe ich es geschafft, daß Helen keinen Sinn darin sieht, sich Tag für Tag zu dieser blöden Bücherei zu schleppen.«

Edward hatte sie andererseits einen mysteriösen Einfluß beigemessen: »In Croxford bauen sie wirklich auf ihn.« Das war schon seltsam; auf allen anderen Gebieten behandelte sie Edward – hatte sie ihn immer behandelt –, als wäre er unbedeutend. Wandte er sich einer Aufgabe zu, mischte sie sich ein und nahm sie ihm aus der Hand; sie unterbrach ihn, wenn er sprach. »Laß' ihn das machen!« hatte sich Helen schon vor Urzeiten aufgeregt, als sie fünfzehn, achtzehn, einundzwanzig war. »Laß' ihn in Frieden. Laß' ihn ausreden.« »Er macht es nur kaputt«, lautete die Antwort. Oder macht es falsch, zu schnell, zu langsam, nicht richtig. Und er weiß nicht, wovon er redet: Er ist zu jung, zu unerfahren, zu sehr Edward.

Als er, schon in den dreißigern, Fahrstunden nahm und die Prüfung bestand, weigerte sie sich, mit ihm zu fahren: »Ich habe vor, noch ein gereiftes Alter zu erleben, vielen Dank.« Tatsächlich war Edward ein guter Fahrer, wenn auch etwas brav. Dorothy wartete geduldig ab und hatte ihren Triumph, als ihm jemand an der Ampel hinten auffuhr – ganz klar sein Fehler, weil er nicht schnell genug losgefahren war.

Abgesehen von allem anderen arbeitete Helen, weil sie das Geld brauchte. Auch das hatte ihre Mutter nie verstanden. So sagte sie: »Du hast doch das Geld von Papa. Es geht mir nicht in den Kopf, wozu du noch mehr zusammenkratzen willst.« Wie ihre eigenen, so waren auch Helens Dividenden zu immer kleineren Summen zusammengeschrumpft; selbst für jemanden, dem Besitz oder Luxus so wenig bedeutete wie Helen, war es nötig geworden, sie aufzustocken.

Die Bücherei war aber vor allem ein Refugium. Sie war eine heilige Stätte, die nicht Greystones war. Dort wurde Helen zu jemand anderem; sie wurde die muntere, tüchtige, beliebte Helen. Helen, die viele Jahre dort gearbeitet hatte, kannte sich bestens aus, und man konnte sich darauf verlassen, daß sie taktvoll mit schwierigen Benutzern umging wie auch mit der Unnachgiebigkeit des Büchereiwesens der Grafschaft, mit fehlgeleiteten Büchern und ermüdenden Kindern. Helen, die eine Engelsgeduld mit anderen zeigte, die selbst höflich anonym blieb.

Kolleginnen kamen und gingen; es schien, als wären sie im Laufe der Zeit immer jünger geworden; die karrierebewußteren gingen weg auf fettere Weiden, ihre Stellen nahmen andere Susies und Karens ein, die auf dem Klo kicherten und die Vormerkkartei durcheinanderbrachten. Nur die Büchereileiterin blieb dieselbe, Joyce Babcock, in Helens Alter, so weit wie möglich auf der beruflichen Leiter aufgestiegen, den jungen Mädchen mißtrauisch gegenüber, aber tolerant zu Helen, die keine Bedrohung darstellte. Halbtagskräfte, so sehr man sie auch schätzte, wurden nicht mit der Leitung einer Bücherei betraut. Sie war eine Frau ohne Weitblick oder Neugier; ihr Abscheu Büchern gegenüber war nur gleichzusetzen mit ihrer Abneigung gegen Menschen. Sie saß ihre Zeit am Schreibtisch ab, schimpfte auf ihre Vorgesetzten, den technischen Fortschritt und das Wetter. Helen, die sich über Joyces Fähigkeit des Selbstschutzes wunderte, fragte sich oft, warum sie diesen Beruf gewählt hatte. Sie dachte, daß es etwas mit Ordnung zu tun haben müsse; Joyce mißtraute Büchern ihres Inhalts wegen, mochte aber die Art und Weise, wie sie arrangiert werden konnten. Leser waren ein unvorhergesehenes Risiko.

In dieser Zeit bemerkte sie eine Veränderung in Joyces Einstellung ihr gegenüber. »Ich nehme an«, sagte sie bewußt beiläufig, »daß Sie jetzt vielleicht daran denken, ganztägig zu arbeiten, wo Sie keine Mutter mehr haben.«

Helen verstand. Joyce fürchtete eine mögliche Rivalität; ihr Status wäre unter Umständen in Gefahr, falls Helen, die der Bibliothekar der Grafschaft besonders mochte, länger arbeitete. »Schon möglich«, erwiderte sie. Plötzlich brach der Schalk bei ihr durch, der ihr eigentlich gar nicht eigen war, und sie fügte hinzu, sie würde sich mit diesem Gedanken tragen. Joyce blätterte fieberhaft in einem Nachschlagewerk herum; aufwallende Gefühle ließen ihren Nacken rot werden. Helen ließ sich erweichen und sagte: »Ich glaube wohl doch nicht. Ich hab's ganz gern, etwas Zeit für mich zu haben.«

»Das denke ich doch auch!« rief Joyce. »Ich meine, wenn es jemand verdient, dann Sie. Oh, ich glaube, Sie sollten sich nicht noch mehr aufhalsen, wirklich nicht. Verwöhnen Sie sich ein bißchen, jawohl.« In ihrer Zuversicht wieder hergestellt, warf sie Helen einen prüfenden Blick zu. »Sie haben eine andere Frisur. Es steht Ihnen. Waren Sie im Laden in der Market Street? Passen Sie bloß auf, die sind ganz schön teuer, aber gut, wenn es etwas Außergewöhnliches sein soll.«

»Ich freue mich, daß es Ihnen gefällt«, sagte Helen und machte sich an die Anschaffungskartei. Bis auf einen älteren Mann, der bei den Biographien herumtrödelte, und einigen Schulkindern bei den Nachschlagewerken war die Bücherei leer; Gelegenheit für das, was Joyce ein Schwätzchen nannte, Entkommen unmöglich.

»Sie werden Ihre Mutter vermissen«, erklärte Joyce. »Ich weiß es. Paul war monatelang nicht er selbst, als seine dahinging.« Paul war ihr Mann. »Es ist ein Schock, ganz gleich, wie genau man weiß, daß es passieren wird. Es wird Sie Zeit kosten, sich damit abzufinden, das werden Sie schon feststellen.«

»Mhm«, sagte Helen. Kommentar war weder möglich noch erbeten.

»Natürlich haben Sie ja auch Ihren Bruder. Warten Sie, ich vergesse das immer – ist er älter oder jünger?«

»Jünger.«

»Komisch, daß er auch nie geheiratet hat – ein komischer Zufall, meine ich.«

»Nicht wahr?« sagte Helen. Das war vertrautes Terrain. Enttäuscht ging Joyce dazu über, über das gestrige Wetter nachzusinnen, sich über den neuen Lehrling zu beklagen und zu versuchen, sich Helens Unterstützung gegen die Begeisterung des Grafschaftsbibliothekars zu versichern, in Spaxton eine Abteilung für Ortsgeschichte einzurichten. Joyce hatte eine besondere Abneigung gegen Geschichte. Sie wurde jedoch von einem Schulkind unterbrochen, das etwas nachschlagen wollte, und mußte abbrechen, um widerwillig dürftige Hilfe dabei zu leisten. Helen wandte sich wieder den Neuanschaffungen zu. Während Joyces Vortrag waren ihr verschiedene neue Titel aufgefallen; da gab es ein neues Buch über Fledermäuse, das Edward wohl gerne lesen würde, und das eine oder andere, das sie sich selbst erst einmal einverleiben wollte – es war die einzige Vergünstigung bei diesem Beruf, daß man sich heimlich neue Titel herauspicken konnte, bevor sie in die Regale wanderten.

Helen las eine Menge. Das Gefühl, ein Buch in Händen zu halten, war ein alter Trost – ursprünglich nicht wegen des Inhalts zwischen den Buchdeckeln, sondern als Schutzschirm, Abwehrmittel, Schild. Das Buch, das sie las, hatte einst als

Barriere zwischen ihr und ihrer Mutter gedient. »Nase im Buch wie immer«, sagte Dorothy voller Verachtung. »Du solltest etwas anfangen, nicht einfach nur herumsitzen.« Helen hatte Edward in diesen geschützten Raum hineingezogen und ihm vorgelesen. Und schnell gewann das, was in den Büchern stand, auch an Bedeutung – sie entdeckte, daß ziemlich dünne Bücher ausreichten, weil man dafür, wovon sie handelten, sich nicht immer hinter den *Bartholomew*-Atlas oder die gebundenen Ausgaben des *Punch* klemmen mußte, die unten im Wohnzimmerbücherschrank verborgen lagen. Sie las sich durch das hindurch, was im Hause war – kein entmutigender Prozeß in Anbetracht dessen, wie sich ihre Mutter dem gedruckten Wort widersetzte – und ging dann in Büchereien. Ihr kam zum Bewußtsein, daß ihre Berufswahl möglicherweise vorherbestimmt war, geprägt im Bezugsrahmen wie genetisch vorgegeben, festgelegt durch die Neigungen ihrer Mutter. Dorothy machte sich nichts aus Büchern, also wurde Helen Bibliothekarin.

Sie las alles, in alle Richtungen. Sie las, um zu lernen, und sie las, um Erfahrungen zu machen. Gebiete besonderen Interesses schälten sich heraus – antikes Griechenland und Rom, Populärwissenschaft, Architektur von Kathedralen, die Erforschung der Arktis –, und sie verkroch sich glücklich darin; sie reflektierte über sich und andere durch die Lupe dieser feinstrukturierten Lüge, die ein guter Roman darstellt. Im Guten wie im Bösen wurde sie abhängig von Büchern.

»Jeder denkt wohl, wir wären eine Art kostenloser Bildungsdienst«, grummelte Joyce, als sie das Kind losgeworden und wieder zu ihrem Zentralhorst zurückgekehrt war.

»Genau das sind wir«, sagte Helen.

Joyce bedachte sie mit einem Blick, in dem Erstaunen und Entrüstung sich gefällig mischten.

Zur selben Zeit sorgte acht Meilen entfernt in Croxford House Edward in der fünften Klasse für ein wenig mäßig teure Bildung. Die Klasse umfaßte achtzehn Zehn- und Elfjährige, die auf verschiedene Art über ihren Tischen hingen, wie um hohe Aufmerksamkeit zu zeigen oder schrecklichen Überdruß, kluges Verständnis oder hingerissene Bewunderung. Die meisten hörten nicht zu. Einige flüsterten miteinander. Edward sprach über den Galapagos-Finken. Es war eine neue Unterrichtseinheit, ziemlich vollmundig Biologie genannt, in der er glücklich in den verschiedenen Bereichen umherstreifte, die ihn besonders faszinierten, und er versuchte, den Kindern etwas über natürliche Auslese und den Ursprung der Arten zu erzählen. Er hatte einige Demonstrationsobjekte mitgebracht, darunter ein Portrait Darwins, das er in einem Trödelladen gefunden hatte, sowie eine Auswahl von Federn und Fossilien, die die Kinder von Hand zu Hand gehen ließen. Keines von ihnen nahm von Darwin Notiz, aber die Federn und Fossilien erweckten mildes Interesse. Jetzt malte Edward den Bau einer Feder an die Tafel – mit einigen Schwierigkeiten und viel Wegwischerei –, um deren Kompliziertheit aufzuzeigen und zu einem Gespräch über die Entwicklung der Vögel zu kommen.
Sandra Willmot meldete sich. Edward mochte Sandra nicht; sie war ein zickiges kleines Mädchen, immer herausgeputzt, das gern Ausrufe von Ekel und Abscheu benutzte. Ihre Eltern waren bekannte Geschäftsleute am Ort, ihre Mutter Elternratsvorsitzende.
»Ja, Sandra?«

»Bitte, Mr. Glover, meine Mutter sagt, so was wie Federn beweisen, daß es einen Gott geben muß.«

»Wirklich?« sagte Edward ausweichend.

»Ja. Weil sie so kompliziert sind. Jemand muß sie gemacht haben.« Sandra schaute selbstgefällig an die Tafel. »Ich meine, sie konnten nicht einfach passieren, oder? Also muß sie jemand gemacht haben.«

»Wer?« fragte Edward resigniert.

»Gott natürlich«, sagte Sandra und polierte sich ihre Fingernägel am Pullover. Sie sah fromm um sich, auf Unterstützung und Anerkennung aus.

Edward wußte, daß er sich auf tückischem Terrain befand. Die Kinder, die sich nicht um die Fossilien stritten oder Federn ins Haar steckten, sahen ihn erwartungsvoll an. Vorsichtig sagte er, daß, wenn auch allen freigestellt sei, was sie über Gott meinen und glauben wollten, es wirklich nicht möglich sei zu sagen, unsere jetzige Kenntnis vorausgesetzt, daß Seine Existenz durch Federn, Fossilien oder irgendetwas sonst auf der Welt bewiesen werde. In dieser Art fuhr er einige Minuten lang fort, wobei er sich einige Male selbst zu Fall brachte. Das Problem war, daß sich in Edwards Kopf eine entzückende Anordnung von Lebewesen befand, wie die Prozession bei Noahs Arche, von der Ameise bis zum Menschen, die einer Illustration aus einem fatal mißverstandenen Naturkundebuch entsprang, das Edward als Kind besessen hatte. Ein Bild der Großen Kette des Seins war ganz tief in seinem Herzen; er hatte oft große Schwierigkeiten, die Argumente für Abtrünnigkeit im Glauben auf die Reihe zu bringen. Man fühlt sich wie ein abtrünniger Katholik, dachte er; man weiß, man hat Recht, aber man fühlt, man hat Unrecht. Er wurde vehement bei den Dinosauriern und dem

Aussterben, bei der Kontinentalverschiebung und dem guten alten Galapagos-Finken. Zum Schluß sagte er, daß, wenn man an Gott glaube, man andere Mittel finden müsse, um Menschen von Seiner Existenz zu überzeugen, und das sei nicht etwas, über das in dieser Stunde geredet werden solle. Sandra Willmot hörte zu – oder schien zuzuhören – und starrte ihn dabei mit einem eiskalten Blick an. Einige Hände schossen in die Höhe.

»Ja?« sagte Edward unvorsichtig.

»Glauben Sie denn nicht an Gott, Mr. Glover?«

»Nein«, sagte Edward nach einem kurzen Augenblick. Ein knisterndes Interesse machte sich in der Klasse breit. Ein oder zwei verkündeten, sie täten es auch nicht; andere erklärten laut das Gegenteil. In Croxford House gab es das Morgengebet und all das äußere Drum und Dran der Anglikanischen Kirche; es war sogar eine Kapelle vorhanden. Jetzt, als er darüber nachzudenken begann, war Edward überrascht, daß er vorher nie darauf gekommen war; Biologie war offensichtlich ein weitaus vertrackteres Feld als Englisch und Geschichte.

»Jedenfalls«, sagte er bestimmt, »was ich glaube oder nicht, spielt keine Rolle. Wir sprachen über Federn. Ich möchte, daß ihr alle eure Hefte nehmt und abzeichnet, was an der Tafel steht ...«

Die Kinder beruhigten sich, mehr oder weniger. Die meisten widmeten sich ihrem Heft, verzogen bei ihren Bemühungen ihr Gesicht. Einige fuhren fort in ihrer Tagträumerei. Sandra Willmot tuschelte eindringlich mit ihrer Nachbarin, wobei sie von Zeit zu Zeit verstohlene Blicke in Edwards Richtung warf. »Würdest du bitte mit deiner Arbeit fortfahren, Sandra«, sagte Edward mit ungewöhnlichem Ernst. Sie war ein ganz besonders unsympathisches Kind, dachte er; die Art von Kind – oder Person –, die jedweden Gedanken widerlegte, daß der *homo sapiens* die Krone der Schöpfung sei. Der Galapagos-Fink war verdammt noch mal mehr wert als Sandra Willmot.

Als Helen in dem Saal eintraf, wo das Chorkonzert stattfinden sollte, konnte sie Giles Carnaby zuerst nicht entdecken. Enorm viele Leute liefen herum, wahrlich die Creme der Gesellschaft von Spaxton, von denen sie viele kannte oder erkannte. Sie wollte sich gerade einen Sitzplatz suchen, als sie ihn entdeckte, wie er mit einer ziemlich hübschen, dunkelhaarigen jungen Frau sprach, wobei beide viel lachten. Während sie sie betrachtete, erlebte sie ein eigenartiges Gefühl von Ausgeschlossensein; sie fragte sich, wer die Frau wohl sei; sie fragte sich, wie gut Giles sie kenne. Und dann blickte er in ihre Richtung, lächelte und winkte ihr über die Schulter der Frau hinweg zu, setzte das Gespräch mit ihr für einige Augenblicke fort, legte ihr dann kurz die Hand auf den Arm und kam zu Helen herüber.

Später sah sie die Frau im Sopran und beobachtete sie. Tatsächlich beobachtete sie jeden im Chor, ein bewußter Versuch, nicht die ganze Zeit auf Giles Carnaby zu starren, der in der hinteren Reihe stand, mitten zwischen den Tenören, ihr just gegenüber, so daß sie ihn genau betrachten konnte – silbernes Haar, graues Tweedjacket im Fischgrätmuster, grünliches Hemd, petersiliengemusterte Seidenkrawatte (das reicht fürs Nichtanstarren ...)

Und dann gab es Wein und Käse im Nebenraum, wo Tische gedeckt waren und Chor und Zuhörerschaft sich mischen konnten. Giles kannte offenbar jeden. Er schien wirklich dauernd fort zu müssen, um mit diesem oder jenem kurz etwas zu besprechen; Helen fand sich einen Großteil der Zeit sich selbst überlassen, während sie ihn auf der anderen Seite des Raumes in angeregtem Gespräch erspähte. Sie sah beträchtlich oft seinen Rücken oder seinen ausgeprägten Kopf, wie er sich von einer Gruppe zur anderen bewegte. Sie unterhielt sich mit verschiedenen Bekannten. Eine Frau fragte neugierig: »Kennen Sie Giles Carnaby gut?« Etwas verstimmt antwortete Helen, sie täte es nicht – nicht ganz so gut. »Er ist natürlich sehr charmant«, sagte die Frau.

Allmählich leerte sich der Raum. Giles kehrte an ihre Seite zurück. Er schien gutgelaunt und angeregt zu sein. »Oje, ich wurde die ganze Zeit festgehalten. Hatten Sie etwas zu trinken? Geht es Ihnen gut? Und wir hatten gar keine Gelegenheit, uns zu unterhalten … Sie kommen doch mit auf einen Kaffee, nicht? Oder einen Tee – der herrliche Earl Grey.« Er nahm sie am Arm und führte sie auf die Straße hinaus. »Haben Sie Ihr Auto da? Wie dumm – ich auch. Dann müssen wir hintereinander herfahren, es ist nur fünf Minuten entfernt. Sunderland Road.«

Das Haus war nichts Besonderes, eines von denen in Spaxtons wohlhabendem Vorort aus der Zeit Edwards VII. Im Inneren herrschte eine Atmosphäre plüschigen Komforts. Helen, die an seine Frau dachte, ließ sich fast entschuldigend auf einem klobigen Sofa nieder. Auf dem Kaminsims stand ein Foto, eine freundlich blickende Frau, blond, nicht schön, nicht bezaubernd, eigentlich ziemlich durchschnittlich aussehend.

Giles ging in die Küche, um Kaffee zu kochen, wobei er Hilfsangebote ablehnte. »Ich könnte durcheinanderkommen und mich dämlich anstellen, wenn man mir zuschaut.« Helen betrachtete das Zimmer. Die Häuser anderer Leute faszinierten sie immer wegen des Kontrasts, die sie Greystones gegenüber boten; so konnte sie plötzlich, mit ganz objektivem Interesse und ganz ohne Neid und Kritik, feststellen, wie sehr die Vorstellungen anderer Leute von ihrer eigenen abwich. Hier hatte sich jemand bemüht, zu den Vorhängen im Ton passende Kissen zu bekommen. Das Feuer bestand aus wirklichkeitsgetreu glühenden Kohlen, und das gemütliche Flackern der Flammen um sie herum war, wie sie rasch bemerkte, ein Gasfeuer; also keine Probleme mit dem Saubermachen. Die Bilder bestanden aus harmlosen Landschaften oder Blumengemälden, die den Platz, der ihnen bewilligt wurde, hübsch ausfüllten. Die Bücher waren alle hinter Glas. Ein niedriger Tisch trug einige sorgsam arrangierte Zeitschriften und Zeitungen; auf den Briefen, die auf dem Schreibtischaufsatz lagen, tronte ein silbernen Brieföffner. Sie fühlte wieder die Anwesenheit seiner Frau, wie sie sie freundlich und sorglos vom Foto her anblickte; lehnen Sie mich nicht ab, sagte Helen, ich bedeute wirklich nichts, ich hege starke Zweifel, ob ich wichtig bin, Sie brauchen sich nicht zu sorgen.

Giles kam wieder. Auf dem Tablett war eine Flasche Brandy und auch der Kaffee. »Sie möchten doch, oder? Wir brauchen etwas zum Aufwärmen – der Saal dort ist eiskalt, jeden Montagabend erfriere ich dort.« Er schenkte ein, setzte sich am anderen Ende des Sofas zurück, sah sie an. »Haben Sie wirklich vielen Dank für Ihr Kommen, Helen. Haben Sie sich gut unterhalten? Ich habe immer mal schnell zu Ihnen herübergeblickt, aber Sie sahen stets unergründlich aus. Es lief ganz gut, dachte ich, etwas wacklig an einigen Stellen bei

Britten. Hat jedenfalls Spaß gemacht – aber oje, die Leute heben einen wirklich auf den Schild, oder? Es war großartig, Sie als Schutz zu haben. Das Leben in der Provinz verlangt wahrlich viel, finden Sie nicht? Alle diese netten Leute, die möchten, daß man irgendwo beitritt. Aber natürlich kennen Sie Spaxton ja schon so lange.«

»Ja«, sagte Helen. »Ich werde mittlerweile allgemein als hoffnungsloser Fall angesehen.«

Er lachte. »Ich wünschte, mir ginge es auch so! Na, jedenfalls haben Sie Ihr Dorf, in dem Sie zurechtkommen müssen – das muß schon genug sein. Außer daß Sie als exzentrisch gelten. Stimmt das? Sie und Ihr Bruder – übrigens würde ich Ihren Bruder gern kennenlernen. Ich glaube, ich muß exzentrisch werden. Würde ich einen guten Exzentriker abgeben?« Er strahlte sie an. Betörend. Helen starrte ihn an. Das Zimmer lauerte am Rande ihres Blickfeldes – Plüsch, Bilder von Waldlandschaften oder Rosen, der Brieföffner. Nein, dachte sie. Etwas anderes lastete, undefinierbar, mürrisch; sie versuchte, es zu ignorieren.

Sie tranken den Kaffee, den Brandy. Giles sprach über Bekannte aus Spaxton, einen Opernbesuch, einen kurzweiligen Vorfall in seiner Kanzlei: eine höflich unpersönliche Unterhaltung, der irgendwie eine Spur Vertrautheit anhaftete. Helen schien es, daß das Zimmer sehr warm und intim wurde; sie aalte sich darin, als sie später daran dachte. Und dann war es plötzlich Mitternacht, draußen auf der Diele schlug zart eine Uhr, und sie stand auf unter seinem Protest, seinem wirklich recht heftigen Protest. »Nein, ich muß«, sagte sie. »Edward wird denken, wo um alles in der Welt ...«

»Also gut, wenn Sie müssen, dann müssen Sie. Bitte fahren Sie vorsichtig. Ich möchte am liebsten in einer halben Stunde anrufen, um zu hören, ob Sie gut angekommen sind, aber ich nehme an, ich würde Ihren Bruder aus dem Bett jagen.« Er half ihr in den Mantel; wieder lag sein Arm danach auf ihrer Schulter. Er geleitete sie hinaus auf die Straße, hielt ihr die Autotür auf, lehnte im Fenster, als sie den Motor anließ, und ermahnte zur Vorsicht. Seine Hand umschloß die ihre, als sie auf dem Lenkrad lag: »Nochmals vielen Dank, meine Liebe, alles Gute.« Und er drehte sich um und war flink im Haus verschwunden.

Als sie in Greystones ankam, erschien es ihr noch kälter als sonst. Das Licht war überall gelöscht und Edward im Bett. Als Helen die Treppe hinaufstieg, brannte in ihr eine seltsame Mischung aus Erregung und böser Vorahnung.

»Du bist gestern abend sehr spät gekommen. Ich habe dich nicht einmal heimkommen hören.«

»Es war erst halb eins. Ich war bei diesem Konzert in Spaxton.« »Ach ja, mit dem Anwalt. Wozu um alles in der Welt?« fügte Edward nach einer Weile hinzu. »Ich meine, sicher, man bezahlt Anwälte. Es gibt keinen Grund, hinzufahren und ihnen auch noch beim Singen zuzuhören.«

Helen schien von der Rückseite eines Müslipakets abgelenkt zu sein.

»Naja, es war sehr großmütig von dir«, sagte Edward. »Übrigens, wir haben kein Brot mehr. Bin ich dran mit Einkaufen oder du?«

»Ich. Edward, sollten Leute anrufen, während ich weg bin, so vergiß bitte nicht, es mir zu sagen.«

Edward sah sie leicht erstaunt über den Tisch hinweg an. »Natürlich. Ich dachte, ich hätte es getan. Du sagst immer, du wärest froh, daß sie dich nicht erreicht haben.«

Helen hatte sich jetzt tief über den Einkaufszettel gebeugt. Edward sah, daß sie dreimal »Brot« geschrieben hatte.

»Ich habe nie bemerkt, daß das Ihre Einstellung ist, Edward«, sagte Mrs. Fitton gereizt. »Das ist wirklich sehr unangenehm. Eltern finden das einfach nicht gut, wissen Sie – ziemlich viele Eltern.« Durch das Fenster kam von draußen der schrille, durchdringende Lärm der Kleinen, die Ball spielten. Die Schulsekretärin streckte den Kopf zur Tür herein. »*Nein!*« schnappte die Schulleiterin, »ich bin in einer Besprechung.« Sie war eine kleine rundliche Frau, ausstaffiert mit Rüschenblusen und energischer Frisur. In Krisensituationen benahm sie sich wie geschüttelter Schampus; man erwartete fast, daß die Bläschen aus ihrem Kopf herausplatzten. Sie war jetzt in diesem Zustand.

»Ich meine, Mrs. Willmot wird nicht die einzige sein – besser gesagt, sie wird dafür sorgen, daß sie nicht die einzige ist. Ich wünschte, Sie hätten mir das vorher gesagt, Edward, ich meine, natürlich ist das ganz allein Ihre Sache, doch hätte ich davon gewußt, wäre vorbeugen besser als heilen gewesen, und wir hätten die ganze Sache vermeiden können.«

»Sie haben mich nie gefragt«, sagte Edward dürftig.

»Na gut, wahrscheinlich nicht ... Man hat einfach angenommen ... Ich meine, wir sind eine anglikanische Schule. Oje, was für *Scherereien.* Und die meisten anderen Eltern hätte man beruhigen können – die Dinge irgendwie glätten können –, aber Mrs. Willmot, nun ja, wir kennen Mrs. Willmot, nicht? Telefoniert nun zweifellos mit all ihren Busenfreundinnen, und in diesem Jahr hofften wir, einen Antrag für einen Swimmingpool auf den Weg zu bringen.«

»Tut mir leid«, sagte Edward.

»Ich verstehe nicht, warum Gott überhaupt mit hineingezogen werden mußte. Können Sie das nicht einfach ausklammern? Ich meine, erzählen Sie ihnen was von natürlicher Auslese und dem ganzen Kram und erwähnen Sie Gott nicht. Schließlich ist es Biologie und nicht Religionsunterricht. Charlotte Havering erteilt Religion. Sie ist auf diese Sachen vorbereitet und in der Kirche.«

»Ich ließ Gott aus dem Spiel«, sagte Edward. »Die Kinder fingen damit an. Sandra Willmot, genau gesagt.«

»Ein lästiges Kind. Nun ja, jetzt haben wir den Schaden. Wir können nur hoffen, daß Mrs. Willmot sich beruhigt, und in der Zwischenzeit, Edward, glaube ich ehrlich, ist es wirklich besser, wenn Mary oder Janice Biologie bei den Kleinen übernimmt.«

Es herrschte Stille. Mrs. Fitton begann gereizt, einen Stapel Briefe hin und her zu schieben. Edward sah aus dem Fenster, wo Saatkrähen über den aufgewühlten Himmel flatterten. Schließlich sagte er: »Ich denke wirklich, ich sollte kündigen.«

Mrs. Fitton rückte an ihrem Stuhl. »Was für ein Unsinn, Edward. Völliger Unsinn. Natürlich brauchen Sie nicht einmal an Kündigung zu *denken.* Natürlich sind wir eine anglikanische Schule, aber das bedeutet doch nicht, daß jeder im Kollegium Mitglied der Kirche zu sein hat. Apropos bin ich tatsächlich selbst ... Was ich sagen will, ist, es ist die Sache jedes einzelnen, solange es nicht den Lehrplan berührt. Wenn Sie bei Englisch und Geschichte bleiben, wie Sie es getan haben und ... naja, dieses Thema vermeiden ... dann sollte es keine Probleme mehr geben.«

»Ich hatte nicht gemeint zu kündigen, weil ich nicht an Gott glaube«, sagte Edward. »Ich möchte kündigen, da Sie mich nicht Biologie unterrichten lassen, weil ich nicht an Gott glaube.«

Mrs. Fitton starrte ihn an. Ihre Hände zuckten auf den Briefen hin und her; ein- oder zweimal blinzelte sie. »Nun, daran hätte ich einfach nicht gedacht. Ich weiß nicht, was in Sie gefahren ist, Edward, Sie scheinen nicht ganz Sie selbst zu sein. Sie können doch unmöglich kündigen. Ich möchte nichts davon hören.«

»Dann kann ich Biologie unterrichten?«

»*Nein!*« schrie Mrs. Fitton. »Edward, seien Sie doch vernünftig!«

Sie starrten sich an. Mrs Fitton äußerst erregt, Edward scheinbar ganz ruhig. Hinter Mrs. Fittons Kopf schleuderten und wirbelten die Saatkrähen wie wehende Blätter umher. Edward kam es in den Sinn, daß er über das Verhalten von Saatkrähen so gut wie nichts wußte.

»Das ist nicht Ihr Ernst?« fragte Mrs. Fitton aufgebracht. »Sie werden doch nicht wirklich kündigen?«

»Nein«, sagte Edward seufzend. »Ich nehme es nicht an.«

Helen war es, die darlegte, daß Mrs. Fitton sich wohl Sorgen wegen der Zeitungen gemacht hatte, mit Rücksicht auf Edward und Edwards Wohlergehen.

Edward schaute ganz ungläubig. »Hätte das wirklich Aufregung gegeben?«

»Na klar«, sagte Helen. »Wenn man es richtig anfaßt.«

»Das wäre es fast wert gewesen. Vielleicht ändere ich meine Meinung noch. Ich wäre doch zum Märtyrer geworden, oder? Schikaniert wegen meiner Ansichten. Doch diese gräßliche Sandra hätte auch einen großen Tag gehabt – ihr Bild im hiesigen Käseblatt, in ihrem besten Kleid. Nein, wenn ich das bedenke, ist es das nicht wert.«

Helen sagte nichts dazu.

»Du meinst, ich hätte es tun sollen, nicht?«

»Die meisten hätten es getan, glaube ich.«

»Aber ich nicht«, sagte Edward mit plötzlicher Bitterkeit. »Oh, ich weiß, ich weiß. Der Gedanke daran, eine andere Stelle zu finden ... Und es erschien alles so dämlich. Und ich weiß ganz genau, was Croxford für eine miese Schule ist, aber wir passen zueinander, was nicht gerade sehr für uns spricht.« Er zog sich seinen Anorak an, nicht mal mehr zum Schein ruhig. »Ich gehe ein bißchen raus.«

Er fuhr zu einer Lieblingsstelle und ging jetzt am späten Nachmittag neben einer alten Wallhecke den langen Hang eines Hügels hinauf. Auf seiner einen Seite war das buntgemischt bewohnte Dickicht der Hecke, in dem Schwärme von Gimpeln um Futter wetteiferten und unsichtbar singende Grasmücken im Abstand von etwa dreißig Metern ihr Revier hatten; auf der anderen Seite befand sich ein Abhang mit einem weiten Feld, die Erde rötlich kupferfarben und von Wendungen und Furchen, von Maschinen gezogen, wie ein japanischer Garten gemustert. Die Sonne, eine scharlachrote Scheibe, thronte gerade so eben über dem Horizont. Das Land legte sich in Falten, so weit man sehen konnte, grüne und braune Hänge in Wiederholung, gekennzeichnet durch dunkle Massen der Bäume und Hecken. Da und dort war ein graues Bauernhaus oder ein Cottage in eine Senke gestopft. Ganz weit entfernt gab es blaue Umrisse von noch mehr Hügeln. Es machte den Eindruck einer dünn besiedelten, unveränderlichen Landschaft; man konnte sich schwer vorstellen, daß Birmingham weniger als dreißig Meilen entfernt war.

Oben auf dem Hügel führte der Saumpfad in ein Wäldchen. Augenblicklich machte das Gefühl von Weite dem von Intimität und Detail Platz. Edward stand still; er hatte hier einmal einen ganzen Schwarm Schwanzmeisen gesehen, die wie rosa Edelsteine zwischen den flimmernden Blättern einer Weißbirke hin und her schwangen. Er sagte sich, daß es dies war, wonach er jetzt suchte.

Er wartete darauf, daß dieser Ort, seine Ruhe und Sorglosigkeit, ihn wieder in bessere Stimmung versetzen sollte. Ihn weniger allein, weniger verwirrt, weniger hungrig machen sollte. Er klagte stumm vor sich hin. Und der Ort tat nichts, gar nichts. Er ging einfach seinen eigenen Geschäften nach. Und natürlich war sein eigenes Geschäft zu dieser fruchtbaren Jahreszeit das des Überlebens – des Überlebens und der Reproduktion. Als Edward umherblickte, sah er, daß alles sich entschlossen fortpflanzte, Knospen bildeten sich, Blätter entfalteten sich, Samen setzten sich, der ganze Ort befand sich im selbstvergessenen Kreislauf, während Edward da stand, ganz allein.

Ich hab' mal 'n bißchen nachgedacht«, sagte Ron Paget. »Über Ihr Stückchen Ödland«.

Edward und Helen blickten ihn ausdruckslos an, eine altbekannte Übung. Sie standen alle drei draußen vor Greystones auf der Straße. Ron war aus seinem Auto gesprungen, nachdem er mit kreischenden Bremsen zehn Meter vor ihnen gehalten hatte. Begonnen hatte er mit der besorgten Nachfrage, ob der junge Gary zur Zufriedenheit arbeite.

»Will sagen«, fuhr er fort, »ist doch 'n Klotz am Bein, was? Das instandzuhalten und so. Woran ich dachte, war ...«

»Wir halten es nicht instand«, sagte Edward. »Das tut es von selbst.«

Ron schüttelte tadelnd den Kopf. »Das ist genau der Punkt, Mr. Glover, wenn ich so sagen darf. Da ist 'ne Menge drin zu tun. Tote und kranke Bäume müssen gefällt werden, Dornengestrüpp und so'n Zeugs muß raus. Das ist nicht gesund, so wie das ist. Wenn Sie 'n bißchen Geld ausgeben, könnten Sie 'n nettes kleines Dickicht draus machen – wär' hübsch im Frühling. Sie könnten auch so'n kleinen Landschaftsgarten anlegen, mit Azaleen und Rhododendron und so, vielleicht Kamelien, so 'ne Art wie vom Naturschutzbund.«

»So etwas wächst nicht auf kalkigem Boden«, sagte Helen.

Ron öffnete den Mund und schloß ihn dann wieder. Hinter ihm lief immer noch der Motor des neuen roten Rover, ein kaum hörbares Brummen. Ron trat beiseite, öffnete die Tür und stellte den Motor ab. »Die Sache ist die: Um was damit zu machen, brauchen Sie Geld, richtig? Ich weiß, wie das heute so ist – wir sind alle knapp bei Kasse.« Er seufzte. »Ich hab' so'n bißchen nachgedacht und ich wüßte, wie Sie's machen könnten. Sie haben da ja ein ziemliches Gelände, achttausend Quadratmeter sind's – oder zehntausend? Was Sie machen, ist, Sie finanzieren die eine Hälfte mit der anderen. Ein bißchen Erschließung im entfernteren Teil, drei, vier hübsche Häuser, so um den Dreh. Um den ganzen Papierkram kann ich mich für Sie kümmern; ich weiß, Sie sind keine Familie, die sich den Kopf über solche Sachen zerbricht, Sie haben Besseres zu tun. Ich kann das für Sie in die Hand nehmen, und Sie können sich dann sowas richtig Hübsches anlegen mit dem Rest, 'ne echt schicke Landschaftsgestaltung. Und ein ganz schöner Batzen bleibt noch für schlechte Zeiten, wenn ich so sagen darf.«

»Nein«, sagte Edward .

Ron blickte ihn traurig an. »Das sagen Sie jetzt so, Mr. Glover. Denken Sie mal drüber nach. Da ist auch die Frage, ob es nicht für den Ort gut wäre. Sie sollten der Gemeinde einen Gefallen tun. Wohnraum ist furchtbar knapp heutzutage.«

»Hatten Sie sozialen Wohnungsbau im Sinn?« fragte Helen.

»Naja, nein«, sagte Ron. »Ich meine, was das Dorf braucht, sind mehr so bessere Häuser, nicht? So ein anderes nettes kleines Anwesen für Besserverdienende, wie die Barratts-Siedlung.«

»Das scheint mir nicht die Erfüllung eines sozialen Bedarfs zu sein«, sagte Helen.

Ron schaute sie gereizt an. Es war zu spüren, daß seine Zeit und Geduld zur Neige gingen. Er öffnete die Autotür und stieg ein. Der Motor schnurrte wieder. Das Fahrerfenster glitt herab. »Nun ja, denken Sie mal drüber nach. Es wäre in Ihrem eigenen Interesse, glauben Sie mir.«

Der Rover verschwand um die Kurve. Edward, der den Morgen über kleinmütig gewesen war, lachte. »Das muß man ihm lassen, die Ideen gehen ihm nie aus.«
Sie waren auf dem Weg zum Friedhof. Der Betrieb, bei dem der Grabstein bestellt war, hatte wegen der Ausmaße und anderer Details angerufen. Nachdem sie zur ersten, einfachen Entscheidung über die Aufschrift (schlicht, schmucklos und nur das Wesentliche) und das Material (unbearbeitete Kalksteinplatte) gekommen waren, waren sie jetzt ganz verwirrt von Fragen, was Anordnung und Umgebung betraf. Wollten sie Splitterschmuck? Wollten sie einen Blumenbehälter haben?
Sie gingen langsam den Kirchweg hinauf, vorbei an alten Gräbern, die von Zeit und Wetter so mitgenommen waren, daß sie als graue Formen dastanden, überzogen mit Flechten, Namen und Daten nicht mehr leserlich, einheitlich in ihrer Rätselhaftigkeit. Wo das siebzehnte und achtzehnte Jahrhundert dem neunzehnten wich, wurden die Dinge etwas klarer; eine Fülle von Elizas und Thomase war zu lesen, von geliebten Ehefrauen und betrauerten Eltern; weißer Marmor schlich sich zwischen den grauen Kalkstein. Hinter der Kirche jedoch, wo die neueren Gräber bis zu einer erwartungsvollen, leeren Grasfläche reichten, die an den Schrebergärten des Dorfes endete, nahmen Abwechselung und Ausdruck der eigenen Persönlichkeit überhand.
»Jetzt wird mir klar, was Splitterschmuck ist«, sagte Edward.
»Nein. Das bestimmt nicht.«
Die meisten der neueren Grabsteine thronten hinter einem sauberen Rechteck, eingefaßt mit Granit, das mit grünen Kristallsplittern vollgepackt war. Der Effekt erinnerte von fern betrachtet beunruhigend an viele kleine Swimming-

pools. Kam man näher, wurde man Einzelheiten der Denkmäler gewahr: kunstvoll gearbeitete Konfektionsartikel in der Form offener Bücher, in denen die Besonderheiten der Dahingeschiedenen eingemeißelt waren, weinende Cherubim und Engel, betende Hände und üppige Kreuze. Es räumte mit der Vorstellung über die ländliche Bevölkerung Mittelenglands auf, sie sei phlegmatisch und unauffällig. Auf vielen Gräbern standen Blumen, verwelkende Astern und Ringelblumen in Marmeladengläsern oder Vasen mit Plastikrosen und Osterglocken in leuchtenden Farben. Auf einem ungepflegten Hügel stand ein Bierglas, das mit grünlichem Wasser gefüllt war.

Helen und Edward näherten sich dem Bergahorn und standen vor der bloßen Erde von Dorothys Grab. In dem Monat seit der Beerdigung waren junges Unkraut und ein paar Grashalme gewachsen.

»Kein Splitterschmuck«, sagte Edward. »Keine Vorrichtung für eine Vase. Ich weiß noch nicht mal, ob eine Einfassung aus Stein nötig ist.«

»Man kann auch Granitsplitter nehmen, aber das ist fast genauso schlimm. Also dann nur Gras?«

»Einfach Gras, ja. Es wäre ganz schön, mal zu probieren, ein paar Kaiserkronen heimisch zu machen. Oder diese kleinen Wiesenorchideen, Drehwurz.«

»Ach Edward«, sagte Helen seufzend.

»War ja nur so eine Idee.«

Sie standen unbehaglich da. Beide stellten sich flüchtig vor, was unter dem Erdhügel lag: das lackierte Holz, die Messinggriffe, ihre Mutter. Edward stellte sich Verfall vor und bekämpfte den Gedanken; Helen erinnerte sich an das Blumensträußchen aus dem Garten, das sie mit Tesafilm auf dem Sargdeckel festkleben wollte. Tesafilm klebt auf Lack nicht, hatte sie herausgefunden; schließlich landete sie bei Hammer und Tapeziernägeln und scheute sich vor dem unziemlichen Krach und der Gewaltanwendung. Die Blumen würden wohl verwelkt sein da unten. Beiden kam die Beerdigung in den Sinn, sie überschlugen die Zeit: Schon ein Monat, den wir ohne sie sind. Beide prüften ihre Gefühle.

Ich komme langsam damit zurecht, dachte Helen, ich komme auf andere Gedanken. Aber es passieren schon komische Sachen. In gewisser Weise ist sie stärker da denn je. Es ist, als wäre sie nicht gestorben, sondern eher verwandelt.

Edward dachte: Es ist, als ob ich dahintriebe, losgelöst. Ich denke nicht viel an sie, nicht mehr als ich es je tat, aber es ist etwas Schreckliches im Gange. Mal ist alles in Ordnung, dann wieder denke ich, ich flöge auseinander.

Helen nahm ein Maßband aus der Tasche und ließ es über das Grab hängen.

»Diese Höhe? Oder etwas mehr? Sie wollen das wissen.«

»Ist egal«, sagte Edward.

»Also fünfundsiebzig Zentimeter. Und einfach ›Dorothy Edith Glover: 10. April 1907 – 24. Mai 1987‹. Sie finden das anscheinend etwas dürftig.«

»Ich auch. Wenn man das mit allen anderen vergleicht.« Edward sah um sich. In tiefer Trauer. In liebendem Angedenken. Betet für die Seele von … R.I.P.

Helen rollte das Maßband auf und steckte es in die Tasche. »Nun denn, ich muß dann einfach hart bleiben. Sie halten es offensichtlich für völlig unzureichend.«

Sie wandten sich um und gingen zum Friedhofstor zurück. »Wahrscheinlich«, sagte Edward, »verstehen sie es so, daß wir sie nicht sehr geliebt haben.«

»Oder daß wir knapp bei Kasse sind. Mehr Buchstaben kosten mehr. Geschliffener Granit ist teurer als Kalkstein. Die Engel und die offenen Bücher und solche Sachen kosten einiges – ich hab' mir die Preise angesehen.«

Es war Samstagmorgen, was bedeutete, daß das Dorf recht bevölkert war; an Wochentagen war es menschenleer, bis auf die Alten, die ganz Jungen und die, die sie versorgten. Rings um die zentrale Grünfläche standen Autos vereinzelt. Ron Pagets Rover stand vor dem ›Schwan‹, dem gemütlichen der beiden Pubs. Ein bedrohlich aussehender Motorradschwarm drängte sich vor dem anderen Pub, dem ›Steinbock und Zirkel‹; als die Glovers daran vorübergingen, trafen mit ohrenbetäubendem Lärm zwei weitere Motorräder ein, und zwei androgyne Figuren, in hautenges Leder gehüllt wie für einen Tiefseetauchgang, gingen in den Pub, wobei sie die übergroßen Schutzhandschuhe auszogen. Von drinnen kam laute Reggaemusik. Ein BP-Tanklaster blockierte die enge Straße zur Alten Schmiede hinunter. Er überragte die reetgedeckte Cottage, an das er durch den Schlauch wie eine Nabelschnur angeschlossen war. Gegenüber hupte empört der Postlieferwagen. Ein alter Mann saß auf der Bank beim Kriegerdenkmal. Mrs. Hadley kam auf einem glänzenden Braunen über den kiesbedeckten Bogen der Einfahrt zum Alten Pfarrhaus über; mit der uralten Überlegenheit der Berittenen das Fußvolk klackerte sie an den Glovers, dem alten Mann, an anderen Passanten vorbei. Ein Auto wurde langsamer, um an ihr vorbeizufahren, und sie hob huldvoll die Gerte.

»Wir brauchen etwas zu Mittag«, sagte Helen. »Und Hundefutter. Und was fürs Müsli.« Und Reinigungssmittel,

fügte sie für sich hinzu. »Du kannst genausogut draußen bleiben, es ist furchtbar voll da drin.«
Sie stand in der Schlange an der einzigen Kasse; der Dorfladen gab sich den Anschein eines Supermarkts, doch ohne dessen Annehmlichkeiten. Vor ihr redeten leise zwei junge Frauen vertraulich miteinander. Die eine sagte: »Ich schließe daraus, daß Wichtel Eule zurückgetreten ist.« Helen brauchte einen Augenblick, um zu begreifen, daß über die Pfadfinderinnen-Wichtelgruppe des Dorfes gesprochen wurde. Sie blickte über die Köpfe hinweg und zog die Aufmerksamkeit eines Bekannten auf sich, der schwach lächelte und peinlich berührt wegtauchte und so die Quarantäne beachtete, die auf kürzlich Hinterbliebenen liegt. Da haben wir's wieder, dachte sie, Mutter ist immer noch da, man kann sie immer noch fühlen. Sie bezahlte die Einkäufe und stopfte das Reinigungsmittel unter die anderen Sachen.
Draußen fand sie Edward im Gespräch mit Peter Sidey, dem führenden Kopf derer, die sich der Erhaltung des Dorfes widmeten. Dieses hatten im Lauf der Jahre an Boden verloren – wortwörtlich. Es waren vornehmlich Lehrer, Akademiker und in letzter Zeit Rentner; ihre Gegner waren Bauunternehmer, Bauern und viele, welche durch Glück oder Geschick ein größeres Grundstück oder ein baufälliges Cottage besaßen, das sich für eine einträgliche Umwandlung eignete. Solche Leute waren Meister in der Manipulation von Planungsgruppen, der Beeinflussung von Beamten der Ortsverwaltung. Die Denkmalschützer, die auf moralische Überlegenheit und argumentative Überzeugung setzten, hatten jedes Mal das Nachsehen.
Worum es sich augenblicklich drehte, war das Planungsgesuch für ein halbes Dutzend Häuser in einem Obstgarten,

der sich an ein Cottage in der Dorfmitte anschloß und einem ansässigen Bauern gehörte. Der Bauer, selbst ein Mitglied der Planungsgruppe, hatte seinen Landarbeiter kürzlich aus dem Cottage ausziehen lassen und ihm einen modernen Bungalow auf der Farm gebaut, was jetzt als weniger altruistisch angesehen wurde, als es auf den ersten Blick erscheinen mochte. All das erklärte Peter Sidey Edward. Wie Helen aus seiner Haltung sehen konnte, war Edward gelangweilt: Seinen Kopf zur Seite geneigt, beobachtete er einen Vogel im Baum hinter Peter Sideys linkem Ohr. Die Leute glaubten, daß Edward als glühender Naturschützer alles, was die Umwelt anging, ähnlich leidenschaftlich interessiere. Das war nicht der Fall. Er fand es schwierig, sich über Gebäude aufzuregen, und tendierte dazu, Landschaften eher als Lebensräume denn als Objekte ästhetischen Interesses anzusehen.
»Clegg wird etwa hunderttausend machen«, sagte Peter Sidey, »wenn sein Antrag durchkommt. Und das Dorf wird seine letzte unbebauten Fläche verlieren. Ich habe die Baupläne der Häuser gesehen, und sie sind ganz besonders unpassend – eher für eine Satellitenstadt geeignet.« Er war früher Architekt, jetzt über siebzig, der sich in meist fruchtlosen Unterfangen verausgabt hatte, sich gegen Leute wie diesen opportunistischen Bauern zur Wehr zu setzen. Helen dachte, er hätte wohl einen viel gelasseneren Ruhestand in einer Gegend, die schon total zugebaut ist.
Die Glovers gaben die angebrachten Töne ernsten Bedenkens von sich. Peter Sidey skizzierte die Pläne der Opposition und drängte sie, Briefe zu schreiben und an einer Protestversammlung teilzunehmen. »Wenn das Stück Land bebaut wird, so gibt es außer der zentralen Grünfläche selbst keine große offene Fläche mehr. Und außer den Britches

natürlich, dank der um das Gemeinwohl besorgten Standfestigkeit Ihrer Mutter all die Jahre hindurch. Übrigens: Ist es Ihnen je bewußt geworden, daß der Name aus dem Sächsischen stammt? Von *braec* – ein Wort, das ›neu unter Kultivierung genommenes Land‹ bedeutet.«

»Nun ja, jetzt ist es das Gegenteil«, sagte Edward. »Extrem unkultiviert.«

»Richtig. Interessant aber, die Unzerstörbarkeit eines Namens.«

Helen und Edward setzten sich ab, sobald es der Anstand zuließ. Beide waren amüsiert über das Bild Dorothys als Verteidigerin des Gemeinwohls. »Vielleicht hätten wir ihm sagen sollen, daß sie zwanzig Jahre damit zugebracht hat, die Britches nicht zu verkaufen, nur um die Leute zu ärgern, die sie kaufen wollten«, sagte Edward.

»Auf keinen Fall. Das Ergebnis bleibt dasselbe, was immer ihre Gründe waren.«

Als sie sich der Haustür von Greystones näherten, hörte Helen das Telefon klingeln. Sie fühlte eine plötzliche Erregung und Vorahnung in sich aufwallen und stellte fest, daß sie während der Beschäftigungen der letzten halben Stunde nicht ein Mal an Giles Carnaby gedacht hatte – mit Sicherheit ein Rekord. Mit dem Hausschlüssel herumfummelnd stürzte sie auf das Telefon zu und gab Edward hastig den Einkaufskorb.

Es war Joyce Babcock. Sie erinnerte sie lang und breit, falls sie sich das nicht notiert habe, an den Arbeitsplan für die Bücherei während der Weihnachtsferien. Als Helen schließlich auflegte und in die Küche ging, bemerkte sie, daß Edward die Einkäufe ausgepackt hatte. Die Flasche mit dem Reinigungsmittel stand vorwurfsvoll isoliert am Ende des Tisches.

Natürlich war das Denken an Giles Carnaby nicht so sehr ein bewußter Prozeß, eher ein unwillkürliches Zwicken. Sie wollte nicht an ihn denken, aber konnte nichts dagegen tun. Tatsächlich war er meist da, blockierte ihren Kopf, wurde etwas schwächer, wenn sie ihre ganze Aufmerksamkeit brauchte, war allgegenwärtig in Zeiten der Entspannung. Nachts füllte er das Zimmer aus. Nochmals hörte sie jedes Wort, das er gesprochen hatte; sie rekonstruierte sein Gesicht, seinen Körper, seine Kleidung.

Ein Mann, den sie dreimal getroffen hatte. Mit dem sie etwa sechs Stunden verbracht hatte. Der ein freundliches Interesse an ihr gezeigt hatte.

Sie sah sich selbst und mochte nicht, was sie sah. Sie stand neben sich und beobachtete diese mitleiderregende, sich selbst täuschende Zweiundfünfzigjährige in einem Stadium romantischer Sehnsucht und sexueller Erregung. Sonst stets darauf aus, andere zu beobachten, beobachtete sie sich jetzt selbst, ohne jede Nachsicht. Sie stimmte ihrer Mutter zu: Sie rannte in ihr Verderben, zimmerte ihren eigenen Sarg, konnte sich nur selbst etwas vorwerfen.

Und dagegen war nichts, rein gar nichts zu machen.

Wegen des Reinigungsmittels beleidigt, ging Edward hinaus in den Garten und wurde sofort durch das Geräusch des Umgrabens von der anderen Seite der Eibenhecke abgelenkt. Recht sporadisches Umgraben. Natürlich – der Junge war da. Er ging zu der Lücke in der Hecke und sah Gary im hinteren Gartenbereich. Er grub jetzt überhaupt nicht um, sondern schöpfte offensichtlich Atem. Ein ausgedehntes Atemholen, bei dem er eine Tafel Schokolade aus der Tasche holte und sie gemächlich auswickelte.

Edward stand da.
Gary drehte sich halb um, nahm ihn aus dem Augenwinkel wahr und fing mit großem Eifer wieder an zu graben.
Edward blieb eine Weile stehen. Dann tauchte er in die Britches ein, um die Nistkästen zu inspizieren.

»Was hatte er?« Louise explodierte. »Einen Streit mit der Schulleiterin über *Evolution*? Nur Edward kann einen Streit über Evolution haben.«
»Ganz im Gegenteil«, sagte Helen. »In einigen Kreisen Ende des neunzehnten Jahrhunderts war es das Standardthema bei Auseinandersetzungen.«
»Na dann … sieht Edward ähnlich. Ich wünschte, er hätte gekündigt – es wäre zum Totlachen gewesen. Na, und was gibt es sonst Neues?«
Helen langte nach Edwards Anorak, der auf der Eichentruhe lag, und legte ihn sich um die Schultern. Nicht zum ersten Mal wünschte sie sich, das Telefon wäre nicht in der Diele, die der kälteste Ort im Haus war. Das Telefon war in der Diele, weil Dorothy gesagt hatte, ein Telefon hätte in der Diele zu sein; Helen wurde klar, daß es überhaupt keinen Grund mehr gab, daß es so sein müsse. Einen Augenblick später, in dem Panik sich mit Akzeptanz verband, wußte sie, daß das Telefon genau dort bleiben würde, wo es war.
»Ich habe den Gedenkstein bestellt.«
»Den *was*?«
»Grabstein. Entschuldige, so steht es in den Broschüren.« Sie beschrieb die Auswahl. »Meinst du, das ist so in Ordnung?«
»Ich glaube schon. Mein Gott! Was man alles so machen muß. Es tut mir leid! Alles bleibt an dir hängen.«

»Edward hat geholfen.«

»Na gut. Aber jetzt fühle ich mich schuldig. Ich sollte da sein. Tatsächlich war das Leben in letzter Zeit ziemlich mörderisch. Das Büro. Und Tim hat es wieder mal mit seiner Nebenhöhle plus Bindehautentzündung und etwas anderem, das er als *Angst* beschreibt, und er ist ganz allgemein schlecht drauf. Und Phil nutzt einen aus. Ich denke tatsächlich, ich komme vielleicht dieses Wochenende runter, nur um dem mal zu entkommen. So ... sonst noch was?«

Helen zog den Anorak an. »Ron Paget hat wieder versucht, uns dazu zu bringen, die Britches zu bebauen.«

Louise lachte. »Erzählt ihm, Edward verwandele es in ein Schutzgebiet für gefährdete Arten. Eigentlich – Ron weiß es nicht, aber da hat er nicht unrecht – solltet ihr mal ein wenig ans Geld denken. Tim möchte einige ihm bekannte Leute treffen, die Investmentberatung machen; ihr würdet dann mehr aus den Aktien herausholen. Offensichtlich ist alles falsch angelegt.«

»Wir wollen nicht ...«, begann Helen.

»Seid doch nicht so dumm. Tim wird das schon regeln. Ihr könntet euch einen schönen Tag in London machen – täte euch gut.«

»Wir ...« Aber Louise war schon ganz woanders. Helen starrte auf die Eichentruhe und fragte sich, was darin wäre. Sie konnte sich nicht daran erinnern, daß sie seit Jahren mal geöffnet worden wäre. Ein eingerissenes Sitzkissen lag darauf, und gewöhnlich wurde sie als Ablage für Mäntel, Tücher und Handschuhe benutzt. Helen dachte, sie könne sich schwach daran erinnern, sie offen gesehen zu haben, ihre Mutter darübergebeugt und darin herumwühlend. Es war Dorothys Territorium gewesen, wie ja wirklich das ganze

Haus, mit Ausnahme der Bereiche, die sie gemeinsam nutzten. Helen kam der Gedanke, während sie Louise zuhörte und die Truhe hetrachtete, daß sie und Edward in all den Jahren, die sie in Greystones gelebt hatten, nur ihre eigenen Schlafzimmer in Besitz hatten; woanders saßen sie nur.

Kaum hatte Louise aufgehängt, nahm sie das Kissen fort und öffnete die Truhe. Der Inhalt roch feucht. Obenauf lag ein Läufer, ausgeblichen im Lauf der Zeit und voller Schimmelflecke. Helen nahm ihn heraus und ließ ihn auf den Boden fallen; darunter lag ein Gewirr von Schnüren. Hier also hatte Mutter sämtliche Schnüre von Paketen aufgehoben, die nicht weggeworfen werden durften, da man sie vielleicht noch benötigte. Ein Stapel Packpapier war da, einiges davon an sie selbst und an Edward oder Louise adressiert mit der Verfügung, es nicht vor Weihnachten zu öffnen; sie erkannte die Handschrift von Tanten und Patinnen.

Unter der Lage von Papier und Schnüren lag eine stinkende Menge Krimskrams: alte Vorhänge und Kissen, verfilzte Decken, ein Durcheinander aus Handschuhen und Gürteln, zerlumpte Kleidung, die man fast nicht mehr erkennen konnte. Motten und Mäuse waren hier gediehen. Helen griff hinein, und Ekel regte sich in ihr; ein brauner Feenhut kam zum Vorschein, den ihre Mutter vor langer Zeit immer getragen hatte und der nun bis auf sein Grundgerüst ausgefranst war. Sie entdeckte einen Pullover, den sie Edward einst zum Geburtstag geschenkt hatte, und einige eigene ausrangierte Sachen. Sie erinnerte sich, wie ihre Mutter in der Haustür stand und Bittsteller abwehrte, die von der Eltern-Lehrer-Vereinigung der Dorfschule kamen, vom Seniorenclub, vom Sommerfest; Greystones hatte nie Ramsch. Hatte ihre Mutter einem primitiven Aberglauben an die totemistische Eigenschaft eigenen Besitzes gefrönt? Den Gedanken an ihre Sachen in anderer Leute Hände von sich gewiesen? Sie stocherte wieder, grub ganz bis zum Boden, und durch das wüste Durcheinander kam etwas ans Licht, das etwas mit schmerzlicher Klarheit offenlegte. Honigfarbener Musselin. *Mousseline de soie*, um genau zu sein; ein großartiges Wort, das sie sehr geschätzt hatte, als sie achtzehn war. Verblichen jetzt zu schmutziger Sahne und ganz tief auf den Boden der Truhe gestopft zu einem zerknüllten Klumpen – doch sofort erkannt. Das Kleid.

Sie zog es hoch und schüttelte es aus. Da war es, vollständig mit dem Taftunterrock, der einmal (einmal nur) so befriedigend geknistert hatte. Sie setzte sich und betrachtete es sorgfältig, breitete es auf ihrem Schoß aus und untersuchte es. Es war heil; zerknittert zu einem verknüllten Durcheinander, ja, sein honigfarbener Glanz ausgelöscht, ein armes trübes Ding, doch ohne Flecken, ohne Risse, nicht eingelaufen.

Sie glättete das Kleid und dachte darüber nach.

Der Schrank, in dem es nicht war. Der Augenblick des Erstaunens, leichten Erschreckens. Die Querstange mit der wohlbekannten Kleidung, die zwei Tweedröcke, ihre drei Baumwollkleider, der Wintermantel, ihr wollenes Schürzenkleid. Und Leere am Ende, wo, in all seinem Glanz, der honigfarbene Musselin hätte hängen sollen – ihr erstes und einziges Abendkleid, das unglaubliche, unerwartete, sie glücklich machende Geschenk ihrer Patentante.

»Mutter! Mein Abendkleid ist nicht im Schrank!«

Dorothys Rückenansicht, gedrungen und priesterhaft vor dem Altar des Küchenherds. In einer Pfanne rührend, den

Kopf im Dunst, mit Haarnadeln, die aus dem Nackenknoten hervorstanden.

»*Mutter!*«

»Ich habe dich gehört. Kein Grund zum Schreien. Das Kleid ist in der Reinigung.«

»Aber Mutter ... Es braucht keine Reinigung. Ich hab' es nur einmal getragen. Und ich brauche es für Samstag, für den Ball bei den Clarks.«

»Es hatte Schweißflecken.« »Oh Mutter, hatte es nicht ... Na, macht nichts, ich gehe und hole es ab. Es wird doch fertig sein, oder? Wo ist der Abschnitt, ich ...«

Und Dorothy dreht sich um, ganz rot im Gesicht von ihrem Gebräu, so sah es jedenfalls aus. »Ganz offenbar ist ihnen damit was passiert. Hat keinen Zweck, da vorbeizugehen. Man hat es ruiniert. Das Zeugs, was sie da benutzen, diese Chemikalien.« Und dreht sich wieder zum Herd und rührt wie verrückt.

»Nein! Oh nein... Oh Mutter ... Aber dann habe ich ja gar nichts für Samstag. Überhaupt nichts.«

»Unsinn«, sagte Dorothy. »Ich mach' dir mein altes braunes Seidenes enger. Es hat auch noch einen ordentlichen Saum, der ausgelassen werden kann. Das wird ganz prima sitzen – Rose hatte sowieso den Verstand verloren, dir diese lächerliche Kreation zu kaufen, viel zu tief ausgeschnitten und obenherum zu eng anliegend.«

Und was, möchte man jetzt wissen, passierte mit dem braunen Seidenkleid, von dem es keine Spur gibt – weder hier in der Truhe noch oben zwischen Mutters Sachen. Die Erinnerung ist viel zu deutlich: Wie widerlich es sich anfühlt, wie es schlaff und unpassend an ihr hängt, als sie unbeholfen an der

Schwelle zum Salon der Clarks steht, wo die Teppiche zur Seite gerollt sind, das Parkett glänzt und in der Ecke die große Musiktruhe behauptet »The Lady is a Tramp«. Sie betet um Beachtung; sie betet um Nichtbeachtung. Weg ist das stürmische, ungewohnte Gefühl von Gleichheit, von Ansehen, das sich zwei Wochen vorher beim Ball ihrer Kusinen durch das *mousseline de soie* eingestellt hatte. Sie sieht nicht hübsch aus; sie weiß, daß sie nicht hübsch aussieht. Ein paar Meter Stoff haben sie zu einer anderen Person gemacht. Soll es immer so unbeständig sein, etwas im Griff zu haben?

»Ich habe die Dielentruhe geleert. Ich dachte, du könntest sie vielleicht für deine Ordner verwenden.«
»Ich wußte nicht, daß da überhaupt was drin war«, sagte Edward.
»Sie war proppenvoll.«
»Wohl mit Mutters Kram.«
»Nicht nur. Ein Kleid war drin, das ich hatte, als ich achtzehn war.«
Edward sah Helen vorsichtig an, durch ihren Ton wachsam geworden.
»Ein Kleid, von dem Mutter behauptete, daß es die Reinigung ruiniert hätte. War nicht der Fall, wie es jetzt aussieht.«
Edward, der vor unliebsamen Enthüllungen zurückschreckte, nahm an, Mutter müsse einen Fehler gemacht haben.
»Mutter machte solche Fehler nicht.«
»So lange her«, murmelte Edward und wich ihr aus. »Ich weiß gar nicht, wie du dich daran erinnern kannst ...«
»Wie könnte man sowas vergessen«, sagte Helen.

Er erinnerte sich jetzt, hätte es sonst jedoch nicht getan. Er ließ Helen stehen und ging, um ein Bad zu nehmen, und in dem kalten, dampfigen Badezimmer kam ihm diese Vision einer entfernten, unwirklichen Helen, die aussah – nun ja, strahlend war das unerwartete Wort, was einem in den Sinn kam – jedenfalls so gar nicht aussah wie sonst: in einem Kleid, das glänzte, sich bauschte und knisterte, als sie spät zur Haustür hereinkam, mit geröteten Wangen, ein wenig zerzaust und begrüßt von Dorothys steinerner Ablehnung. Wo war er damals gewesen? Heimlich auf der Treppe; vom Bett aus lauschend?

Edward lag in der Wanne, und das Wasser um ihn wurde kühler – wie üblich war es nie warm genug gewesen –, und ließ es zu, daß körperliches Unwohlsein sich seinem Gemütszustand anglich. Er dachte an Helen voller Sorge und Hilflosigkeit. Er wußte nicht genau, was diese ganze Kleidergeschichte eigentlich besagen sollte, aber er spürte etwas Häßliches – und zuckte davor zurück. Seine Mutter trieb sich am Rand seiner Gedanken herum, und er versuchte, sie zu verscheuchen. Sie kam zurück, unauslöschlich und unzugänglich.

Als er noch sehr klein war, war Helen all das gewesen, was er nicht war: weise, gereift, mit Fertigkeiten und Talenten. Er suchte unter ihren Fittichen Schutz; vornehmlich Schutz vor ihrer Mutter. Und dann kam die schreckliche Erkenntnis, daß auch Helen verwundbar war; er hatte sie bloßgestellt, erniedrigt, enttäuscht gesehen. Es war ihm bewußt geworden, daß die Verfeinerung der Qual darin liegt, nicht nur für sich leiden zu müssen, was das einfachere ist, sondern auch für andere. Er litt für Helen und litt jetzt wieder – in der Rückschau im kalten Badewasser im naßkalten

Badezimmer von Greystones, wo sich an jeder Wand rostige Spuren der Leitungen entlangzogen. Er dachte an Helen und fühlte sie als einen zusammenzuckenden Teil seiner selbst. Hätte jemand ihn gefragt – Gott behüte –, was seine Gefühle für seine Schwester wären, hatte er geantwortet, er habe sie gern.

Als Edward etwa zwanzig war, hatte er einmal den Blick aufgefangen, den ein jungverheiratetes Paar wechselte. Er konnte sich nicht mehr erinnern, wer sie waren, aber die Gesichter waren ihm immer noch gewärtig, und jener Blick: jene zwei Augenpaare, von denen eine leuchtende geheime Intensität ausstrahlte – eine Intensität, die den Rest der Welt ausschloß. Er war davon eingeschüchtert und fasziniert; er hoffte und erwartete, daß auch er eines Tages mit jemandem einen solchen Blick tauschen würde. Danach gewahrte er diesen Blick auf verschiedenen Gesichtern – eine Mutter, die ein Baby aus dem Wagen hob; ein Kind, das auf seinen Vater zulief; eine Frau, die neben einem Krankenbett saß; Liebespaare im Dutzend. Ehrfurcht wich einer gewissen Düsternis; er fühlte das Ausschließende dieser Augen – nie sahen sie ihn an. Die einzigen Augen, die jemals so in seine blickten, waren die einer Reihe von Hunden.

Auch hatte er selbst nie so geblickt. In der einzigen Zeit seines Lebens, wo er es gern getan hätte, war er so erdrückt von Zweifeln und Schüchternheit, daß er seine Augen ganz peinlich berührt zu Boden gerichtet hielt oder auf den Tisch vor ihm oder auf die Wand hinter der Schulter dieser Person. Ganze Gespräche fanden statt, in denen Edward aus Fenstern starrte oder auf Teppiche, Pflaster oder Äste.

»Merkst du eigentlich, daß du diese ärgerliche Angewohnheit hast, einen nie anzusehen, Edward?«

Oh ja. Nur verstohlen, wenn er unbeobachtet war – nahm er die Linie des Kinns in sich wahr, die Form des Haaransatzes, die wunderbare Einzigartigkeit von Nase, Mund, Augenbraue.

»Edward, folgst du mir eigentlich oder nicht? Das frage ich mich manchmal.«

Viel zu sehr, leider. Viel zu sehr.

Solche Augenblicke waren jetzt zu einem Wirbel nicht aufeinanderfolgender Bilder geschrumpft – eines, Zimmers, einer Straße, einer Silhouette –, manche mit Ton dazu.

Ein U-Bahnzug. Circle Line. Paddington, Bayswater, Notting Hill ... Ein Plakat eines Mittels für frischen Atem: Zwei Leute, die einen arglosen Dritten voller Ekel anschauen. »Nun, Edward – was *ist* jetzt mit der Italienreise ... Wäre das schön?« Und die ganze Szene erstrahlt: der fröhlich wackelnde Zug, die interessanten Gesichter der Menschen, Versprechen und Spannung.

Das Chinarestaurant. Warten; allein. Die Tür beobachten. Durch die endlich das erwartete Gesicht erscheint und mit ihm ein anderes, auch bekannt, und der Abend ist hin, es dreht sich der Magen um, das Chop Suey riecht sauer.

Greenwich Park. Die vollkommenen rötlich-gelben Kreise der Herbstblätter unter den Bäumen. Ein Schleppertuten vom Fluß her. Spatzen zu ihren Füßen. Seine eigene Hand, die sich verzweifelt ausstreckt, eine andere zu berühren, die sofort zurückzuckt. »Es tut mir leid, Edward ...«

Sich von einem grauen Tag zum anderen schleppen, immer weiter, bis es endlich egal ist, so sieht es wenigstens aus.

Das ist völlige Zeitverschwendung«, sagte Edward. »Louise hat das organisiert, zumindest Tim. Wir können es kaum ablehnen.«

»Hättest du den Leuten nicht einfach einen Brief schreiben können?«

»Anscheinend möchten sie uns zunächst einmal treffen.«

Edward, immer noch widerspenstig, starrte aus dem Zugfenster. Er war seit Jahren nicht in London gewesen und hatte auch nicht das Verlangen danach.

»Es ist auch dein Geld«, sagte Helen tadelnd.

»Es ist sowieso nicht viel.«

»Darum dreht es sich ja gerade. Diese Investmentleute können mehr erwirtschaften, legen das Kapital anders an.«

Edward grunzte, scheinbar eifrig mit dem Didcot-Kraftwerk beschäftigt. In Wirklichkeit beobachtete er einen Schwarm Kiebitze auf einem Feld, das unter Wasser stand; seine Laune stieg um einige Grad. Den Kiebitzen folgten ein paar Reiherenten auf einem Wasserreservoir – nur ein enttäuschend kurz erhaschter Anblick, doch genug, den größten Teil seiner schlechten Laune zu vertreiben. Als sie in Paddington ankamen, war er wesentlich besser gestimmt. Sie musterten den U-Bahn-Plan, um zu sehen, wie sie ihr Ziel erreichen konnten. Beide wurden jetzt durch das bevorstehende Treffen und die heikle Zeitplanung nervös. Wie lange dauerte es wohl, bis sie da wären? Sollten sie sofort losfahren oder erst noch einen Kaffee trinken? Zu spät dürfte es nicht werden, zu früh wäre ungeschickt. Sie standen mitten zwischen den Massen auf dem Bahnhof und erörterten die Lage. Edward war für Kaffee, Helen wollte los.

»In London kann man mit der U-Bahn alles in einer halben Stunde erreichen«, sagte Edward.

»Vor zwanzig Jahren. Und außerdem weiß ich gar nicht genau, wo es ist. Ich habe vergessen, Louise zu fragen.« Helen wurde ganz kribbelig.

»Dann ruf' sie doch an.«

Das war ein weiteres Problem. Keiner der Glovers hatte seit langer Zeit ein öffentliches Telefon benutzt, und sie waren erstaunt, sich einem völlig unbekannten neumodischen Apparat gegenüberzusehen. Perplex standen sie davor, Edward stieß sich den Kopf an der Kunststoffhaube, und sie versuchten, wie ausländische Touristen anhand der erläuternden Zeichnung herauszufinden, was sie tun sollten. Hinter ihnen starrten sie andere, die auch telefonieren wollten, verärgert und verachtungsvoll an. Schließlich kam Helen durch; Louise war in einer Besprechung, wurde ihr gesagt, und war nicht erreichbar.

Sie nahmen die U-Bahn. Als sie an der Station in der City ans Tageslicht kamen (mit immer noch einer Viertelstunde Zeit, wie Helen zu ihrer Erleichterung feststellte), fanden sie sich in einer fremden Landschaft. Abweisende Bürogebäude ragten um sie herum empor; alle anderen Leute waren mit Aktenkoffer und Tageszeitung ausgestattet. Sie zögerten, kamen dieser zielgerichteten Welt in die Quere. Schließlich fragte Helen einen Zeitungsverkäufer nach dem Weg.

Ihr Ziel stellte sich als eines der größten und gläsernsten Bürohäuser heraus. Die Glovers, derlei Orte ungewohnt, näherten sich ihm mit Besorgnis. Die zentrale Eingangshalle war mehrere Stockwerke hoch. Sie schloß eine Reihe von zehn Meter hohen Bäumen und üppiges Laubwerk ein, das auch Kew Gardens keine Schande gemacht hätte. Eine ganze Wand war als gläsernes Kliff gebaut, von dem ein zwei Meter breiter Wasserfall herabfiel; der Teich, in den er stürzte, dampfte von Gischt, und der ganze Eindruck war beunruhigend wie ein grandioser Wasserrohrbruch. Die Glovers standen verloren herum; ihnen schien es kein Ort zu sein, in dem Geschäfte getätigt werden konnten. Schließlich erspähte Helen einen Empfangstresen, der diskret hinter einer großen Trauerfeige verborgen war; sie näherten sich über verschwenderische Mengen polierten Marmors und wurden zu einem Aufzug gewiesen. Als er nach oben fuhr, sagte Edward gedankenvoll: »Man bekommt den Eindruck, daß so ein Ort eine ziemliche Menge Geld kosten muß.«

Der Aufzug hielt an. Die Türen öffneten sich, und sie betraten einen völlig stillen und sehr großen Raum, der mit einem dicken Teppich ausgelegt und wieder voller Grünpflanzen war. Hinter einem Schreibtisch saß ein junges Mädchen und lächelte. Als sie ihrer ansichtig wurde, sprang sie auf sie zu und bot ihnen an, einen Kaffee zu besorgen. Sie geleitete sie zu tiefen Ledersesseln, bot Edward eine Ausgabe der *Financial Times* an (die er zaghaft annahm) und tänzelte einen Flur herunter. Sie trug eine smaragdgrüne Seidenbluse, einen sehr kurzen schwarzen Lederrock und schwarze Seidenstrümpfe. Edward ließ die Zeitung auf den Teppich fallen. Vorwurfsvoll blickte er Helen an. Helen betrachtete hartnäckig eine Pflanze.

Der Kaffee kam, und einige Minuten später folgten ihm zwei große und hagere Männer, die sich vorstellten und die Glovers in einen anderen Raum führten, der, außer durch einen diskreten Aktenschrank, kaum als Büro zu erkennen war. Das riesige Fenster ging auf den Fluß hinaus. Mehr Grün. Ein großer niedriger Glastisch, an dessen eine Seite die Glovers geleitet wurden. Die Gastgeber zogen zur anderen Sessel heran; der eine, offenbar der ranghöhere von ihnen, sagte: »Julia, ich glaube, wir könnten etwas mehr Kaffee vertragen …« Das lederberockte Mädchen trippelte davon.

Höflichkeiten wurden ausgetauscht. Vorsichtig beobachteten die Glovers ihre Gastgeber; beide trugen Anzüge, die sehr teuer aussahen, der ranghöhere und hagerere mit einem gestreiften Hemd, der andere mit einem lila Hemd und einer Seidenkrawatte in Pink. Sie saßen da, tranken Kaffee und blickten die Glovers mit unvoreingenommenem Interesse an. Edward trug einen grünen Anzug, Helen ihren Kamelhaarmantel. Beide waren eigentlich genauso angezogen wie zur Beerdigung ihrer Mutter, außer daß Helen eine neue weiße Bluse mit Rüschen und ihre Perlenkette trug. Edwards Schuhe waren schmutzig, und ein wenig von den Britches klebte immer noch an seiner Hose.

Der Mann im gestreiften Hemd begann jetzt über das Portefeuille zu sprechen. Pinkkrawatte tippte auf einem Rechner. Streifenhemd sagte, daß die Position zweifellos verbessert werden könne mit Hilfe einer klugen Mischung sicherer Anlagen und vielleicht etwas interessanter Spekulation mit Japan oder dem Fernen Osten, aber natürlich gäbe es ja leider nicht *so* viel Raum zum Manövrieren. Er wollte wissen, ob es weitere Guthaben gäbe. Helen berichtete von dem Haus. Streifenhemd nickte. Er fragte, ob es noch etwas anderes gäbe. Warnend blickte Edward Helen an, und Helen hörte sich sagen, es wäre ein kleines Stückchen Land vorhanden. Streifenhemd und Pinkkrawatte horchten ein wenig auf. Sie fragten nach Details; Pinkkrawatte machte sich einige Notizen.

»Aber ein Verkauf ist völlig ausgeschlossen«, sagte Edward. Streifenhemd hob eine Augenbraue.

Edward versank wiederum in ersticktem Schweigen. Helen erklärte, warum es unmöglich sei, die Britches zu verkaufen. Das dauerte einige Minuten, in denen Streifenhemd und Pinkkrawatte sich zurücklehnten, die langen Beine übergeschlagen, ein feines Lächeln aus Amüsiertheit oder möglicherweise Ungläubigkeit auf den Lippen. Pinkkrawatte tippte wiederum auf dem Rechner und wollte, mit einem kleinen Blick auf Streifenhemd, wissen, ob Miss Glover und ihr Bruder bedacht hätten, daß die Verwertung dieses Vermögens ... na, vorsichtig geschätzt um die zehn-, fünfzehntausend Pfund zusätzliches Einkommen brächte. Helen antwortete, das hätten sie.

Es gab eine kleine Pause. Edward, der so aussah, als hätte er sich aus der ganzen Sache zurückgezogen, starrte aus dem Fenster. Helen fühlte jetzt, wie ein seltsames Prickeln ihre Wirbelsäule auf und ab lief. Ich lasse mich von Bepflanzung im Haus und seidenen Krawatten nicht einschüchtern, dachte sie. Gedankenvoll tippte Streifenhemd mit einem goldenen Stift gegen seine Zähne und sagte, selbstverständlich hätte man allen Respekt vor jemandem, der solch einen Standpunkt einzunehmen wünsche, und daß man in diesem Falle sehen müsse, was mit dem Portefeuille, so wie es wäre, gemacht werden könne. So wie es wäre. Er warf Helen ein blitzend weißes Lächeln zu: »Mit Sicherheit können wir das Einkommen steigern. Und ich glaube nicht, daß Sie beide einen besonders teuren Geschmack haben – roter Bordeaux oder schnelle Wagen.« Beide Männer lächelten jetzt jovial; ein Lächeln, wie es Leute gewissenhaften, doch nicht gerade klugen Kindern oder sozial Schwächeren gönnen.

Und warum zum Teufel soll ich nicht eine Vorliebe für Bordeaux haben? dachte Helen. Sie fühlte sich, als ob sie ein Hund wäre, dem alle Haare zu Berge stünden. Mit steinernem Gesicht sah sie über den Tisch hinweg, und sagte sich, das einzige, was sie und Edward zu tun hätten, wäre aufzustehen, sowie es unter Beachtung gesellschaftlicher Höflichkeiten und der Beibehaltung zivilisierten Benehmens vereinbar wäre. Sie zwang sich dazu, sich nicht zu rühren und zurückhaltend, aber nicht zu offensichtlich feindselig auszusehen, während Streifenhemd über ›unit trusts‹ sprach und Pinkkrawatte manchmal etwas ehrerbietig weiter ausholte oder berichtigte. Sie zählte für sich zweimal bis hundert und versuchte, an etwas wundervoll anderes zu denken. Edward betrachtete den Fluß jetzt ganz intensiv; er beugte sich ein wenig vor, als ob er etwas besser erkennen wolle.

Dann endlich schoben sie alle ihren Sessel über den Veloursteppich zurück und standen auf, und es gab viel Händeschütteln, und Edward und Helen waren wieder im Aufzug und glitten sanft und leise abwärts.

Edward sagte: »Was für schreckliche Leute.«

»Mhm.«

»Müssen wir ihnen viel Geld bezahlen?«

»Ich nehme es an.«

Aber es war deutlich, daß seine Aufmerksamkeit jetzt woanders war. In kurzem Galopp überquerte er den marmornen See, Helen keuchte hinterher. Draußen steuerte er auf die Brücke zu und dort, schon halb auf der anderen Seite, kam er endlich zum Stehen, und der Verkehr brauste vorbei, der Fluß glitzerte unten, und die Stadt erstreckte sich in einer unendlich komplexen Zurschaustellung von glänzendem

Weiß und perlmuttartigem Grau und einem Leuchten, das aus Fenstern und Autos herausschnellte. Er lehnte sich über die Brüstung und spähte umher.

Helen kam zu ihm. »Was guckst du dir an?«

Edward zeigte es. »Seeschwalben.«

Helen sah hinab. Das Wasser war graugrün, mit goldenen Streifen von der Sonne, und darüber kurvten und glitten eine Reihe Vögel dahin. Andere ließen sich langsam mit der Strömung treiben. Sie saßen wie Badespielzeug zwischen Treibgut aus Flaschen und Gewirr aus Plastik und aus Dingen, die aussahen wie belegte Brote, während mehrere andere Vögel einen kleinen Ufersaum aus Kies entlangstreiften, der fast unterhalb der Brückenpfeiler war.

»Zuerst dachte ich, es wären bloß Möwen«, sagte Edward. »Ich konnte sie vom Fenster aus sehen. Dann stellte ich fest, es sind Seeschwalben.«

»Ich dachte, Seeschwalben mögen Küsten und Flußmündungen, nicht das Zentrum von großen Städten.«

»Das tun sie auch. Und das ist der Punkt.«

Die Glovers standen allein auf der Brücke und sahen den Seeschwalben zu. Sie tauchten und wirbelten über das goldene Wasser, verschwanden manchmal unter der Brücke, strichen im Schwarm davon, um das Kielwasser einer vorbeiziehenden Barkasse zu untersuchen. Eine kleine Gruppe blieb die ganze Zeit auf ihrem Uferstreifen, einem isolierten, abgelegenen Platz grauer Kiesel unterhalb grünlicher Wellenbrecher; hoch über ihnen glitzerten die blinden Bürogebäude rosa und gelb in der Sonne. Edward war gefesselt; er stützte den Kopf in die Hände und schaute. Einmal wandte er sich Helen zu und lächelte schüchtern. »Entschuldige ... Wir gehen gleich.«

Doch Helen war nicht in Eile. Sie stand da neben ihm, nahm die wunderbare Gegenwart der Seeschwalben dankbar zur Kenntnis, und als sie so dastand, kam ihr der Gedanke, daß Streifenhemd, Pinkkrawatte und Julia wahrscheinlich an fünf Tagen der Woche an ihnen vorüberfuhren, ohne es zu ahnen. Eigentlich sollte Nachsicht in einem aufwallen, offenbart sich bei jemandem ein Mangel, doch oh wie befriedigend ist es, wenn es nicht geschieht.

Edward richtete sich auf. »Ich habe Hunger – du nicht?«

»Doch. Wir finden schon etwas fürs Mittagessen.«

Beide befanden sich jetzt in einem Zustand leichter Begeisterung. Diese komische Mischung von Erlebnissen machte sie freudig erregt und fieberhaft. Helen hielt sich an Edwards Arm fest, als sie durch den Verkehr schlüpften. Kichernd erinnerten sie sich an Einzelheiten der letzten Stunde. »Was sind *unit trusts*?« fragte Edward. »Ich habe kein Wort von dem verstanden, was er sagte.« »Ich weiß auch nicht genau. Aber hast du seine *Socken* bemerkt? Ich habe noch nie bei einem Mann solche glatten Socken gesehen.«

Sie fanden sich weit weg vom Fluß in einem Randbezirk des Londoner Geschäftsviertels wieder, das ihnen so fremd war wie New York oder Hongkong. Geld ragte ringsum empor; es türmte sich in Form von Spiegelglas, rostfreiem Stahl, poliertem Marmor, Portlandstein, Beton, Ziegeln und Schiefer. Für Helen war London die belaubte Ruhe von Twickenham, wo sie in früher Kindheit gewohnt hatten, und dann seltene Ausflüge zur Royal Academy oder der Tate Gallery und gelegentliche Besuche bei Louise in Camden Town. Für Edward war es ein Wohnschlafzimmer in Bayswater, die wilden Kinder in der Schule und die Qualen jener beunruhigenden Jahre. Für beide hatte das Stadtbild, in dem sie sich jetzt befanden, damit recht wenig zu tun. Sie blieben stehen. Edward sagte: »Das sieht nicht gerade nach einer Gegend für Restaurants aus.« Er blickte auf ein emporstrebendes Glasgebäude, dessen spiegelnde Fassade ein verzerrtes weißes Abbild eines Kirchturms von Wren zurückwarf.

»Nein. Wo war dieses französische Lokal, wo Louise immer mit uns hinging?«

»Irgendwo in der Nähe der U-Bahnstation von South Kensington, oder?«

Die Glovers klammerten sich an die Verläßlichkeit der Erinnerung und machten sich auf den Weg in vertrautere Gebiete. Und tatsächlich: Als sie in South Kensington wieder an die Oberfläche kamen, führte sie eine Art atavistischer Instinkt für die Lagegegebenheiten direkt zu der Straße, in der Louise ein Büro gehabt hatte, ungefähr vor fünfzehn Jahren, und wo sie sich zwei- oder dreimal im Jahr zum Essen getroffen hatten.

»Das ist es!« sagte Edward. Und dann, etwas zweifelnder: »Oder nicht?«

»Ich denke doch. Von außen sieht es irgendwie anders aus. Laß uns lieber reingehen und nachschauen.«

Drinnen gab es kein Zurück. Von einem servilen Ober zum anderen gereicht, fanden sie sich in einer Polsterecke untergebracht, mit Speisekarten bedient und Getränken versehen, von denen ihnen beiden nicht bewußt war, sie bestellt zu haben. Es war sehr laut; alle anderen Tische waren besetzt, und Musik plätscherte von den Wänden.

»Hier waren mal karierte Tischdecken«, sagte Edward. »Und künstliche Zwiebeln und Fischernetze, die von der Decke hingen.«

»Nun ja, die sind weg.«

»Na, macht nichts.« Edward nahm die Karte auf. »Es heißt jetzt anscheinend ›Maggies Weinbar‹. Scheint mir allerdings ziemlich teuer zu sein.«

Sie bestellten. Edward trank sein Glas Sherry aus; er schien so ziemlich wiederhergestellt zu sein.

»Du warst wirklich gut mit diesen Männern. Ich glaube, ich habe mich ziemlich gedrückt.«

»Das stimmt«, sagte Helen.

»Sie gaben mir das Gefühl, eine ... Spezies zu sein, die das falsche Zeitalter erwischt hat. Die eigentlich ausgestorben sein sollte.«

»Fühlst du dich jetzt wohler?«

»Etwas«, sagte Edward und sah um sich. »Ich könnte eine Art heroischen Überlebenskampf führen.«

»Du müßtest dich anpassen, nicht einfach überleben. Das weiß selbst ich.«

»Das ist wahr. Das könnte schwieriger sein.«

Sie grinsten sich an. »So, und was sage ich jetzt Tim?« wollte Helen wissen.

»Sag' ihm, wir waren zu kleine Fische für sie. Er hätte das eigentlich wissen müssen.«

»Er hat es gut gemeint.«

»Die Leute meinen es immer gut«, sagte Edward. »Das ist ja oft das Problem.«

Das Essen kam, und eine Flasche Wein. Edward sah sie argwöhnisch an. »Glaubst du, daß wir sie ganz schaffen? Ich habe eine halbe Karaffe bestellt.«

»Nun haben sie schon den Korken gezogen.«

»Naja ...«

»Das Problem mit uns ist«, sagte Helen, »daß wir zu Geld

nie die Einstellung gehabt haben, wie sie anscheinend die meisten Leute haben.«

»Ich habe das nie als Problem gesehen.«

»Es ist scheinbar das einzige, in dem wir so sind wie Mutter.«

»Das will ich hoffen«, sagte Edward inbrünstig.

»Louise hat an Geld an sich nicht so viel Interesse, aber sie mag *Sachen* doch recht gern. Sachen kaufen. Du und ich bringen noch nicht einmal das fertig.«

Edward legte sich mit seinem Essen ins Zeug. »Das schmeckt ganz gut. Vielleicht ist es viel netter, in Restaurants zu essen, als ich gedacht habe. Ich glaube, wir haben mit Geld und Besitz deshalb unsere Schwierigkeiten, weil wir uns auf einer primitiveren Stufe befinden als alle anderen. Zuwachs interessiert uns nicht. Es ist wie mit den Aborigines oder den nordamerikanischen Indianern nach Ankunft der Siedler. Wenn alle nur mit der Anhäufung von Gütern beschäftigt sind, dann sorgt jeder, der ganz zufrieden ist mit bescheidener Genügsamkeit, für Beunruhigung.«

»Und dann guck dir an, was mit den Aborigines und den Indianern passiert ist«, sagte Helen.

»Mhm. Vielleicht habe ich mich deshalb bei diesen Männern so unwohl gefühlt. Doch dann waren da die Seeschwalben, die auf der anderen Seite des Fensters davonkommen.«

»Die Seeschwalben kommen davon, weil sie niemand bemerkt.«

»Ich habe immer geglaubt, ich führe ganz gut damit, unauffällig zu sein«, sagte Edward. »Aber ich verstehe, was du meinst. Eigentlich ist es hoffnungslos. Mit so Leuten wie Ron Paget ringsumher und solchen Typen in ihrem gläsernen Wolkenkratzer.«

Die Teller wurden abgeräumt. Wein wurde nachgeschenkt. Ganz auf der anderen Seite des Raumes erblickte Helen einen silbergrauen Kopf und zuckte zusammen; nicht Giles Carnaby, natürlich nicht, wie könnte er hier auch sein? Und ich habe an diesen gepriesenen Mann in den letzten zwei Stunden gar nicht gedacht – zumindest fast gar nicht. Zehn Tage sind es jetzt, und er hat nicht angerufen.

»Was ist los?« fragte Edward.

»Nichts. Glaubst du, daß wir, was Geld angeht, wegen Mutter so sind, wie wir sind, oder weil wir sowieso so wären?«

»Interessant. Ich weiß nicht. Konditionierung muß etwas damit zu tun haben – hat es immer. Wir wurden nie zur Gewinnsucht erzogen.«

»Die Kinder der Armen wahrscheinlich auch nicht. Und wir gehörten nie zu den Armen, im eigentlichen Sinne. Ganz offenbar denkt Tim, daß das eintreten wird, wenn wir alt sind, deshalb hat er uns mit diesen Investmentleuten zusammengebracht.«

Edward seufzte. »Das Alter wird schon schlimm genug, auch ohne von solchen Leuten bevormundet zu werden. Ich glaube, ich richte mich auf Armut ein.«

»Es ist nicht nur Konditionierung«, fuhr Helen fort. »Vererbung kommt wahrscheinlich noch dazu. Vererbte Merkmale. Wir haben zum Beispiel leichte Plattfüße, genauso wie Mutter, und Louise hat ihr drahtiges Haar.«

»Wir sollten das lieber nicht zu weit treiben«, sagte Edward. »Wir werden nicht mögen, was zum Vorschein kommt.«

Beide waren jetzt durch den ungewohnten Wein in Wallung geraten. Keiner wollte eigentlich noch mehr trinken, aber lebenslanges Sträuben gegen Vergeudung reicht tief. Sie tranken hartnäckig.

»Plattfüße und ein Hang zur Genügsamkeit sind doch nichts besonders Schlimmes. Du bist ihr nicht auffällig ähnlich. Und Louise auch nicht.«

»Und du auch nicht«, warf Edward umgehend ein.

»Aber nun sieh uns doch an – hier sitzen wir und reden über sie.«

Edward dachte nach. »Als sie noch lebte, haben wir das kaum getan, weißt du das eigentlich?«

Helen nickte. Stillschweigende Hinnahme; manchmal ein Blick geheimen Einverständnisses; unausgesprochenes gemeinsames Geschick in Methoden des Ausweichens und der Tarnung. »Es war nicht nötig, oder?«

»Und warum machen wir es dann jetzt?«

»Exorzismus«, sagte Helen energisch. »Oder so etwas in dieser Art.«

»Fühlst du dich nicht schuldig? Ich schon.«

»Natürlich.«

Edward schenkte ihnen den Rest des Weins ins Glas. »Wann hast du gemerkt, daß die Mütter von anderen anders sind?«

»Als ich etwa fünf war, glaube ich.«

»Du bist schon immer klüger gewesen. Ich war mindestens einundzwanzig.«

»Jedenfalls müssen wir nicht übertreiben«, sagte Helen. »Auch andere Leute haben Schwierigkeiten mit ihren Eltern.«

»Wirklich? Gut.«

»Wir hätten immer ausziehen können, und zwar beide, sind wir aber nicht. Warum nicht?«

»Trägheit«, schlug Edward vor.

»Glaubst du das ehrlich?«

Edward vermied ihren Blick.

»Das gilt vielleicht für dich«, fuhr sie fort. »Trägheit ist zumindest daran beteiligt. In meinem Fall ist die ganze Sache etwas unklarer, glaube ich.«

»Helen …«, setzte Edward warnend an.

»Ich kann das ganz distanziert betrachten: ein gewisser Mangel an Unternehmungsgeist, um es einmal milde auszudrücken. Sogar Perversität. Masochismus.«

»Ach, sei doch nicht albern«, sagte Edward.

»Welche Frau, die etwas Antrieb hat, würde fast ihr ganzes erwachsenes Leben damit verbracht haben, in Zwietracht mit ihrer schwierigen Mutter zusammenzuleben?«

»Du … warst ihr gewachsen. Sie wäre ohne dich verloren gewesen.«

»Wäre sie nicht«, sagte Helen. »Mutter war völlig unabhängig, und das weißt du auch.«

Sie sahen einander an. »Ich habe dir ja gesagt, wir sollten das nicht zu weit treiben«, sagte Edward.

»Damals rechtfertigte man es auf verschiedene Art und Weise. Es gab immer noch das nächste Jahr und das danach. Man wartete den rechten Augenblick ab.«

»Natürlich«, stimmte Edward zu. »Und überhaupt …«

»Man war immer kurz davor, den richtigen, endgültigen Beruf zu ergreifen.«

»Genau. Und sowieso …«

»Oder zu heiraten.«

Edward, der wütend auf seinem Teller herumsuchte, redete weiter über Dorothy.

»Stattdessen bin ich auf einmal zweiundfünfzig, und Mutter ist nicht mehr da. Ich wünschte, ich könnte mich deiner Theorie von Mutter als Hinderungsgrund anschließen. Es wäre tröstlich. Mir stellt es sich, offen gesagt, als ein

klarer Fall chronischer Furchtsamkeit, garniert mit Apathie, dar.«
»Ach, na, in dem Fall, was ist mit mir?« sagte Edward wild.
Sie sahen sich an.
Der Ober, erfahren in der Unterbrechung von Augenblicken der Vertrautheit, ließ die Rechnung neben Edwards Teller fallen.
»Ehrlich gesagt bin ich gar nicht so niedergeschlagen«, sagte Helen. »Es ist eher eine Frage der Bewertung. Bestandsaufnahme.«
Edward nahm die Rechnung und betrachtete sie prüfend.
»Mutters Rolle dabei ist eine Sache. Die eigene eine ganz andere.«
»Scheinbar macht es dreihundertfünfundsiebzig Pfund«, sagte Edward. »Kann das stimmen?«
Helen nahm ihm die Rechnung weg und zeigte auf ein Komma nach der ersten Dezimalstelle.
»Ach so.« Er untersuchte seine Brieftasche. »Ich habe trotzdem nicht genug. Ich hoffe, das heißt nicht, daß du jetzt davonrennst und Grafschaftsbibliothekarin wirst. Oder ...«
Helen lachte. »Da würde ich mir keine Sorgen machen. Beides ist unwahrscheinlich.«
Der Ober stand abwartend. Helen fischte nach ihrem Portemonnaie. Es kamen einige Geldscheine und Münzen hervor. Keiner von ihnen besaß eine Kreditkarte, und einen Scheck anzubieten, kam ihnen nicht in den Sinn. Der Ober betrachtete diese Auslage mit geduldigem Interesse und trug die beladene Untertasse so feierlich weg, als wäre es ein Kollektenteller.
Vor dem Restaurant blieben sie stehen. »Ich fand das eigentlich auf eine komische Art ganz schön«, sagte Helen. »Ist dir

je aufgefallen, daß wir uns beim Essen sonst kaum miteinander unterhalten?«

»Natürlich tun wir das nicht«, sagte Edward. »Was gibt es da zu erzählen?«

»Doch eine ganze Menge, wie es scheint. Na gut … Was machen wir jetzt? Es ist erst halb drei. Wir könnten uns eine Ausstellung ansehen oder so was.«

Edward sah nicht begeistert aus.

»Oder ein wenig einkaufen.«

»Einkaufen!« Jetzt war er entsetzt.

»Louise hat nächste Woche Geburtstag, weißt du. Und sie kommt dieses Wochenende zu uns. Wir sollten ihr ein Geschenk kaufen.«

»Wir wissen nicht, was sie haben möchte«, sagte Edward, der verzweifelt kämpfte.

»Tatsache ist: ich weiß es. Sie hat diese ganzen Fotos, die sie mit dieser neuen Kamera gemacht hat – alle wild durcheinander in einem Umschlag – und sie sagte, sie sollte sie eigentlich in etwas hineintun. Wir kaufen ihr ein Fotoalbum.«

»Wir … du kannst ihr ein Fotoalbum in Spaxton besorgen.«

»Wir können ein besseres in London bekommen. Mehr so ein Album für Louise. Ein Fotoalbum von allerletztem Schrei.«

Edward warf ihr einen verdrießlichen Blick zu. »Das macht der Wein. Ich wußte es, eine ganze Flasche war ein Fehler. Na gut, wenn du denn darauf bestehst. Wo denn?«

»Wir sind nicht weit weg von Knightsbridge«, sagte Helen. »Große schicke Läden. Da sollte sich was finden.«

Sie fühlte sich interessanterweise immer noch heiter. Der Wein vielleicht. Oder vielleicht die Sonne auf weißem Stuck

(London war wirklich viel hübscher, als man es in Erinnerung hatte) oder das fröhliche Rot der Busse oder die weiterhin so befriedigende Erinnerung an die Seeschwalben und die blinde Selbstgefälligkeit von Pinkkrawatte und Streifenhemd in ihrem hermetisch abgedichteten klimatisierten Büro. Oder vielleicht auch etwas anderes; dieses eigenartige Gefühl, das man nun hatte, daß das Blut ein wenig schneller floß, die Sinne geschärfter waren, der morgige Tag oder die nächste Woche verlockender waren. Vielleicht würde Giles Carnaby ja gerade jetzt in Greystones anrufen, das Telefon in der leeren Diele läuten ... Möglich, daß er den Hörer auflegte und seinen Füller nahm, um stattdessen eine kurze Mitteilung zu schreiben, sie seiner Sekretärin zu geben, damit sie sie zur Post brächte, und ihr dabei zu sagen: »Bitte achten Sie darauf, das hier nicht zu vergessen, es ist recht dringend.«
Oder vielleicht auch nicht.
»Das wird sich doch bestimmt eignen?« fragte Edward. »Das sieht recht groß und schick genug aus.«
Wieder auf die Straße Londons zurückgeholt, sah sie, wie sie sich beide in der Glasscheibe eines Schaufensters spiegelten und ganz durchsichtig Seide und Pelz, Vergoldetes und Leder, die stolzierenden Puppen mit blindem, unergründlichem Blick in ihrer grotesken Kleidung überlagerten. Ihr Spiegelbild, das über diese üppigen Auslagen glitt, zeigte ein ärmliches Paar, deutlich heruntergekommen, in ebensolchem Kontrast wie das proletarische Strandgut in einer viktorianischen Straßenszene, schäbige Zuschauer der großen Tiere in Satin und Federn. Die Puppen in den Schaufenstern trugen Kleidung, die so unähnlich der Helens war, als wäre sie aus einer anderen Kultur herübergekommen: Regenbogenfarben, Stoffe wundersam in Textur und Design, Röcke

wie Boviste oder geschlitzt wie für Tänzerinnen. Die Stühle, auf denen sie saßen oder an die sie sich lehnten, waren vergoldet oder aus schimmerndem Chrom und Glas; Stoffballen waren halb ausgerollt, um noch mehr Seide und Satin üppig auszubreiten; Schmuck war über Tische oder einfach auf den Boden geworfen. Preise, wenn überhaupt angegeben, waren dekorativ auf winzige Kärtchen gekritzelt, ein nachträglicher Einfall. Helen sah ihr Gesicht über diese reichen und strahlenden Höhlen schwimmen; sah es hager und hungrig aus, entbehrungsvoll, ausgeschlossen? Naja, nein, nicht so richtig. Es war das gewohnte Gesicht, einfach, vertraut – nur abgeschwächt und durch die Umgebung unangemessen; geisterhaft wanderte es, mit Edwards daneben, über die Aladinschen Höhlen hinweg. Noch mehr davon, dachte Helen, und ich werde Zweifel bekommen, wer ich eigentlich bin, genau wie Alice. Ich werde noch mit einer dieser Fiberglasdamen ins Gespräch kommen. »Geben Sie für sich eine Erklärung!« wird sie sagen, und ich geriete in arge Bedrängnis, das zu tun. Ihre vorgefaßten Ansichten würden überhaupt nicht die meinen sein. »Was sind Sie wert?« würde sie fragen; damit hätte ich sicherlich Schwierigkeiten. »Was kosten Sie?« wäre ein wenig leichter; so etwa viereinhalb Pfund die Stunde würde wohl hinkommen, glaube ich. Plus dem Verkaufswert von dem, was ich auf dem Leib trage, was so nach augenblicklichen Preisen auf einem Wohltätigkeitsbasar wohl etwa zehn Pfund bringen würde. Sie dagegen landet, von Kopf bis Fuß, bei weit über zweitausend; was strukturelle Kosten angeht … kauft man oder mietet man sie, frage ich mich?

»Nun *komm'* schon«, sagte Edward. »Ich kann nicht ewig die Tür aufhalten. Du warst es doch, die hierherkommen wollte.«

Drinnen gab es diesen starken Geruch eines Warenhauses für gehobene Ansprüche: eine kostspielige Mischung aus Parfüm, nicht jahreszeitgemäßen Blumen, neuem Leder und unberührten Stoffen. Die Gangart schien sich verlangsamt zu haben; die Leute gingen nicht, sie schlenderten; Geräusche wurden gedämpft, geschluckt durch Raumfülle und Teppichboden.

Die Glovers zögerten. Edward sah Helen anklagend an. »Hier entlang«, sagte sie bestimmt und tauchte weg in eine saalartige Parfümerieabteilung aus blitzendem Marmor, so üppig wie eine byzantinische Kirche. Edward folgte ihr; sie hörte ihn über den Fußboden schlittern, in dessen schwarzen und glänzenden Tiefen sich die Kandelaber über ihren Köpfen spiegelten. Überall ringsum waren Araberinnen in langen Gewändern, die an ihren Handgelenken schnupperten. Ein Fläschchen Parfüm, sah Helen, konnte einhundertundzehn Pfund kosten. Edward hatte jetzt den manischen Blick eines Tieres, das in ein falsches Umfeld versetzt worden war, als ob er eventuell Amok laufen oder beißen würde. Hinter jedem Tresen stand eine Verkäuferin, keine tat irgendetwas. Helen ging auf die nächste zu und fragte nach Photoalben. Ihnen wurde der Weg in dieselbe Richtung weiter gewiesen.

Parfüm machte Lederwaren Platz, und Lederwaren Nahrungsmitteln. Die Luft duftete jetzt nach Schokolade, Kaffee und frischgebackenem Brot. Sie gingen an einem Tresen vorbei, über dem Bündel von Tauben, Fasanen und anderen, schwerer zu bestimmenden, doch beunruhigenderen Vögeln hingen. Helen griff nach Edwards Arm, um ihn vorwärts zu treiben, doch er starrte schon auf eine Reihe Hasen, die von einem Ständer, an den Läufen aufgehängt, herabhingen. Er

drehte sich um und fing ihren Blick ein. »Der Schlachter in Spaxton hat Hasen«, sagte sie verteidigend.
Helen kam es vor, als ob die Bedienung hinter dem Tresen kostümiert war: Kreissägen mit roten Bändern und kunstvolle Schürzen. Einer von ihnen – ein Jugendlicher mit dem hübschen weichen Aussehen eines Chorknaben – reichte mit einer Stange hinauf, um ein Büschel nicht identifizierbarer silbergefleckter Vögel herunterzuholen. Die Glovers waren jetzt beide stehengeblieben, gebannt ganz gegen ihre Art. Der Jüngling griff nach einem Hackmesser und begann munter damit, die Vögel zu köpfen. Jetzt reicht's! dachte Helen; sie wandte sich zu Edward – und er war nicht da.
Sie sah umher. Überall kauften teuer gekleidete Leute hingebungsvoll Nahrungsmittel. Sie konnte Edward nicht sehen. Sie ging von einem Ende des Saales bis zum anderen; kein Edward. Verärgerung wich einem Gefühl von Panik. Sie sagte sich, sie müsse sich beruhigen: Schlimmstenfalls hatten sie einander verloren und müßten getrennt nach Hause fahren. Sie hatte Edwards Fahrkarte, was ärgerlich war, aber das sollte nichts machen. Doch selbst, während sie das alles durchging, eilte sie suchend von einer Abteilung zur anderen, mit pochendem Herzen. Es war lächerlich. Einmal, als Edward fünf war, hatten sie und Dorothy ihn bei Woolworth nicht finden können. Dorothy hatte phlegmatisch wütend umhergestarrt und gesagt, das würde dem dummen kleinen Kerl eine Lehre sein, nicht alleine loszulaufen; es war Helen gewesen, die hin und her gelaufen war und schließlich Edward gefunden hatte, weiß vor Angst und neben einer der Kassen kauernd.
Sie lief von Handtaschen durch Geschenkartikel zum Blumenladen und erreichte schließlich die Herrenabteilung, wo

sie plötzlich Edward sah. Er saß auf einem Stuhl neben einer Auslage zusammengerollter Schirme; er hielt den Kopf in den Händen und wurde von zwei Verkäufern in dunklen Anzügen teilnahmslos beäugt. Als sie sich näherte, trat der eine vor, ging zu Edward und sprach ihn augenscheinlich an. Edward blickte weder auf noch bewegte er sich.

Verärgerung verdrängte jetzt die Sorge. »Ich habe dich überall gesucht«, schnauzte Helen.

»Wir haben einen Erste-Hilfe-Raum im zweiten Stock, falls sich der Herr nicht wohl fühlt.«

Edward nahm die Hände vom Gesicht und setzte sich auf. Er bebte, wie Helen jetzt sah. Er zitterte ganz leicht am ganzen Körper, als würde er vor Kälte fast umkommen. Er saß einfach bebend da.

»Die Krankenschwester ist immer in Bereitschaft.«

»Ich bin nicht krank«, sagte Edward. Er sah Helen an, als hätte er sie noch nie in seinem Leben gesehen, und machte keinen Versuch aufzustehen. Der Verkäufer neigte diplomatisch den Kopf, und als ein Amerikaner zu hören war, der sich nach Kaschmirpullovern erkundigte, trat er beiseite.

Helen sagte: »Bist du sicher, daß du in Ordnung bist?«

Edward nickte. Er stand auf. Sie legte eine Hand auf seinen Arm und fühlte das rhythmische Zittern durch den Stoff des Jacketts. »Laß uns Louises Fotoalbum besorgen und dann gehen.«

Sie schob ihn in einen Aufzug. Endlich machte sie die richtige Abteilung ausfindig. Es stellte sich heraus, daß auch Fotoalben einhundertundzehn Pfund oder um den Dreh kosten konnten. Es gab sie in gepunztem Leder, mit Goldschnitt und geprägt und mit Spezialpapier aus Florenz. Es gab sie auch, wenn man darauf bestand und darauf vorbereitet war, ein gewisses Maß milder öffentlicher Demütigung hinzunehmen, aus Kunststoff und einfachem Papier. Edward stand in Schweigen gehüllt da, während Helen verhandelte. Das Zittern hatte offenbar aufgehört, doch er sah betäubt aus. Sie führte ihn zurück zum Aufzug, hinunter zum Erdgeschoß, auf die Straße und in ein Taxi.

Kurz bevor sie den Bahnhof erreichten, fragte sie: »Waren es die Vögel?«

»Vögel?« Er schien fast wieder normal zu sein; er hatte aus dem Fenster gestarrt und eine Bemerkung über einen Straßennamen gemacht, an den er sich aus seiner Londoner Zeit erinnerte.

»Diese silbernen Vögel. Am Schlachterstand.«

»Es waren Perlhühner«, sagte Edward. Er sprach gelassen. Helen sah, daß die Angelegenheit, was es auch gewesen sein mochte, zu ignorieren sei. »Ich kann mir nicht vorstellen, weshalb sie jemand essen möchte«, fuhr er fort. »An denen ist doch nichts dran. Man hat doppelt so viel von einem ganz normalen Huhn.«

Im Zug dachte Helen über Geld nach. Geld, stellte sie fest, hatte seine Natur im Laufe der Jahre verändert. Es gab sowohl weniger als auch mehr davon. Die Welt von heute war so, daß Fünfpfundnoten auf Knopfdruck bequem aus Bankwänden herausquollen, daß Leute nur ihren Namen zu kritzeln brauchten, und alles, was sie sich wünschten, gehörte ihnen; eine Welt, in der – wie sie es in einer Fernsehsendung gesehen hatte – unvorstellbare Geldsummen ganz nach Laune hemdsärmeliger junger Männer, die müßig tippend vor Tastaturen saßen, um den Globus wirbelten. Eine Welt, in der in der Tat das Zeug selbst – die Münzen, die Noten – kaum relevant zu sein schien und eigentlich nur ein wenig anrüchig war. Aussprüche von Dorothy kamen ihr in den Sinn: »Das liegt nicht auf der Straße, weißt du.« »Du hast den Wert des Geldes kennenzulernen.« Wahrscheinlich heutzutage unmöglich, so etwas zu Kindern zu sagen. Als Kind hatte sie ein Sparschwein gehabt; sie konnte sich die körperliche Befriedigung seines klingenden Gewichts in den Händen wieder ins Gedächtnis rufen. Das war Vermögen. Das Kind eines Nachbarn aus dem Dorf hatte ihr letzte Woche sein neuestes Aktienzertifikat gezeigt; der Junge hatte British Telecom gekauft, wie er ihr mit ernster Miene mitteilte, und dachte jetzt daran, in mündelsichere Wertpapiere zu investieren. Die Familie wohnte in einem der Barratt-Häuser und schien Helen nicht außergewöhnlich wohlhabend zu sein, aber ganz sicher verlor man heute den Blick für diese Dinge.

Sie sah Edward an. Er schien wieder ganz in Ordnung zu sein. Er hatte sich die neueste Ausgabe von *Wildlife* gekauft und war in einen Artikel über Otter vertieft. Sie wußte, der Tag würde ihr noch vorgehalten werden, wenn auch nur unterschwellig, wie Edward seinen Groll zu hegen pflegte.

Danke«, sagte Louise. »Das ist genau, was ich brauche. Wie habt ihr das nur erraten? Weiß Gott, wieso ich noch immer die Kinder für die Nachwelt dokumentiere. Wenn ich zurückblicke, könnte ich weinen ... wie die kleinen lieben Wesen am Strand herumliefen. Phil hat mit uns seit Wochen kein anständiges Wort mehr geredet. Egal ... vielen Dank.«

»Es ist auch von Edward.«

»Das dachte ich mir. Seit wann ginge Edward auch selbst etwas kaufen? Wo ist er überhaupt?«

»In den Britches, nehme ich an. Er versucht seit einiger Zeit, etwas gegen die Brombeeren und Nesseln zu machen.«

Louise plumpste aufs Sofa. »Wie war euer Tag in London?«

»Ganz abwechslungsreich«, sagte Helen ausweichend.

»Wie ging es mit den Investment-Leuten?«

»Sie machten sehr deutlich, daß wir zu kleine Fische für sie sind. Und das war eher ein botanischer Garten als ein Büro.«

»Tim kennt noch andere Leute. Ich sage ihm, er ...«

»Nein«, sagte Helen. »Wir müssen uns von denen immer noch erholen.«

»Denkt drüber nach«, gab Louise zurück. »Und was habt ihr so danach gemacht? Das Gespräch wird doch nicht den ganzen Tag gedauert haben?«

»Wir haben in diesem Restaurant in South Kensington zu Mittag gegessen.«

»Das gibt es doch nicht mehr.«

»Genau«, sagte Helen. »Das haben wir auch gemerkt. Wir haben sozusagen in seinen Ruinen gegessen. Dann sind wir einkaufen gegangen.«

»Na toll! Da habt ihr aber einen draufgemacht! Tut euch beiden sehr gut.«

»Sei nicht so herablassend«, sagte Helen. »Wir sind nicht so zurückgeblieben, wie du denkst. Das Dorf birgt Schätze, von denen man in Camden Town nicht mal träumt. Ich gebe aber gerne zu, daß ich London jetzt verwirrend finde. Die Architektur. Alles scheint aus Spiegeln gebaut zu sein. Was zum Kuckuck ist bloß mit den Ziegelsteinen passiert? Aber ich gestehe, daß ich in mancher Beziehung keine Ahnung habe. Architektur und Büros voller botanischer Besonderheiten sind noch das Geringste. Gesellschaftliche Etikette beispielsweise... Was tut man und was nicht.« Sie warf ihrer Schwester einen listigen Blick zu. »Das meiste betrifft mich natürlich kaum, doch man möchte doch wissen, was so läuft.«

»Hä?« sagte Louise. »Was quatschst du denn so daher?«

»Ach, ich weiß nicht... Wie sich Leute so benehmen... Männer und Frauen, zum Beispiel. Wie etwa... Ergreifen Frauen heutzutage die Initiative?«

Sie fühlte, wie sie puterrot wurde und machte sich emsig an einem Schmutzfleck am Fenster zu schaffen, nahm ihr Taschentuch und rubbelte, während sie Louise den Rücken zuwandte. »Ich meine... es gab eine Zeit, wo du nicht... Heute würden sie als erste anrufen – so was?«

»Wie soll ich das wissen?« sagte Louise mürrisch. »Ich bin verheiratet, oder?«

»Nun ja... deine Freundinnen...«, fuhr Helen unbeirrt fort. »Wenn zum Beispiel eine seit – na, ein paar Wochen oder so – von einem Freund nichts gehört hat, wenn er so unbestimmt gesagt hat, er würde anrufen … ich meine, sie könnte sich vielleicht fragen, ob da irgendetwas nicht in Ordnung ist, ob er krank ist, oder ob sie ihn irgendwie gekränkt hat. Würde sie heutzutage meinen, es wäre an ihr, den Kontakt herzustellen?«

»Sag mal, was soll das alles?« wollte Louise wissen.

»Ich bin einfach neugierig. Interesse, einfach so. Man sollte wissen, wie die Dinge stehen. Ob sich was verändert hat oder nicht.«

»Du bist schon eine komische alte Schachtel«, sagte Louise. »Du machst das Fenster nur noch schlimmer, weißt du. Hast du kein *Fensterklar*? Jedenfalls, so wie ich das sehe, ist es immer noch derselbe Mist für Frauen, wie eh und je. Kennst du meine Freundin Judith? Na, sie hatte das ganze letzte Jahr oder so eine Affäre mit diesem Typen, und dann von heute auf morgen drehte er sich um und … Da ist Edward. Mach' die Tür auf, und er kann hier reinkommen.«

Edward kam über den Rasen näher. »Drehte sich um und tat was?« sagte Helen.

»Ach, ein andermal … Hallo! Danke für das Geburtstagsgeschenk.«

Edward trat durch die Terrassentür ein und starrte seine jüngere Schwester ausdruckslos an. Nach einem Augenblick sagte er »Oh … Ja.« Und dann: »Noch viele glückliche Jahre. Wie alt bist du?«

»Erst nächste Woche, nicht heute. Und ich werde dreiundvierzig, Herrgottnochmal. Es gibt diesen zeitgenössischen Mythos, daß die Vierziger die beste Zeit des Lebens sind. Großer Quatsch, finde ich. Was meinst du?«

Doch Edward hatte offenbar das Interesse verloren. Er

wandte sich Helen zu. »Haben wir irgendwo Draht? Ich möchte den Zaun flicken.«

Eigentlich ging auch ihm die Altersfrage zur Zeit durch den Kopf, doch es war eine Sache, die er nicht mit Louise bereden wollte. Oder überhaupt mit jemandem. Er wollte nicht wieder jung sein – diese Zeit hatte eigene und außerordentliche Schrecken gehabt –, doch der Gedanke, noch älter zu werden, erfüllte ihn mit Panik. Er konnte sich nicht vorstellen, im Alter Seelenfrieden zu finden; wenn ihm nur erlaubt würde, eine Weile auf der Stelle zu treten, könnte alles gut sein, man könnte Ausgeglichenheit, Gewißheit, Gelassenheit finden. Es gäbe noch Möglichkeiten. Hoffnungen.

Als seine Mutter starb, war es, als ob ihm seine Jugend langsam außer Sicht geriete. Ihre Existenz, das wurde ihm jetzt klar, hatte Folgen, die weit über ihre ätzende und hartnäckige Gegenwart hinausreichte: Sie hatte ihn an ein fernes Ufer gefesselt. Jetzt verblaßte das Ufer, und es gab kein Zurück.

Doch gab es von Zeit zu Zeit diese grauenvollen Augenblicke, wenn seine Gefühle brodelten, wenn, so schien es ihm, er ein wenig irre wurde. Die meiste Zeit war man in Ordnung – zumindest so weit in Ordnung, wie man es immer gewesen war – und dann, aus heiterem Himmel, schlug es zu, das schreckliche Aufwallen von Furcht, Sehnsucht, Scham. Es konnte durch irgendetwas oder auch durch gar nichts hervorgerufen werden. Es konnte in der Einsamkeit der Nacht kommen oder in den fadesten Augenblicken des Tages. Es war in diesem fürchterlichen Geschäft in London hochgebrandet, als er ganz gelähmt dastand – nicht, wie Helen dachte, wegen der vielen toten Perlhühner, sondern wegen des nackten Arms des Schlachterjungen, der auf dem Block darunter geschickt den toten Vogel zurechtlegte. Der

Junge war mit einer langen gestreiften Schürze und Kreissäge viktorianisch aufgemacht, doch seine Arme waren alles, was Edward sah: jung, mit goldenen Härchen bestäubt und irgendwie unbestreitbar männlich. Wunderschöne Arme; er sah sie und wollte weinen.

Er konnte sie fortjagen, diese grauenvollen Momente. Sie bekämpfen. Beschäftigt bleiben, war die Devise. Er machte sich mit Getöse in der Spülküche zu schaffen, wo er nach Draht suchte. Er würde die Britches undurchdringlich machen, die toten Bäume angehen und Setzlinge pflanzen.

Gleich nachdem Louise abgefahren war, ging Helen zum Telefon. Sie nahm den Hörer ab, wählte Giles Carnabys Nummer und legte dann den Hörer auf, bevor es klingeln konnte. Sie war doch noch nicht recht bereit. In einer Viertelstunde, sagte sie sich streng. Gerade noch ein wenig länger, um sich in die richtige Verfassung zu bringen, die richtigen beiläufigen, nicht verpflichtenden Sätze durchzugehen. »Es kam mir gerade in den Sinn, daß Sie vielleicht Lust hätten …«; »Falls Sie am Wochenende Zeit haben, dachte ich, möglicherweise …«

Auch beschloß sie, endlich Dinge in die Tat umzusetzen. Seit Tagen hatte sie vor, mit dem Ausräumen der Garderobe zu beginnen; jetzt war der Moment gekommen; sie würde sich einen Überblick verschaffen, zur Seite legen, was zu behalten sei, prüfen, ob etwas für Oxfam gut genug sei. Dann, völlig entspannt, würde sie Giles anrufen. Richtig.

Die Garderobe ging von der Diele ab. Sie war geräumig, schlecht beleuchtet, außergewöhnlich kalt und hatte ein primitives Waschbecken; die Toilette war separat, ein Innenraum für sich. Die Wände waren mit Schichten von Regenmänteln in einheitlichem Schwarzbraun überzogen, als ob ihre Farben zusammengelaufen wären; einige waren uralt; einige hatten sogar ihrem Vater gehört und waren so steif und rissig, daß sie ohne Stütze hätten stehen können. Es gab ein Paar Gummistiefel; da waren Jagdstöcke, ein ägyptischer Fliegenwedel und ein Bergstock. Über die Haken über den Regenmänteln waren allerlei Kopfbedeckungen gestülpt: Barette und Schirmmützen, eine Reitkappe, Südwester Strickmützen, Jagdmützen. Jedes Teil hatte eine Geschichte – Dorothys, Edwards, von dem und dem geschenkt, in einem Urlaub gekauft, von Verwandten oder Freunden liegengelassen; Helen sah ein Kaleidoskop von Hinweisen, die, so unausrottbar wie Brombeerflecken auf Ärmeln oder der in allem tief verwurzelte Schmutz, bei den Kleidungsstücken und Geräten hindurchschimmerten.

Und der ganze Kram roch – durchdringend nach Feuchtigkeit und Schimmel. Höchste Zeit, daß etwas geschah. Helen fing in einer Ecke an und hob Kleidungsstücke von den Haken und ließ sie auf einen Haufen fallen – ein Regenmantel ihres Vaters, etwas von Edward, seit Menschengedenken nicht mehr getragen, eine uralte Cordsamtjacke von Dorothy, auch seit so manchem Jahr nicht mehr benutzt. Es kam ihr in den Sinn, daß es vielleicht ganz klug wäre, die Taschen zu inspizieren; aus dem Kleidungsstück ihres Vaters förderte sie einen alten Penny und eine zerbrochene Pfeife zutage. In Dorothys Jacke war ein Brief.

Ungeöffnet und an Helen adressiert.

Natürlich erkannte sie die Handschrift sofort. Bis vor zehn Jahren oder so hatte ein Bündel ähnlicher Umschläge in ihrer Tischschublade gelegen; eines Tages hatte sie sie in einem Wutanfall zerrissen und weggeworfen.

Sie setzte sich auf die alte Sitzbank und öffnete den Brief. »Liebste Helen«, begann er; das war interessant – die Briefe in dem vernichteten Bündel begannen üblicherweise mit »Liebe« oder »Meine liebe«. Er sagte weiter, er fühlte, sie wären beide ziemlich dumm, und er wollte es wiedergutmachen. Er vermisse sie, sagte er. Er habe einige Male angerufen, aber sie sei nicht dagewesen. Egal, vielleicht könne er, was er fühle, leichter in einem Brief sagen. Sie wüßte, er habe Schwierigkeiten, sich auszudrücken. Sollte sie ihm immer noch böse sein, möchte sie doch bitte damit aufhören. Es täte ihm leid, weil es doch vor allem ein Mißverständnis sei. Er wünschte sich so sehr, mit ihr zu reden. Es gäbe besonders eine Sache, worüber er reden möchte. Sie möge sich am Freitag doch bitte mit ihm zu einem ausgedehnten Abendessen treffen – er würde hoffen, von ihr morgen oder den Tag darauf zu hören. Er unterzeichnete »Mit einer großen Portion Liebe – Peter«.

Der Umschlag trug den Stempel vom 10. März 1965.

Die Hand des Schicksals ist brutal, doch unpersönlich. Die Hand der eigenen Mutter ist etwas anderes. Wissentlich oder unwissentlich? Nachlässigkeit – aufgelesen von der Matte in der Diele, in die Tasche gesteckt und vergessen – oder bewußte Inbesitznahme? Falls letzteres – warum hat sie dann nicht ganze Arbeit geleistet und ihn verbrannt? Nun ja, man würde es nie erfahren, und gleichwie, die Wirkung war dieselbe.

Helen begann zu zittern. Mit einer gewissen Distanz sah sie ihre Hände, die den Brief hielten und krampfhaft zitterten. Sonst fühlte sie überhaupt keine Distanz. Ihre Gedanken rasten. Einige Dinge bekamen plötzlich einen Sinn – klick, klick, klick –, mit entfernt gedämpften Echos, wie Steine, die in einen Brunnen fallen. Diese Zeit damals. Die kleine Meinungsverschiedenheit. Der Kühle wegen – *wes*wegen war es gewesen? »Ein Mißverständnis.« Jene Wochen, ohne ihn zu sehen, zweifelnd, zu stolz, den ersten Schritt zu machen. Und Wochen, die ein Monat wurden, zwei Monate, drei ... ein Jahr. Ärger, der Elend wich und dann Bedauern und schließlich ... nichts. Bis jetzt, wo man in der Garderobe saß, umgeben von alten Regenmänteln, wie von Fieber geschüttelt.

Vermutlich könnte man Peter Datchett ausfindig machen. Es würde relativ einfach sein – ihr fiel sofort ein, wie es zu machen sei: die beiläufige Erkundigung bei einem gemeinsamen Freund, mit dem sie immer noch Weihnachtskarten tauschte, der Anruf bei dem College, wo er Dozent gewesen war. Und dann die Antwort: »Lieber Peter, ich habe endlich Deinen Brief vom 10. März 1965 erhalten. Ich hoffe, es ist nicht zu spät zu sagen, ja, ich würde sehr gern mit Dir am Freitag zu Abend essen, und auch ich fühle, daß wir reichlich dumm gewesen sind und alles ein Mißverständnis war ...«

Und da ist Peter, der den Brief öffnet, beim Frühstück mit Frau und Kindern ... nein, die Kinder, wenn überhaupt, sind mittlerweile ausgeflogen. Peter ist sechsundfünfzig ... mit Frau (Und die Frau nimmt man natürlich nur an, aber die Annahme ist doch berechtigt, wie die Dinge so liegen), die da sagt: »Von wem ist er?« Und er schiebt ihn in die Tasche und macht eine darüber hinweggehende Bemerkung und fragt sich, was zum Teufel er tun solle. Wie peinlich, denkt er. Mein Gott – arme Helen.

Nein, sie wird sich nicht daranmachen, Peter Datchett aufzuspüren.

In genau diesem Moment, dachte Helen, hasse ich meine Mutter. Es war ein erfrischendes Gefühl – belebend sogar.

Und es war gut, ihm freien Lauf zu lassen: Es erstickte verschiedene andere Gefühle.
Sie wußte, sie hätte mit Peter Datchett nicht glücklich bis an ihr Ende gelebt. Niemand lebt glücklich bis an sein Ende. Sehr wahrscheinlich hätte es eine weitere Abkühlung oder ein weiteres Mißverständnis gegeben, und sie hätten sich getrennt. Tatsache war, daß man es nie erfahren würde. Und sie sich jetzt fragte und weiter fragen würde. Man würde alternative Szenarien entwerfen und darüber brüten. Man würde Häuser ausstatten und Landschaften gestalten; man könnte sogar soweit gehen und sie mit ... Kindern bevölkern. Man würde Ereignisse hervorzaubern; Dinge würden gesagt und getan.
Alles dies dank Dorothy. Die immer noch bestimmte.
Nein, sagte Helen. Sie stand auf. Sie steckte den Brief in die Tasche. Zu einem geeigneten Zeitpunkt würde sie ihn wegwerfen, aber jetzt noch nicht. Denke daran, was war, sagte sie sich, weil nur das von Bedeutung ist. Was gewesen sein könnte, besagt gar nichts. Sie versuchte, sich Peter Datchetts äußere Erscheinung wieder in Erinnerung zu rufen: groß, schlank, schwarzes Haar, das dazu neigte, in die Stirn zu fallen, ein Muttermal auf einer Wange. Er unterrichtete am Weiterbildungscollege einige Meilen von Spaxton entfernt; sie hatte ihn in einem Wanderverein kennengelernt. Seine körperliche Gegenwart war immer völlig mit schlammigen Routen, überwucherten Waldpfaden, Regen und Stacheldrahtzäunen und Bieren in dampfenden Kneipen verbunden. Und dann war die Beziehung natürlich persönlicher und intensiver geworden: Mittag- und Abendessen, Filme, Besuche von Schlössern oder Orten mit landschaftlichem Reiz. Eine Art von Intimität; sie waren beide reserviert, sie überstürzten

die Dinge nicht. Sie erinnerte sich keiner Leidenschaft, doch einer gewissen Erotik – das auf jeden Fall. Sex war in greifbare Nähe gerückt; es war eine Frage der Zeit, das hatte sie gewußt – nächste Woche, die Woche darauf. Sie hatte ihm von ihrer Mutter berichtet; er hatte ihre Mutter getroffen; er hatte das Problem anscheinend richtig eingeschätzt, in seiner indirekten Art die richtigen Dinge gesagt. Dorothy hatte von ihm gesprochen als »jenem Burschen mit dem Muttermal im Gesicht«.

Liebe? Sicherlich hatte sie in der Luft gelegen – zum Greifen nahe, zusammen mit Sex. Woran sie sich erinnerte, war eine Empfindung von Erwartung, zuversichtlicher Erwartung. Sie hatten zusammengehört, hatten gescherzt, sich kleine Geschenke gemacht, sich geschrieben, wenn ein Treffen ein oder zwei Wochen lang nicht möglich war; die Annahme war stets, daß es weitergehen und sich vertiefen würde.

Warum hat er nicht wieder geschrieben? Angerufen? Auf der Türschwelle gestanden? Weil, dachte Helen, er der war, der er war. Reserviert; eine Spur scheu. Und warum habe ich nichts gemacht? Dito.

Sie ging in die Diele. Sie nahm den Hörer ab und wählte Giles Carnabys Nummer. Das Freizeichen kam: einmal, zweimal, sechsmal … Nicht da, dachte sie. Gut. Eine Atempause. Doch die Ehre ist gerettet. Du kannst das Ding wieder auflegen.

»Hallo?« sagte Giles.

»Oh.« Die vorbereiteten Worte lösten sich in Luft auf. »Sind Sie …? Könnte ich Giles Carnaby sprechen?«

»Das tun Sie.«

»Hier ist Helen Glover.«

»Das ist aber nett. Ich habe Ihre Stimme nicht erkannt.«

»Ich habe mich gefragt …«
»Und ich habe gerade gestern an Sie gedacht. Wie *geht* es Ihnen?«
»Sehr gut. Ich habe mich gefragt, ob …«
»Die Angelegenheiten Ihrer Mutter kommen voran. Langsam, wie es, ich muß es leider sagen, immer der Fall ist. Das Nachlaßgericht hat so seine eigenen verschlungenen Wege.«
»Eigentlich«, sagte Helen, »habe ich nicht deshalb angerufen. Mein Bruder und ich haben am Sonntag ein paar Leute zum Frühschoppen hier. Ich habe mich gefragt, ob Sie auch kommen könnten.«
So. Jetzt gab es kein Zurück.
»Da bin ich ganz beglückt. Welche Freude. Am letzten Wochenende war ich nicht da, aber an diesem bin ich völlig ungebunden. Ich freue mich darauf. Übrigens ist der Earl Grey alle. Die Lage wird allmählich verzweifelt. Und Sie sind *wirklich* nicht auf eine Tasse vorbeigekommen.«
»Ach. Nein. Sie bekommen ihn im Delikatessengeschäft in Long Barton, wissen Sie.«
»In der Gegend bin ich nie. Meinen Sie, Sie könnten mir ein Päckchen besorgen, wenn Sie das nächste Mal dort vorbeikommen?«
»Ich werde es versuchen. Ich meine, ja.«
»Gott segne Sie. Und haben Sie ganz vielen Dank für den Anruf. Welche Zeit?«
»Zeit?«
»Am Sonntag.«
»Oh … zwölf, denke ich.«
»Zwölf. Sehr schön. Bis dann.«

»Am Sonntag kommen ein paar Leute zum Frühschoppen.«
Edward, der gerade Puffmais für die Vögel verstreute, drehte sich heftig um. »Wozu das denn?«
»Ich dachte, wir sollten das mal tun.«
»Aber das haben wir doch noch nie gemacht.«
»Woanders gibt es das laufend.«
»Ich kann mir nicht denken warum. Wer denn überhaupt?«
»Doktor Taylor und Frau, dachte ich. Ein paar andere aus dem Dorf. Und unser Anwalt, Giles Carnaby.«
»Aber du bist doch ins Konzert gegangen, um ihn singen zu hören«, sagte Edward. »Das reicht nun wirklich.«
»Sie kommen um zwölf und werden wahrscheinlich eineinhalb Stunden oder so bleiben. Ich besorge etwas zu trinken, aber du wirst mir beim Ausschenken helfen müssen. Gibt es jemanden, den du einladen möchtest?«
»Ganz bestimmt nicht. Und ich hoffe, das ist kein Präzedenzfall.«
Sie machte Anrufe. Sie saugte das Wohnzimmer und wischte Staub. Sie fand Gläser, die nicht angestoßen waren und so gut wie möglich zueinander paßten. Sie kaufte Sherry, Weißwein und Whisky. Sie kaufte Tüten mit Knabberzeug. »Du bringst mich zum Lachen«, sagte ihre Mutter. »So ein Theater habe ich noch nie gesehen. Wen, glaubst du, kannst du damit an der Nase herumführen?« »Niemanden«, antwortete Helen. Am wenigsten sich selbst. »Und dieser Bursche – Giles Dingsbums –, glaubst du wirklich, der fällt darauf rein? Ein Mann wie er.«
»Genug«, sagte Helen. »Du hast kein Recht. Auch nie gehabt. Von jetzt an bin ich mein eigener Scharfrichter.«

»Was hast du bloß mit der Garderobe angestellt?« beschwerte sich Edward.
»Ausgemistet.«
»Ich mochte sie so, wie sie war.«
»Wir haben immer noch neun Regenmäntel und Anoraks für uns beide. Und acht verschiedene Hüte und einen Bergstock und einen Fliegenwedel und vier Spazierstöcke.«
»Ich mochte es ganz gern, wenn man nie wußte, worauf man als nächstes stieß.«
»Deine Ansicht kann ich nicht teilen«, sagte Helen.

Sie überlegte, ob sie einen feierlichen Scheiterhaufen errichten sollte. Sie würde Peter Datchetts Brief und das Kleid der Glut der Verdammnis übergeben. Da hast du's, Mutter – da gehen sie dahin, endlich ordentlich beseitigt. Ein paar Jahre zu spät. Oder hast du gedacht, das wäre schon geschehen? Warst du nachlässig oder berechnend? Und warum hast du es getan? Waren es Unterlassungssünden oder ein teuflischer Plan? Ich kann nicht wissen, ob es dir gelungen ist, meinen Lebensweg zu verändern, es ist aber möglich. Und für jemanden in einer irgendwie empfindlichen Gemütslage, in der ich glaube zu sein, ist es hart, darüber nachzudenken.
Sie glaubte nicht, daß die Ehe oder Partnerschaft, oder wie man eine sexuelle Beziehung auch immer nennen mochte, der Schlüssel zu Glück und Erfüllung wäre; man brauchte sich nur umzusehen, um festzustellen, daß es nicht so war. Was war schlimmer, es versucht zu haben und gescheitert zu sein, oder es überhaupt nie versucht zu haben?
Sie dachte an ihren Vater, diese graue und ferne Figur, die nur mit Anchovispaste und raschelnder Zeitung vorstellbar war. Es war nicht angenehm, an das Intimleben ihrer Eltern

zu denken; sie konnte sich keine äußeren Zeichen der Zuneigung oder eigentlich noch nicht einmal deutlich gezeigtes Interesse aneinander ins Gedächtnis rufen. Gewöhnlich war Dorothy damit beschäftigt gewesen, ihren Mann wie ein unpassendes Möbelstück herumzuschubsen. Sein eigenes Bild war das willfähriger Selbstauslöschung. Tagsüber arbeitete er bequemerweise in einer Buchhaltung; abends und am Wochenende machte er sich so unauffällig wie möglich. Weiß Gott, was nachts geschah.

Schließlich stopfte sie den Brief in ihre Tischschublade und ließ das Kleid, wo es war, in der Ecke des Kleiderschranks. Alles zu seiner Zeit.

Edward, geübt in Selbsttäuschung, vergaß die Gäste bis Sonntagmorgen und war daher erstaunt, als er um halb elf entdeckte, daß Helen ungewöhnlich angezogen war und Kissen im Wohnzimmer zurechtrückte. Sie hatte auch gerötete Wangen und befand sich offensichtlich in einem Zustand der Rastlosigkeit, was in ihm ein Gefühl von Ritterlichkeit und Verständnis auslöste. Er beschloß, die ganze Angelegenheit positiv zu sehen, obwohl er den Sinn immer noch nicht erkennen konnte, und er bot sich an, das kleine Knabberzeug in Schüsseln zu füllen. Dabei gab er Tam etwas davon ab.

Es war nicht so, daß er generell etwas gegen Leute hatte, eher, daß er keinen Sinn darin sah, Gelegenheiten herbeizuführen, wo man herumstand und sich ausdenken mußte, was man sagen sollte. Zudem ging die Sache weiter; der Gast wurde als gesellschaftlicher Racheakt zum Gastgeber, und so ging es unentwegt weiter. Das einzig Vernünftige war, erst gar nicht damit anzufangen. Ihm war schleierhaft, was in Helen gefahren war, die doch eigentlich so vernünftig wie er selbst darüber dachte, jedenfalls hatte er das angenommen.

Nichtsdestotrotz, als die Türglocke ging, war er bereit und bot mit liebenswürdiger Miene und fließender Beherrschung der Floskeln die Getränke an. Die letzten paar Tage hatte er sich ein wenig besser gefühlt. Er hatte den Zaun zwischen den Britches und Ron Pagets Bauhof repariert, zwei schwarze Plastiksäcke mit Müll gefüllt und einen energischen Angriff auf tote und absterbende Bäume unternommen. Alles in allem gute Aussichten.

Die Gäste trafen ein. Es waren nicht so viele, daß das geräumige Wohnzimmer von Greystones aussah, als wäre viel los; die Leute standen in kleinen Grüppchen zusammen und beäugten sich; es gab peinliche Gesprächspausen. Hab' ich's dir nicht gesagt, dachte Edward, der tapfer mit einer Flasche in jeder Hand umherging. Tam kratzte abwechselnd an jedem Beinpaar, denn er erinnerte sich an die Kekse; die ungehemmteren Gäste traten verstohlen nach ihm. Abgesehen vom Arzt und seiner Frau und Giles Carnaby waren es alles Leute aus dem Dorf, die seit geraumer Zeit keine Gelegenheit gehabt hatten, sich in Greystones umzusehen, und sie machten eifrig Gebrauch davon. »Ich nehm' mal an, Sie denken jetzt wohl daran, die Britches zu verkaufen, Edward?« fragte eine Nachbarin. »Oh nein«, sagte Edward. »Das kommt gar nicht in Frage.« Er konnte sich an ihren Namen nicht erinnern; ihr Gesicht war ihm so vertraut wie die Fassade des Dorfladens oder die Kirchturmsilhouette; was Namen anging, war er immer ein hoffnungsloser Fall gewesen. Der Anwalt löste sich aus einer anderen Gruppe und trat zu ihnen. »Giles Carnaby – wir haben uns noch nicht kennengelernt. Ihre Schwester ist als Gastgeberin so beschäftigt, deshalb stelle ich mich selbst vor.« »Oh«, sagte Edward. »Ja. Hallo. Dies ist Mrs. …« Verstört starrte er die Nachbarin an, die verdrossen sagte: »Jean Powers. Edward kennt mich eigentlich schon zehn Jahre, aber so ist das. Sie wohnen in Spaxton, nicht?« Edward, der erleichtert dachte, er könne sie jetzt alleinlassen, begann sich zurückzuziehen. Dabei umklammerte er mit festem Griff die Flaschen, die ihm eine gewisse Sonderstellung in der Bewegungsfreiheit einräumten. Der Anwalt legte ihm eine Hand auf den Arm, und Edward zuckte zusammen: Er mochte es nicht, berührt zu werden. »Sprachen Sie gerade von den berühmten Britches? Helen hat mir davon schon so viel erzählt. Könnte ich vielleicht einmal eine Führung bekommen?« Nein, bestimmt nicht, dachte Edward, und was soll das ganze ›Helen‹-Gerede? Er sagte: »Es gibt dort wirklich überhaupt nichts zu sehen, und es ist schrecklich voller Brennesseln«; zur gleichen Zeit sagte Jean Powers laut, daß seit Jahren keine einzige Seele in den Britches gewesen sei und man sich im Dorf frage, was Edward da drin eigentlich triebe – haha! –, einige sagten, es wäre sicherlich Schwarze Magie, oder vielleicht pflanze er auch Cannabis. Edward lachte höflich, glitt aus Carnabys Griff und rückte zur Gruppe am Fenster vor, die sich im Ton ziemlicher Verzweiflung über Hecken unterhielt. Dabei ging Helen an ihm vorüber; ihr Nacken war gerötet, ein sicheres Zeichen von Verärgerung. Sie zischte: »Tu' bloß etwas mit den Taylors und der alten Mrs. Phipson. Die stehen schon stundenlang zusammen.« »Wie?« wollte Edward wissen; er meinte es wirklich so, er hatte überhaupt keine Ahnung, was zwischen ihnen ablief. Helen warf ihm einen wütenden Blick zu. Begierig wandte sich ihm die Gruppe am Fenster zu: »*Ist* das nun eine Eibenhecke,

Edward? Keiner von uns weiß es genau.« Wirklich, dachte Edward, die Leute müssen verrückt sein, wenn sie sich freiwillig Ereignissen wie diesem aussetzen.

Siegen oder untergehen, hatte Helen gedacht. Kaum war sie Giles Carnabys wieder ansichtig, wußte sie, daß, was immer es auch wäre, es jedenfalls mit Siegen nichts zu tun hätte; ihr Herz klopfte, sie bekam weiche Knie. Da war er. Hier war er. Lächelte sie über die Schultern anderer hinweg an, während sie sich nicht von der Stelle rühren konnte, weil jemand ihr lang und breit erzählte, wie sehr sie doch ihre Mutter vermissen müsse. Und dann sah sie ihn mit Edward und Jean Powers sprechen, und dann hatte jemand sein Glas verstellt, und sie mußte ein neues finden, und dann war da das Problem der Taylors und der alten Mrs. Phipson. Und dann endlich konnte sie quer durchs Zimmer zu ihm gehen. »Da *sind* Sie ja«, sagte er. »Ich habe mich sehr beherrscht – ich habe ja gesehen, daß Sie alle Hände voll zu tun hatten. Aber ich habe schließlich doch noch Ihren Bruder kennengelernt, und Mrs. Powers hat mich mit den aufregendsten Neuigkeiten des Dorfklatsches unterhalten.« Das setzte bei Jean Powers eine Flut heftiger Proteste und Leugnungen in Gang, so daß Helen, auch wenn sie es gewünscht hätte, kein Wort einwerfen konnte; sie stand da und sah Giles Carnaby an und versuchte, ganz ruhig zu sein. Sie versuchte, ihn ganz nüchtern als einen grauhaarigen Anwalt zu sehen, der doch zu sehr mit lässigem Charme ausgestattet war; sie sah ihn auch tatsächlich so, aber sie sah ihn auch anders und konnte sich nicht helfen. Als er sich umdrehte, um Jean Powers genau anzublicken, fühlte sie einen Stich Eifersucht; als sein Arm für einen Augenblick ihren streifte, überlief es sie am ganzen Körper. So etwas war schon schlimm mit achtzehn, dachte sie; in meinem Alter ist es lächerlich und erniedrigend.

Jean Powers entfernte sich. Giles sagte: »Meine Güte, was für eine anstrengende Frau. Sie ist doch hoffentlich keine enge Freundin? Nun denn, wo ich Sie jetzt für einen Augenblick für mich allein habe, können wir nicht einige Pläne machen? Zuallererst: Wird es mir gelingen, Sie dazu zu überreden ...«

»Oh Helen!« rief die Arztfrau, die an ihrer Seite erschien. »Leider müssen wir gleich ganz schnell los. John hat heute Bereitschaftsdienst. Doch erst noch auf ein Wort wegen ...«

Sie widmete sich der Arztfrau. Sie half dem Arzt und seiner Frau in die Mäntel und brachte sie zur Tür. Sie kehrte ins Wohnzimmer zurück und gab Tam einen Klaps, der die Schüssel mit den Keksen vom Tisch gestoßen hatte und sie jetzt vom Teppich in sich hineinschlang. Sie füllte drei Gläser auf. Sie ging auf der Suche nach einer weiteren Kekspackung in die Küche. Es macht mir keinen Spaß, dachte sie – aber das sollte es doch auch gar nicht, oder? Sie suchte Kekse in der Brottrommel, im Gemüsefach, auf dem Küchenschrank. Keine verdammten Kekse.

Giles erschien. »Kann ich irgendetwas helfen? Sie sehen mitgenommen aus.« »Ich bin mitgenommen«, sagte Helen. »Edwards schrecklicher Hund hat die Kekse aufgefressen.« »Die Leute können auch ohne Kekse leben.« »Ich weiß«, antwortete sie. »Aber es sieht im Moment nicht so aus.« Ich könnte glatt in Tränen ausbrechen, dachte sie. Wie entsetzlich: Ich könnte mich einfach auf den Küchenstuhl setzen und anfangen zu weinen ... Giles legte seine Hand auf die ihre: »Kümmern Sie sich nicht mehr um die Kekse und reden Sie mit mir. Wir wurden unterbrochen. Ich war dabei herauszufinden, ob Sie nächste Woche mit mir zu Abend essen möchten. Bei mir. Ich bin nicht gerade ein hervorragender Koch, aber einen Braten kann ich ganz gut. Freitag? Samstag?«

Sie ließ sich auf den Stuhl fallen. Sie merkte, daß sie nun doch nicht in Tränen ausbrechen würde. Die Kekse wurden unwichtig, die Gäste auch. »Am Samstag«, sagte sie. »Am Samstag habe ich nichts vor.« Die Küche wurde ein warmer und freundlicher Ort; sie saß und lächelte Giles Carnaby an. Ich bin glücklich, dachte sie ganz erstaunt, genau in diesem Augenblick bin ich glücklich.

Zufälligerweise gedieh Wasserhanf – *Eupatorium cannabinum* – in den Britches; Jean Powers lag gar nicht so falsch. Edward war sich der Bedeutung natürlich gar nicht bewußt und förderte die hübsche und vergleichsweise ungewöhnliche Pflanze. Sie wuchs auf einem sumpfigen Stück, wo sich eine Quelle befand sowie ein kleiner Bach, der nach den Herbstregen seinen Weg suchte, im Sommer aber fast austrocknete. Nur wasserliebende Pflanzen fanden sich hier von Zeit zu Zeit: *Mimulus* und Vergißmeinnicht und Wasserehrenpreis. *Mimulus* war eigentlich aus dem Garten ausgewandert, Edward ließ ihm aber dennoch seinen Platz, obwohl er eingestand, daß es ein Purist nicht täte. Einst hatte es auch Sumpfdotterblumen gegeben, doch jetzt waren seit mindestens zehn Jahren keine mehr zu sehen. Das ganze Gebiet war viel trockener, als es einmal war, und Edward hatte den Verdacht, daß sich der Grundwasserspiegel abgesenkt hatte; es hatte seinerzeit nistende Moorhühner gegeben – jetzt sah man nur noch ab und zu eine Kröte. Der Wasserhanf aber wuchs kräftig weiter und überwucherte die edleren Arten. Ab und zu war Edward gezwungen, ihn zurückzuschneiden, um den Sternhyazinthen und Waldanemonen eine Chance zu geben, die so selten wurden, daß sie vom Aussterben bedroht waren. Manchmal hatte er das Gefühl, daß die zarteren Gewächse von dem robusteren Zeug verdrängt und zunichte gemacht würden, wenn man nicht einschritte. Er sah sich als eine weise und gütige Gottheit, die über ihr Reich herrscht und darauf achtet, daß das Böse

nicht immer obsiegt; eine ziemlich hohle Symbolträchtigkeit natürlich, und sowieso: Er mochte Wasserhanf und Gundelrebe ziemlich gern. Den Krieg hatte er Brennesseln und Brombeergestrüpp erklärt – man konnte sich einreden, daß eine böse Macht am Werke sei, die darauf aus war, alles zu einer üppig wuchernden Wildnis zu machen, in der die Schwächsten untergingen.
Edward fühlte, daß er und die böse Macht ziemlich ebenbürtig waren. Mit einem mehrstündigen konzentrierten Angriff konnte er Monate entschlossenen, verstohlenen Wachstums zerstören; aber dann entdeckte er einen anderen Bereich, den er übersehen hatte, wo die Dinge zum Teufel gegangen waren und ein heldenhaft kämpfender Fleck Waldanemonen oder Sternhyazinthen vor dem Erstickungstod stand. Man dachte natürlich in solchen Begriffen: böse, verstohlen, Kampf, heldenhaft. Er war sich des Anthropomorphismus wohl bewußt und fand ihn wirklich zufriedenstellend; es war, als ob er in den Britches, bis zu den Oberschenkeln in peitschenden Nesseln und tintenfischartigen Tentakeln klammernder Brombeeren, endlich vieles in Angriff nahm und sehr oft die Oberhand gewann.
Er verbrachte den Nachmittag in den Britches, sobald der letzte Gast gegangen war. Die Hälfte eines schönen Sonntags war vergeudet, bis zur Dunkelheit waren es aber noch ein paar Stunden hin. Er arbeitete in einem Dickicht aus wilden Rosen und älterem und totem Holz eines umgestürzten Baumes. Zeitweise mußte er zur Säge greifen; der Lärm, den er verursachte, machte ihn dabei zu taub, um Ron Pagets Näherkommen zu bemerken. Als er ihn ansprach, sprang Edward so heftig hoch, daß ihm die Säge aus der Hand fiel.
»Da kommen Sie nicht weit mit, was?« sagte Ron. »Ich sag'

Ihnen was: Ich schick' einen von meinen Leuten rüber, mit richtigem Werkzeug. Haut den ganzen Kram weg wie nichts.«

Edward hob die Säge auf. »Danke, aber ich komme gut allein zurecht.« Und verschwinde, schäumte er, du hast kein Recht, hier einfach einzudringen. Durch das Loch im Zaun, wie ich annehme, dort, wo ich keinen Draht gezogen habe.

Ron sah ihn amüsiert an. »Sie mögen's auf die harte Tour, was, Mr. Glover? Ich hab' Sie gehört und dachte mir, ich komm mal vorbei und sag' guten Tag. Wie geht's denn Miss Glover?«

»Ihr geht es sehr gut«, sagte Edward.

»Das hör' ich gern. Ich hab' 'ne Menge Achtung vor Ihrer Schwester. Still, aber mit eigenem Kopf, verstehen Sie?«

Edward blickte ihn kalt an.

»Ich kann mich gar nicht erinnern, wie lange es jetzt her ist, daß wir Nachbarn geworden sind. Ich sagte gerade neulich zu Pauline, da gibt es so Leute, mit denen man wohl oder übel zusammen alt wird, ohne es zu merken – nicht daß wir uns nicht alle noch ganz gut halten.« Ron lachte.

Edward dachte an die erste, ausrangierte Mrs. Paget. Er äußerte sich nicht.

»Sie denken natürlich an meine erste Frau. Naja, sowas passiert eben, nicht? Man rappelt sich wieder auf und marschiert weiter, oder? Nun ja, Sie selbst haben keine Familie ...« – Rons Augen flackerten einen Moment – »aber bei jedem geht's mal rauf und runter, ich glaub' wohl, man kriegt schon mal einen vom Leben gewischt, so oder so.«

Halt' die Klappe, dachte Edward. Und verschwinde.

»Jedenfalls, es ist nett, mal zu plaudern. Ich vermisse Ihre Mutter, ganz ehrlich, wir hatten unterschiedliche Meinungen, aber wir konnten uns aneinander messen, wie man vielleicht so sagt. Ich denk' oft an sie. Macht Gary seinen Kram in Ihrem Gemüsegarten ordentlich?«

»Ich glaube schon«, sagte Edward. »Das ist der Bereich meiner Schwester.«

Rons Blick war auf den riesigen Berg Brennesselwurzeln und Brombeerranken gefallen, dem Resultat von Edwards Nachmittag. »Ich weiß nicht, warum Sie sich bei dem allen so mit der Hand abmühen. 'Ne halbe Stunde mit einem Kanister gezielten Unkrautvernichter und 'ner Sprühdüse und Sie hätten dem Zeug ein für allemal ein Ende gesetzt.«

»Sowie vielem anderen auch.«

»Was? Oh, die wilden Blumen.« Ron lächelte nachsichtig. »Nach ein, zwei Jahren sind sie wieder da. Aber mich würden Sie nicht dabei erwischen, wie ich mir so einen abschwitze, wenn es so einfach geht, das zu erledigen. Nutz' Deinen Vorteil, wo es geht, ist meine Devise.«

»Das glaube ich Ihnen aufs Wort«, sagte Edward.

Ron sah ihn aus schmalen Augen an. Eine kurze Pause trat ein. »Na«, sagte Ron. »Ich will mal lieber los, Pauline wird schon nach mir suchen. Und vergessen Sie nicht: Wann immer Sie Ihre Meinung ändern, was Sie mit diesem Stück machen wollen, lassen Sie's mich wissen. Ich bin bereit und warte – drück' Ihnen einen Scheck in die Hand, wann immer Sie wollen.«

Edward seufzte. »Ich werde es nicht vergessen.«

Er hörte, wie Ron sich krachend seinen Weg aus den Britches bahnte. Ein Rotkehlchen begann zu singen, und gleich darauf ein Buchfink. Es dämmerte und wurde kühl; Edward entschloß sich aufzuhören. Erst wollte er sich aber noch ein paar Minuten gönnen. Er setzte sich auf einen Stamm und versuchte, das zu machen, was er für einen Akt der Selbstauflösung hielt, wobei man so weit wie irgend möglich ein Teil der Umgebung wurde: nur atmen, sehen, hören – nur ein Teil des Ortes, dazugehörig wie das Rotkehlchen oder der moosbedeckte Stamm oder der Blatthumus, auf dem seine Füße ruhten. Man versuchte, nicht zu denken oder zu fühlen, einfach nur zu sein. Schrullig – wie er wohl wußte – bis zur Affektiertheit, doch nichtsdestoweniger befriedigend.

Da saß er nun, und die Britches um ihn herum wurden dunkler.

Für Helen strahlte der Samstag die ganze Woche hindurch wie eine entfernte, sonnenbeschienene Bergspitze. Sie hatte keine Eile, sie zu erreichen – Betrachtung war fast so befriedigend wie Ankommen. Vorfreude ist eine der erlesensten Formen des Vergnügens; es war schon lange her, stellte sie fest, daß sie das erlebt hatte. Wie es ihre Art war, merkte sie, was es in ihr bewirkte; das Gefühl von Vitalität, der schwungvollere Schritt, die Neigung, zu anderen nett zu sein, mit denen zu reden, die man gewöhnlich mied. In der Bücherei handelte sie zwischen Joyce Babcock und der neuen Auszubildenden, einem Mädchen, das fatalerweise voller Begeisterung fur Bucher und Menschen steckte und somit das Ethos von Joyces Herrschaft bedrohte, einen Waffenstillstand aus. Das Mädchen, Lorna, verkündete ihre Absicht, sich versetzen zu lassen: »Ich weiß nicht, wie Sie es so lange mit ihr ausgehalten haben. Wirklich nicht.« Helen antwortete rätselhaft, es wäre alles nur eine Frage der Erfahrung.

Aus Mittwoch wurde Donnerstag, der Tag, an dem sie nicht zur Bücherei ging. Sie ging zum Dorfladen, um Brot zu holen, wobei ihr viermal aufgelauert wurde und man sie mit gegensätzlichen Ansichten über die zwei aktuellen Streitpunkte im Ort bedrängte. Helen, die unbeteiligt zuhörte, dachte, narkotisiert durch ihre gehobene Stimmung, daß diese die Verfassung des Ortes doch trefflich veranschaulichten. Die eine Kontroverse ging um Ärgernisse für das Auge; die andere betraf Lärm. Beide hatten mit Wohlstand und der Macht des Geldes zu tun. Jemand hatte eine Baugenehmigung beantragt, er wollte in seinem Garten einen alten Kuhstall abzureißen, um einen Bungalow zu bauen; die Umweltschützer gerieten über diese weitere Schändung in Rage, die *laissez-faire*-Fraktion sah keinen Grund, weshalb Leute mit ihrem Eigentum nicht tun sollten, was sie wollten. Die Dorfjugend hatte ihren Spaß daran, am Abend auf schweren japanischen Motorrädern ihre lärmenden Runden zu drehen, wobei die Schalldämpfer entfernt worden waren; diejenigen, die darunter litten, riefen nach dem Gesetz, die Jugendlichen lachten; ihre Freunde und Anhänger legten dar, sie würden ihre Steuern wie alle anderen auch bezahlen, oder? Worte wie Freiheit und Recht wurden auf beiden Seiten gewechselt.

»Ihre Mutter wäre auf unserer Seite gewesen«, sagte einer der Nachbarn vorwurfsvoll, denn er merkte wahrscheinlich Helens Zurückhaltung. Er hatte recht. Zu ihrer Zeit war Dorothy in einer Organisation aktiv gewesen, die sich Gesellschaft zur Lärmverringerung nannte und tapfer und unterschiedslos Kampagnen gegen Rasenmäher und Düsenflugzeuge geführt hatte. Die Gesellschaft hatte sich (in Verzweiflung, nahm man an) vor vielen Jahren aufgelöst, aber Dorothy schnauzte weiter vorbeifahrende Fahrzeuge an und schrieb Briefe an den Kommandanten des Fliegerhorstes der

Region, der jedesmal dieselbe vervielfältigte Antwort voller unendlicher Höflichkeit und Ausflüchte zurückschickte.
Der wahre Grund für das alles ist, dachte Helen, daß die Leute, manche Leute, falsche Erwartungen haben. Dies ist das flache Land. Das flache Land ist angeblich friedlich und schön. Traditionell haben sich Leute, manche Leute, dahin zurückgezogen, weil sie Trost für die Seele suchen. Andere haben es natürlich ganz anders gesehen, als Einkommensquelle oder Arbeitsplatz. Diese Sichtweisen stehen sich jetzt verhängnisvoll und vielleicht unüberbrückbar gegenüber. Geld und technischer Fortschritt vergrößern das Problem.
All das bedachte sie, während sie den hitzigen Meinungen zuhörte, die ihr vor dem Laden (wo der tuckernde Motor eines Lieferwagens jeden zwang, lauter zu reden), an der Ecke bei der Kirche und an zwei anderen Stellen auf dem Rückweg nach Greystones aufgedrängt wurden. Und zur selben Zeit schwebte im Hintergrund ihrer Gedanken und über den Gesichtern derer, die mit ihr sprachen, die wunderbare Erscheinung der entfernten, sonnenbeschienenen Bergspitze: Versprechen und Erwartung. »Wie geht es Ihnen, Helen?« sagten die Leute, ohne auf Antwort zu warten, und im Stillen antwortete sie: Mir geht es wirklich ganz außerordentlich gut, vielen Dank. Ich habe etwas, worauf ich mich freue, ich glaube, ich bin glücklich.

Edward ging durch die Diele, als Helen die Treppe herunterkam. Er blieb stehen und starrte sie an. Sie hatte ein blaßgrünes Kleid angezogen, das sie selten trug. Dem hatte sie einen großen weißen, weichen Kragen hinzugefügt, den sie in Spaxton gekauft hatte, sowie ein paar ihrer Schmuckstücke – eine viktorianische Kamee an einer Goldkette. Die

Wirkung des Kragens und der Kamee waren bemerkenswert, wie Helen ein paar Minuten zuvor in ihrem Spiegel festgestellt hatte: Sie bewirkten ein weicheres, hübscheres und jüngeres Aussehen. Sie sah es auch an Edwards starrem Blick.

»Ich gehe aus«, rechtfertigte sich Helen. »Ich esse mit Giles Carnaby zu Abend. Das habe ich dir gesagt.«

Edward riß seine Brille herunter und begann sie zu putzen. Wiederum betrachtete er Helen. Sie konnte sehen, wie eine ganze Abfolge von Gefühlen und Reaktionen über sein Gesicht huschte. »Und was soll ich essen?« erkundigte er sich gereizt.

»Was du magst. Im Kühlschrank sind Fischstäbchen. Oder Schinken. Oder Dosen im Schrank.«

Er setzte die Brille wieder auf und fing sich mit Würde. »Wann bist du wieder zurück?«

»Keine Ahnung.«

»Dann schließe ich die Haustür nicht ab. Ich hoffe, er erwartet nicht, daß du wieder seinem Gesang zuhörst.«

»Mach dich nicht lächerlich, Edward«, sagte Helen.

Er sah sie trübe an und ging in die Küche zurück. Als sie ihren Mantel anzog, hörte sie ihn laut mit Töpfen und Geschirr herumfuhrwerken und mit Tam reden. Als sie gerade gehen wollte, kam er heraus und beklagte sich, er könne den Dosenöffner nicht finden. »Probier's in der rechten Schublade«, sagte sie.

»Wo wohnt er?«

»In Spaxton. Auch das habe ich dir gesagt.«

»Es gießt.«

»Ich will hinfahren«, sagte Helen. »Nicht laufen.«

Edward ging türenknallend in die Küche zurück. Helen, verärgert aber beherrscht, eilte zum Auto.

Als sie Spaxton erreichte, hatte sie sich weniger im Griff. Einige Augenblicke stand sie paralysiert auf Giles Carnabys Türschwelle. Ihre Mutter stand hinter ihr und gab Laut: »Er hat dich an der Angel, der Kerl, was? Wie ein dummes Schulmädchen. Du bist zweiundfünfzig, Helen. Ich weiß nicht, was du denkst, wie das enden soll. Rennst in dein Verderben, würd' ich sagen.«
Sie klingelte, und da war er, überströmt vom warmen goldenen Licht der Diele, mit aufgekrempelten Ärmeln, schob die silberne Locke aus der Stirn zurück. Es roch nach Braten. Beide sprachen zur gleichen Zeit: Willkommensrufe von ihm, Entschuldigungen für Zuspätkommen von ihr (sie war zu spät, sechzehn Minuten). Er zog sie ins Haus, nahm ihr den Mantel ab und geleitete sie ins Wohnzimmer. »Jetzt sind Sie also da«, sagte er mit strahlendem Lächeln. »Was für ein hübsches Kleid, wenn ich so sagen darf.« Er warf einen Blick auf seine Uhr, wurde unruhig: »Entschuldigen Sie mich einen Moment – Küchenpflichten. Machen Sie es sich bequem. Etwas zu trinken? Dort an der Seite. Oh, ich habe mich wirklich auf diesen Abend gefreut ...«
Er ging. Sie saß. Stand dann auf und ging im Zimmer umher. Wiederum sah sie seine Frau an, die sorglos hinter dem Glas des Fotos lächelte. Sie bemerkte die Blumen, die in einer Vase auf dem Kaminsims hübsch arrangiert waren, die neuesten Ausgaben von Zeitschriften, die auf dem Tisch angeordnet waren, die *Radio Times* auf dem Schreibtisch, in der ein Programm mit rotem Kugelschreiber eingekreist war (ein Beitrag über Händelopern). Ein ordentlicher Mann. Ich weiß gar nichts von ihm, dachte sie, überhaupt nichts; woher soll ich wissen, ob er nicht Banken ausgeraubt hat?
Er kam ins Zimmer zurück. »Es ist alles gut. Ich neige dazu,

unnötigerweise in Panik zu geraten. Und Sie haben sich noch nichts zu trinken eingeschenkt. Sherry? Wermut? Gut – Sherry.«

Nein, Anwälte vom Lande rauben keine Banken aus. Aber es gibt andere Delikte, weniger auffallende. Die Sache ist nur die, ich bin anscheinend schon darüber hinaus, daß es mir etwas ausmacht.

»Und wie war Ihre Woche?« fragte er. »Meine war unsagbar nüchtern. Übrigens kommen wir am Nachlaßgericht ein Stückchen weiter – aber über Geschäftliches möchte ich heute abend nicht reden. Ein andermal.« Er setzte sich neben sie auf das Sofa; sie fühlte, wie er sie eindringlich ansah.

»Ich hatte eine schöne Woche«, sagte Helen. Sie erzählte ihm von der Meinungsverschiedenheit in der Bücherei, von den Dorffehden. Er fand daran Gefallen; er lachte; er wollte Einzelheiten wissen. Sie bekam das Gefühl, geistreich und unterhaltsam zu sein. Sie entfaltete sich wie eine Pflanze, die man zur Sonne gedreht hatte; sie blühte auf und war fröhlich. Das Zimmer umschloß sie beide: ganz allein.

Es klingelte.

»Ach du liebe Zeit!« sagte er. »Die Watsons. Ich hatte sie fast vergessen. Sie kennen sie, glaube ich? James Watson, der Schulleiter von St. Bartholomew und, äh, Julia.« Er eilte hinaus. Sie hörte das Öffnen der Haustür. Begrüßungen. Das Schließen der Tür.

Die Watsons. Ah. Nein, zufälligerweise kenne ich die Watsons nicht.

Er hat nie gesagt, sagte sie sich, da wären nur du und er. Nicht ein Mal. Warum hast du es also angenommen? Du bist nicht getäuscht worden. Du kannst dich nicht beklagen. Also lächle weiter und sei fröhlich.

Der Abend schritt voran. Sie wechselten vom Wohnzimmer ins Eßzimmer. Sie verzehrten Avocados, gefolgt von Lammbraten, gefolgt von Fruchtsalat und einer Käseauswahl. Julia Watson, die offensichtlich Giles recht gut kannte, bestand darauf, Blitzbesuche in der Küche zu machen, um zu helfen; man konnte von der anderen Seite der Durchreiche Gelächter und Ausrufe hören. James Watson erzählte Helen von Auseinandersetzungen in der Lehrerschaft, und das ausführlich. Sie kehrten ins Wohnzimmer zurück und tranken Kaffee. Julia, eine dunkelhaarige Frau Anfang Vierzig, fragte Helen interessiert nach den Erweiterungsplänen für die Bücherei. Giles bot Brandy an; Julia sagte: »Giles, du Schlimmer, du weißt, ich kann nicht nein sagen – das geht auf deine Kappe, wenn ich morgen einen Kater habe.« Giles sagte: »Meine Liebe, wir werden zusammen leiden. Helen?« Helen antwortete, lieber nicht, da sie noch fahren müsse.

Schließlich standen die Watsons auf, und Helen ebenfalls. Giles machte keinen Versuch, sie zurückzuhalten; er sagte: »Nun *geht* alles schon …?« In der Diele half er ihr in den Mantel, wobei seine Hand für einen Augenblick auf ihrer Schulter ruhte, wie es schien. Die Watsons stiegen in ihr Auto, und Helen in ihres. Sie mußte bis zum Ende der Straße fahren, um zu wenden; als sie auf dem Rückweg an Giles' Haus vorbeikam, war die Tür geschlossen.

Sie fuhr nach Hause, und es regnete immer noch. Ihre Mutter saß auf dem Rücksitz – schweigend und ausgesprochen selbstgefällig.

Kaum war Helen fort, überfiel Edward Selbstverachtung. Trübe saß er am Küchentisch und aß Spaghetti Bolognese aus der Dose. Tam sah sabbernd zu. Nach der halben Portion gab Edward auf, kratzte den Rest in Tams Freßnapf und setzte den Kessel auf für einen Tee; hinter ihm schmatzte Tam, als wäre er vom drohenden Hungertod errettet worden. Schwermütig wartete Edward darauf, daß das Wasser kochte; währenddessen sah er an der Wand hinter der Spüle dem stetigen Vorwärtskommen einer Assel zu. In Greystones gab es viele Asseln; die Assel ist erstaunlicherweise eine Garnelenart, daher ihre Vorliebe für feuchte Plätze. Im Zeitalter von Zentralheizung und Renovierung stellte Greystones vermutlich einen seltenen, ungestörten Lebensraum dar.

Aus Edwards Sicht hatte Dorothy den Asseln zugesetzt; sie zertrat sie, fegte sie auf und begoß sogar ganze Kolonien von ihnen mit kochendem Wasser. Edward, der die geduldige Reise dieses Exemplars (woher? und warum?) beobachtete, erlebte einen Moment tröstenden Losgelöstseins. Er setzte seine Lesebrille auf und sah sie sich genauer an; er wußte, daß es Dutzende verschiedener Arten von Asseln gab, alle bestimmt, mit Namen versehen, auseinandergehalten mittels winziger anatomischer Feinheiten, kleiner, doch bedeutsamer Unterschiede der Fühler oder der Geschlechtsorgane. Nur der Himmel wußte, was diese hier genau war, die sich jetzt mühsam nach unten in Richtung des Risses hinter der Spüle vorarbeitete, doch es erschien befriedigend, daß sie wohl den Dokumentationsrang erreicht hatte. Noch wichtiger war die Tatsache, daß es Menschen gab, die ihr Leben damit zubrachten, die Identität dieser Kreaturen zu bestimmen; daß die Erstunterscheidung von *Porcellio* und *Armadillidium* eine Sache von Wichtigkeit war. Edward beneidete solche Menschen.

Diejenigen, die von seinen Vorlieben wußten, fragten sich oft, wieso er nicht Botaniker, Entomologe, Biologe geworden war. Die wenigen Lehrer, die ihn in seiner Schulzeit überhaupt wahrgenommen hatten, hatten alle versucht, ihn in Richtung Naturwissenschaft zu lenken. Doch Edward schnitt in naturwissenschaftlichen Fächern schlechter ab als in anderen. Er dachte nicht systematisch; Formeln und Berechnungen verwirrten ihn. Hatte er eine Zeichnung des Verdauungstrakts vor sich, so bewunderte er eher ihre Schönheit, als sich seiner Effektivität zu widmen. Er wußte von sich, daß er als Amateurornithologe weit hinter denjenigen zurückstand, die anhand eines Gesangsfetzens oder eines Flügelflatterns die Art bestimmen konnten. Er konnte sich an die Namen seltener Pflanzenarten nie erinnern.

Das Wasser kochte, und wie üblich spuckte der Kessel es siedendheiß überall hin. Die Assel war verschwunden und mit ihr Edwards Ablenkung von seiner trüben Stimmung. Er fühlte sich allein. Er verspürte, wie ganz kurz der Groll gegen Helen wieder aufwallte. Tam streifte im Vorbeigehen sein Bein, und Edward beugte sich hinab, um ihn zu tätscheln, doch Tam, pappsatt, taumelte zu seinem Lieblingsschlafplatz am Herd; er streifte Edwards Hand ab und sackte mit einem lauten Seufzer zusammen. Edward betrachtete ihn mit einer gewissen Bitterkeit; die Schlichtheit der Bedürfnisse konnte beneidenswert erscheinen.

Er stellte das Radio an. Sofort war die Küche voll von einem lauten, schnaufenden Geräusch, in das ab und zu Grunzer eingestreut waren; Edward, der aufhorchte, goß sich den Tee ein und lauschte gespannt.

Nach kurzer Zeit wurden die Schnaufer und Grunzer von einer Stimme überlagert, die in einfühlend-verschwörerischem Ton erklärte, wir würden den Geräuschen sich paarender Koalas im Pilliga-Naturreservat in New South

Wales zuhören. Die Koalas wurden ausgeblendet, und an ihre Stelle trat eine Studiodiskussion über bedrohte Standorte und gefährdete Arten. Der Schweinsfußnasenbeutler, der Trompeterschwan, die Säbelantilope, der Pottwal, der Gepard, der Laubenvogel ... die Liste ging immer weiter. Die Zerstörung der brasilianischen Regenwälder hat ein solches Ausmaß erreicht, daß nur noch etwa zweihundert wilde Goldkopflöwenäffchen existieren. Ihren Verwandten, den Lisztäffchen, ergeht es kaum besser. Edward, der beide Arten im Fernsehen gesehen hatte, stellte sich die winzigen Tiere vor: ihre traurigen, weisen Altmännergesichter, die von seidigen Mähnen umrahmt sind, ihre langen, langen Schwänze, ihre Beweglichkeit. Ein paar Hundert von ihnen, und fünf Milliarden Menschen. Der Tamarin wird aller Wahrscheinlichkeit nach nur erhalten bleiben, wenn Zoos in der ganzen Welt bei Zuchtprogrammen zusammenarbeiten. Die Sendung schloß mit einem kleinen Ausschnitt eines Vogelgesangs, einem gedämpften Triller, der sich mehrmals wiederholte, bevor er in Schweigen versank; das, sagte der Sprecher, war der Gesang des dunklen Küstensperlings, einer Art, deren letztes Exemplar vor einigen Tagen in seinem Käfig in Disney World in Florida gestorben war. Dieser Klang würde nie wieder auf der Erde gehört werden.

Sehr ergriffen stellte Edward das Radio ab. Der unsäglich traurige Gesang des Sperlings klang in seinen Ohren. Seine eigene Niedergeschlagenheit wurde jetzt mit dem weltweiten *malaise* vermischt, ein Vorgang, den er ganz paradox befriedigend fand: Es war zu ertragen, über den dunklen Küstensperling zu weinen, aber nicht über sich selbst.

Er ging zu Bett und lag wach. Einmal rollten ihm Tränen aus

den Augen; sie liefen langsam an der Seite seines Gesichts herab und in seine Ohren; er blieb unbeweglich liegen. Tam schnarchte zu seinen Füßen.

»War es für dich ein schöner Abend?«
»Ja, doch«, sagte Helen.
»Was ist los?«
»Nichts.«
»Es gibt keinen Grund herumzuschnauzen«, sagte Edward sanft.
Helen goß sich schweigend noch eine Tasse Tee ein. Das Telefon klingelte. Sie sprang auf. »Ich geh' schon.«
Der Redeschwall von Louise in Camden setzte sofort ein: »Bist du's? Oh Gott! Als hätte ich nicht schon genug am Hals mit Tim, den seine Midlife-Crisis beutelt, und Phil, der den verwirrten Jugendlichen mimt, und jetzt, stell' dir vor, kommt Suzanne morgens um halb vier nach Hause, ich lieg' da, krank vor Sorge, und sie hat überhaupt nicht dran gedacht anzurufen, und London mit den Vergewaltigern an jeder Ecke, wie es heißt. Und ihre einzige Reaktion ist dann, in Tränen auszubrechen.«
»Wieso?«
»Sie hat sich verliebt. Ich dachte, sie hätte etwas mehr Verstand.«
»Aha«, sagte Helen.
»Was ist los?«
»Nichts«, konstatierte Helen, »nichts ist los.«
»Also, mitfühlend bist du nicht gerade. Ich mach' dann Schluß. Ich brauchte nur eine Schulter zum Ausweinen. Ich war die ganze Nacht wach und hab' einen fürchterlichen Tag vor mir, Treffen von morgens bis abends.«

Helen kehrte in die Küche zurück. Das Telefon klingelte wieder. Sie sagte zu Edward: »Diesmal kannst du gehen.«
»Für mich wird es nicht sein.«
»Dann laß es klingeln«, sagte Helen.
Edward stand auf und ging in die Diele. Er kam zurück. »Es ist dieser Mann.«
»Welcher Mann?«
»Der Anwalt.«
Helen starrte ihn an. Die Küche, die einheitlich grau gewesen war, war auf einmal mit Sonnenlicht gesprenkelt, wie sie sah; draußen sang eine Drossel.
»Er wartet«, sagte Edward. »Glaube ich.« Er ließ eine halb aufgegessene Scheibe Toast in Tams Napf fallen.
Helen ging zum Telefon. »Hallo.«
»Ich bin's, Giles. Störe ich Sie beim Frühstück?«
»Nein.«
»Haben Sie vielen Dank, daß Sie mir bei den Watsons geholfen haben. Sie waren heldenhaft – wenn er einmal in Fahrt ist, ist er nicht mehr zu bremsen. Ich habe gesehen, wie Sie das ertragen haben. Aber dann sind Sie so plötzlich gegangen und ließen mich ohne Chance zurück, das Allerwichtigste überhaupt zu sagen …«
Edward erschien, für die Schule gekleidet, Tasche in der Hand, finster blickend. »Ich gehe.«
»Entschuldigen Sie bitte einen Moment«, sagte Helen zu Giles. »Dann bis heute abend, Edward.«
Er ging hinaus und schlug die Tür zu.
»Entschuldigung … Edward ist gerade gegangen.«
»Grüßen Sie ihn bitte von mir. Wir hatten auf Ihrer Gesellschaft nicht genug Gelegenheit, miteinander zu sprechen. Jedenfalls … die Sache ist die, ich habe für Freitag Karten für

die Oper… Haben Sie Zeit? *Don Giovanni* – es ist das Tourneeensemble, wissen Sie, normalerweise sehr gut.«
»Nun…«, sagte sie. »Ja. Ja, ich hätte Lust.«

Und so war da nun eine weitere entfernte, sonnenbeschienene Bergspitze. Wie halten Menschen solche Achterbahnen der Gefühle aus? Helen fragte sich das. Sie haben natürlich keine Wahl. Sie fühlte sich, als würde sie täglich, stündlich aus dem gesunden in einen kranken Zustand und wieder zurück geworfen. Sie dachte sowohl ständig als auch gar nicht an Giles Carnaby; er ging ihr dauernd im Kopf herum, doch als eine unvermeidbare, elementare Kraft; sie konnte ihn nicht als Person betrachten, über seinen Charakter oder seine Handlungen nachdenken. Er war einfach da. Was auch geschah.
Sie rief Louise an, die mißmutig war. »Und in einer Woche gibt es Schulferien, was bedeutet, daß die Kinder entweder den ganzen Tag im Hause herumhängen oder verschwunden sind, und man fragt sich wohin zum Teufel.«
»Ist Suzanne immer noch…?«
»Vernarrt. Ja, das arme kleine Wesen. Gottseidank sind wir darüber hinaus. Das Älterwerden hat doch einige Vorteile. Manchmal merke ich, daß ich mir so 'nen Kerl angucke und denke, ich hätt' nichts dagegen, mit ihm ins Bett zu hüpfen. Aber Leidenschaft… nein danke.«
Auch Edward würde bald Ferien haben. Es war Hochsommer. Vor einem Jahr hatte sich Dorothy in den ersten unheilvollen Stadien ihrer Krankheit befunden und dabei vehement geleugnet, daß irgendetwas nicht stimmen könnte, wobei sich ihre übliche schlechte Laune durch körperliche Beschwerden und Gebrechen noch verschlimmerte. Es war

kein schöner Sommer gewesen. Helen hatte Dorothy gepflegt und versucht, so geduldig wie möglich zu sein; die Ärzte sagten ihr unter vier Augen, was zu erwarten wäre. Edward hielt sich heraus. Wurde er von seiner Mutter angegangen, so war er besänftigend bis hin zur Unterwürfigkeit.
»Was stimmt bloß mit ihm nicht?« verlangte Dorothy zu wissen. »Warum ist er so zuvorkommend? Ich nehme an, er stellt sich vor, daß ich sterbe oder so etwas.« Sie lachte.

Edward hatte Giles Carnaby gegenüber keine Zuneigung gefaßt. Normalerweise war seine Haltung Leuten gegenüber, mit denen er nur gelegentlich zu tun hatte, geistesabwesende Gleichgültigkeit. In diesem Fall jedoch gärte eine starke Abneigung. Er sagte sich, daß der Mann arrogant und selbstzufrieden war und nach After shave-Zeugs roch; Helen war so dumm, sich von ihm so auf den Nerven herumtrampeln zu lassen. Außerdem schien er sie verdorben zu haben: Sie war abwechselnd reizbar und vergeßlich. Sie schnauzte Edward an; Brot war nicht da. Edward grübelte und erinnerte sich an einen Sommer vor langer Zeit, als Helen eine Schulfreundin mitgebracht hatte und er sich abgeschoben vorgekommen war, verlassen. Er sah sich damals und jetzt und mochte nicht, was er sah.

Der erste Akt schloß. Der Vorhang senkte sich. Giles sagte: »Wir wollen uns mal die Beine vertreten, was?« Das kleine Theater war voll; sie schlossen sich der Menge an, die zur Bar strömte. Eine Frau neben Helen sagte unsicher: »Na, was für ein Aufruhr!« Der Zweck des Unternehmens war, die Oper denen näherzubringen, die sie selten erlebten.
Er ging, um etwas zu trinken zu besorgen. Helen wurde von

einer Bekannten begrüßt: »Hallo! Wir haben Sie von oben gesehen. Wir haben Rangplätze. Sind Sie nicht mit Giles Carnaby hier? Meine Schwester kennt ihn.« Helen sagte: »Ja«. Es gab eine unmerkliche Pause. »Er ist offenbar sehr beliebt«, sagte die Frau im Davongehen.

Giles kam mit vollen Händen zurück. »Bitte ... hat hoffentlich das Gedränge gelohnt. Nun, was halten Sie davon? Ich für meine Person gerate ins Schwelgen. Bei mir verfehlt es nie seine Wirkung. Und es ist keine schlechte Aufführung, nicht? Elvira ist ein wenig schwach, aber der Don ist gut, und das Orchester hat einen kräftigen Strich. Und das Beste kommt ja noch.«

»Die Höllenflammen ...«

»Genau. Opernhandlungen sind so wundervoll. Jeder bekommt, was er verdient. Vielleicht ist das das Geheimnis ihrer Faszination ... der Oper, meine ich.«

»Oh nein«, sagte Helen. »Es ist der Gesang, wenn Sie mich fragen.«

Giles' Blick hatte einen Anflug von Enttäuschung. »Ja natürlich, ja. Die Musik ...«

»Ich meine nicht die Musik. Ich meine diesen konsequenten Ausdruck von Gefühl. Deshalb geht man mit einem Gefühl von Befreiung weg.«

Der Blick änderte sich schnell. »Wie wahr.« Nach einem Augenblick fügte er hinzu: »Natürlich kenne ich Sie bisher noch nicht so gut, kann mir aber vorstellen, daß Sie nicht jemand sind, der mit seinen Gefühlen um sich wirft?«

»Nein, ich glaube nicht.«

»Unendlich zu bevorzugen«, sagte Giles. »Natürlich ist opernhaftes Benehmen im richtigen Leben nicht akzeptabel. Das hat man schon erlebt.«

Helen nickte. Ein Bild von Dorothy als Wagnerisches Mannweib flog ihr zu; es war nicht völlig aus der Luft gegriffen. Ihre Mutter hatte einen leichten Hang zur Walküre, mit ihrer wechselnden Haartracht eines sich auflösenden Knotens oder eines Zopfes, der um ihren Kopf geschlungen war, und der Vorliebe für lange braune Hängekleider. Sie lächelte. Giles lächelte auch, fragend.

»Ich dachte gerade an meine Mutter. In solchen Dingen kannte sie keine Hemmungen.«

»Ich wünschte, ich hätte sie gekannt. Ich bekomme das Gefühl, etwas verpaßt zu haben.«

»Möglich«, sagte Helen.

»Nun, zumindest hat sie uns zusammengebracht.« Er strahlte sie an und nahm ihren Arm. »Kommen Sie! Es klingelt schon. Lassen Sie uns wieder hineingehen und schwelgen.«

Er hielt das Auto vor Greystones an. Helen sah, daß nur die Dielenlampe brannte; Edward mußte zu Bett gegangen sein, oder war auf jedem Fall in seinem Zimmer. Sie zögerte. Giles stieg aus und ging herum, um ihr die Tür zu öffnen.

»Hätten Sie Lust, auf einen ... Kaffee oder so etwas mit hineinzukommen?«

»Meinen Sie, ich sollte das tun?«

Die Rückfrage erschien rätselhaft. Sie wußte nicht, wie sie damit umgehen sollte und bewegte sich in Richtung Haustür. Giles folgte ihr.

Sie gingen hinein. Augenblicklich kam Tam aus der Küche herangewetzt und zog eine theatralische Willkommensshow ab. »Still!« befahl Helen. »Platz!« Tam setzte sein Stakkato-

Bellen fort. Sollte Edward zu Bett gegangen sein, so schliefe er bestimmt nicht mehr. Helen wartete darauf, daß sich eine Tür öffnete. Das Haus blieb still. Tam verlor das Interesse und kehrte zu seinem Korb zurück. Sie führte Giles in die Küche.

»Keinen Kaffee«, sagte Giles. »Eigentlich gar nichts.«

»Dann könnten wir ins Wohnzimmer gehen. Es ist nicht sehr gemütlich hier.«

»Aber ich mag Ihre Küche sehr.«

Helen dachte an seine – duftend warm, mit summenden Geräten. Hinter ihr tropften beide Hähne. Tam schnarchte. Es roch nach dem gammelnden Spültuch. Wie Dorothy auch, benutzten Helen und Edward Spüllappen aus zerfallendem grauen Stoff; sie moderten bei der Spüle und hatten den Namen ›tote Kaninchen‹. Einen sah sie jetzt und schauderte.

»Sie wirkt in ihrer Art museal. Man erwartet fast eine Mangel oder einen Molkestab.«

Und ich? dachte Helen. Bin ich eines der Ausstellungsstücke? Von nostalgischem Charme?

»Was Sie angeht, Helen, so sind Sie erfrischend unberührt von alledem, was man an der heutigen Zeit so unangenehm findet.«

»Altmodisch«, sagte Helen.

»Ist es das? Dann bleiben Sie bitte so.«

»Ich bezweifele, daß es für etwas anderes überhaupt Gelegenheit gibt.«

Giles lachte. Er rückte näher. »Sie sind selbstlos. Sie scheinen wirklich überhaupt keine Ansprüche zu haben. Sie haben Ihre eigenen Ansichten. Sie sind äußerst attraktiv. Und Sie scheinen es noch nicht einmal zu wissen.«

Sie stand da. Er legte ihr die Hände auf die Schultern. Und beugte sich dann vor. Er legte seine Wange an die ihre; sie fühlte seine Wärme und roch ihn. Er drehte den Kopf und küßte ihre Wange. Zugleich glitt seine Hand an ihrem Arm herab und langte hinter sie; die Hand glitt flüchtig über die Rundung ihrer Hinterbacken. Die erotische Wirkung war elektrisierend; sie hätte nicht größer sein können, hätte er ihr die Hand tief in den Schritt gesteckt.

Er trat zurück und gab sie frei. »Was für ein schöner Abend, meine Liebe. Wir müssen uns bald sprechen. Hinausbringen ist nicht nötig. Ich kenne den Weg. Wahrscheinlich haben wir Edward ohnehin gestört.«

Sie hörte, wie er sanft die Haustür hinter sich schloß. Sie blieb mitten in der Küche stehen, entflammt.

Wo sind die ganzen toten Kaninchen?« beschwerte sich Edward. »Es ist nichts da zum Abwaschen.«

»Ich habe sie wegeworfen. Wir werden in Zukunft diese Scheuerdinger benutzen.«

»Warum?«

»Sie sind hygienischer. Und sie riechen nicht.«

Er sah beleidigt drein.

»Merkst du eigentlich«, sagte Helen, »daß unser Lebensstil ganz anders ist als der anderer Leute?«

»Das kam mir immer recht befriedigend vor.«

»Eigentlich«, fuhr sie fort, »wenn ich's recht bedenke ... du bist nie bei anderen Leuten, oder? Egal, wenn jemand vom Gesundheitsamt hier reinkäme, könnte ich mir denken, daß das ganze Haus für unbewohnbar erklärt würde.«

»Was willst du sonst noch rausschmeißen?« fragte Edward resigniert.

Helen seufzte. »Ach, ich glaube nicht, daß ich die Ausdauer für einen Angriff auf allen Ebenen habe. Kommst du nicht zu spät? Es ist schon nach halb.«

Edward sah sie vorwurfsvoll an. »Es ist Sportfest.«

Das Sportfest von Croxford House, der Höhepunkt des Jahres und der letzte Schultag vor den Ferien, war seine jährliche Tortur. Das gesamte Kollegium, ob sportlich oder nicht, hatte daran teilzunehmen.

»Richtig«, sagte Helen. Nach einem Moment fügte sie leichthin hinzu: »Übrigens, gab es diese Woche irgendwelche Anrufe, als ich nicht da war?«

»Nein.«

In anderen Jahren hatte sie angemessenes Mitgefühl wegen des Sportfests gezeigt. Verärgert machte sich Edward auf den Weg, mürrischer als sonst. Er wußte nur zu genau, was ihn erwartete: stundenlang schlechtes Benehmen der Kinder – aufgeregt und ungezügelt – und lästige Gespräche mit den Eltern. Er würde ein Interesse an den unangenehmsten Schülerinnen herauskehren und sich Monologen kindfixierter Leute aussetzen, an die er sich kaum noch vom Jahr zuvor erinnerte. Ihm schien es, daß Elternschaft das Schlimmste zum Vorschein bringt; beim Sportfest tobten stellvertretender Ehrgeiz und Frustration über alle Rasenflächen und Spielfelder von Croxford House hinweg. Die Wettkämpfe waren eher Hintergrund als Hauptereignis; für die Eltern war der eigentliche Zweck des Tages, durch die Schule zu streifen und die verschiedenen Werkschauen zu inspizieren, die in den Klassenräumen aufgebaut waren, und die Leistungen ihrer Nachkommen mit denen anderer zu vergleichen. Von jedem Kollegiumsmitglied erwarteten sie – diskret – ein besonderes und heftiges Interesse an ihrem Kind.

Der ganze Vorgang war, wie es Edward erschien, eine hervorragende Demonstration der Rücksichtslosigkeit der Arten, wenn es um Überleben und Fortentwicklung ging – falls man die Willmots und die Handley-Smiths und die Stannards als Arten betrachtete.

Er kam zu spät. Die Dinge waren in vollem Gange. Scharen von Mädchen rannten kreischend umher. Die Eltern bewegten sich paarweise, grüßten einander mit falscher Begeisterung und wetteiferten um die Aufmerksamkeit des Kollegiums. Mrs. Fitton patroullierte ständig und zeigte eine fieberhafte Mischung aus Angst und Wohlwollen. Von Zeit zu Zeit zischte sie Lehrerinnen oder älteren Mädchen Anweisungen zu. Auf Edward, der hoffte, sich unbemerkt vorbeistehlen zu können, ging sie los und sagte ihm, er solle in seinen Klassenraum eilen, wo die Fünftklässlerinnen eine Ausstellung mit literarischem Thema zeigten. Edward hatte sich etwas ausgedacht und die Ausstellung selbst aufgebaut, wobei er sich bewußt war, daß ihr der Schwung fehlte: Er war in diesen Dingen nicht gut. In der Woche zuvor hatte er die Kinder verzweifelt beauftragt, eine Lieblingsstelle aus Büchern herauszusuchen, die er mit ihnen gelesen hatte, sie in Schönschrift abzuschreiben und einige Bemerkungen hinzuzufügen, was ihnen an dieser Stelle und an dem Buch allgemein gefiel. Die mit künstlerischen Neigungen wurden aufgefordert, auch zu illustrieren. Die meisten Kinder sagten, sie könnten sich an keine Stellen erinnern, die sie mochten; schließlich brachte jedes unter vielem Drängeln und Nörgeln etwas zustande. Die Resultate waren an den Wänden des Klassenraums aufgehängt. Edward, der sie nochmals überprüfte, sah noch deutlicher die oberflächliche Wirkung und machte es sich zum Vorwurf. Trüben Sinnes setzte er sich hinter sein Pult und erwartete Kundschaft.

Er wußte, in einer staatlichen Schule hätte er als Lehrer nie überlebt: Er war weder gut noch schlecht genug. Er hätte nie zu diesen charismatischen Männern und Frauen gehören können, die anregen und begeistern; genausowenig hätte er je eine interessenlose Akzeptanz des Versagens erreichen können. In Croxford House federten der Luxus kleiner Klassen und großzügiger Einrichtungen sowie willfähriger Kinder seine Unzulänglichkeiten ab. Hier war er kein besonders guter Lehrer, doch er war auch keine Katastrophe. Er machte es, so gut er konnte. Oft hatte er Spaß daran.

Nicht jedoch zu diesem Zeitpunkt. Kleine Gruppen schlenderten durch den Klassenraum: Mütter und Väter, eine Vielzahl von Kindern – Edwards Schülerinnen mit ihren älteren und jüngeren Geschwistern. Es war sehr laut. Kaum hatte sich Edward der einen Gruppe gewidmet, wurde er von einer anderen mit Beschlag belegt. Über die literarische Ausstellung hinaus waren die Leistungsübersichten der Klasse aufgehängt, darauf beharrte Mrs. Fitton. Edward mochte das absolut nicht. In Croxford House wurde ein Wettbewerbssystem angewandt, in dem die Mädchen auf jedem erdenklichen Gebiet ihrer Leistung nach eingeordnet wurden; da intellektuelle Fähigkeit nicht ganz so hoch geschätzt wurde, gab es Noten für das Bemühen, für gutes Betragen, für Pünktlichkeit, Hilfsbereitschaft, Zähigkeit und Ordnung, für überhaupt alles. Diese verschiedenen Einstufungen schmückten die Wände. Die Eltern studierten sie genau.

Als Edward Sandra Willmots Mutter entdeckte, ging er hastig in die andere Ecke. Sofort wurde er von den Stannards unter Beschuß genommen. Mr. Stannard war Partner in einer der führenden Grundstücksmaklerfirmen der Grafschaft; jede Woche zierte sein Name die Seiten der Lokalzeitung, der wie ein Banner über Fotos von Häusern ausgerollt war, die in ihrer Preislage, wie es Edward schien, allesamt um eine Viertelmillion Pfund lagen. Er war ein großer Mann, trotz des Wetters in einen Tweedanzug gezwängt, mit seiner Frau an der Seite, und selbst Edward bemerkte, daß sie ein Kleid trug, das ernsthaftes Wettbewerbsverhalten erkennen ließ. Caroline, die Tochter, schlich hinter ihnen herum; sie war ein kleines bleiches Kind von entschlossener Anonymität. Edward mochte sie ganz gern. Es hatte den Anschein, daß sie überhaupt keine nennenswerten Fähigkeiten hatte, weder positiv noch negativ, und ihre Zeit damit verbrachte, nicht bemerkt zu werden. Er hatte mehrfach versucht, sie aus der Reserve zu locken, ohne Erfolg; jetzt hatte er ein mitfühlendes stilles Verständnis; genauso hatte er seine eigene Schulzeit überlebt. Heute war die gesamte Familie Stannard da – drei weitere Kinder, alle, wie ihre Eltern, dralle Wesen. Offensichtlich war Caroline der zusammengekratzte schäbige Rest.

»Haben Sie Carolines Ausstellungsstück gesehen?« wollte Edward wissen. Caroline lächelte schwach.

Ihre Wahl hatte ihn überrascht. Sie war die einzige gewesen, die ein Stück aus *Alice im Wunderland* gewählt hatte. Mr. Stannard nahm es genau unter die Lupe.

> In diesem Augenblick rief der König, der inzwischen etwas in sein Notizbuch geschrieben hatte, mit lauter Stimme: »Ruhe!« und las dann aus dem Buch vor: »Vorschrift Nummer zweiundvierzig: *Alle über einen Kilometer großen Personen haben den Gerichtssaal zu verlassen.*«
> Die ganze Versammlung sah Alice an.
> »Ich bin aber keinen Kilometer groß«, sagte Alice.
> »Doch«, sagte der König.
> »Fast zwei Kilometer«, setzte die Königin hinzu.

Darunter hatte Caroline geschrieben: »Mir gefällt dieser Teil, weil er lustig ist. Er ist lustig, weil eine Person kann keine Meile groß sein. Ich mag *Alice im Wunderland* wegen der lustigen Wesen und weil sie wie Menschen reden, nur nicht das, was man erwartet. Meistens weiß man in Wirklichkeit, was die Leute sagen wollen.«

Als Edward dieses das erste Mal gelesen hatte, war er erschrocken gewesen. Jetzt, wo er es wieder las, spürte er eine zustimmende Scheu. Wenn man ihre Lage bedachte, konnte man für Caroline nur beten.

Mr. Stannard wandte sich von dem Blatt ab und sagte streng: »Der zweite Satz ist grammatisch nicht gut.«

Edward erklärte, zur Förderung der freien Ausdrucks zöge er es vor, nicht über jeden Schnitzer herzufallen.

Mrs. Stannard sagte: »Lesen Sie mit den Kindern nicht Roald Dahl?«

Edward verneinte.

»Er ist sehr gut, wissen Sie.«

Edward neigte kommentarlos den Kopf.

Die Bücher, aus denen die Kinder Abschnitte ausgewählt hatten, lagen auf Edwards Tisch. Mr. Stannard nahm *Alice* auf, blätterte es durch und legte es wieder hin. Er hatte den Gesichtsausdruck eines Bibliophilen, der einen Band weder kommerziellen noch widerwilligen Reizes von sich wies.

»Es ist ein Klassiker«, sagte Edward listig.

Einen kurzen Augenblick lang geriet Mr. Stannards selbstsicheres Benehmen ins Wanken. Seine Hand schwebte über dem Buch, als wolle er ihm noch eine Chance geben.

»Die Jungen schwärmen für Roald Dahl«, sagte Mrs. Stannard. Neben ihr grinsten Carolines Brüder, Klone ihres Vaters. Hinter ihnen trug eine ältere Schwester gebildete Langeweile zur Schau.

Mr. Stannard hatte seine Aufmerksamkeit den Leistungsübersichten der Klasse zugewandt. Da Edward wußte, daß Carolines Name bei allen erst ziemlich am Ende zu finden war, bemühte er sich davon abzulenken. Er versuchte Mrs. Stannard für einige künstlerische Arbeiten zu interessieren.

»Das Beste, was Caroline erreicht hat«, verkündete ihr Vater, »ist dreizehnte im Bemühen.«

»Es ist eine Schande«, sagte Mrs. Stannard. »In diesem Trimester waren die Jungen bei allem unter den ersten dreien, und Emma gewann den Tennispokal.«
Mr. Stannard schüttelte den Kopf. »Man fragt sich, ob sie eigentlich genügend Druck bekommt.«
Edward, der sah, wie sich Caroline hinter der Tafel duckte, verlor die Beherrschung.
»Offen gesagt«, fuhr er sie an, »wenn es nach mir ginge, flögen die ganzen Listen auf den Müll, alle, wie sie da sind. Sie dienen absolut keinem Zweck.«
Die Stannards starrten ihn an. Offensichtlich hatte sie diese Häresie erschüttert. Selbst die Jungen verloren das Aussehen uneingeschränkten Wohlergehens und glotzten.
»Wenn ein Kind nicht weiß, wie seine Leistung ist«, verlangte Mr. Stannard zu wissen, »woher weiß es dann, ob es etwas gut macht oder nicht? Können Sie mir das mal sagen?«
»Leistung definiert sich nicht unbedingt durch Wettbewerb«, gab Edward zurück.
»Ach, da kann ich Ihnen aber nicht zustimmen«, sagte Mrs. Stannard. »Ich meine, heutzutage bringt man es doch zu nichts, wenn man nur die Hände in den Schoß legt, oder? Wir haben immer das Gefühl gehabt, in Caroline steckt etwas, nur muß man sie richtig behandeln.«
Mr. Stannard betrachtete Edward jetzt im Stil eines Mannes, der sich fragt, ob er für sein Geld auch den Gegenwert bekommt. Es herrschte Schweigen. »Nun denn«, fuhr Mrs. Stannard munter fort, »wir sollten weiter. Wir hatten noch keine Gelegenheit, mit Mrs. Fitton zu sprechen. Nette Ausstellung, Mr. Glover.«
Die Stannards gingen. Bevor Edward Zeit hatte, sich abzukühlen, wurde er von Mrs. Willmot festgehalten, die

schon herumgestrichen war. Sandra war an ihrer Seite und sah selbstgefällig drein; ihr Name stand auf mehreren Listen an erster Stelle. Wenn diese Frau auch nur ein Wort über Gott oder Evolution sagt, dachte Edward, dann tue ich etwas Unwiderrufliches. Doch Mrs. Willmot hatte Wichtigeres im Sinn, wie es schien: Sie wollte sich Edwards Unterstützung für das Benefiz-Konzert für den Lehrer-Eltern-Verband versichern, das im Herbst stattfinden sollte. »Singen Sie, Mr. Glover? Der Chor sucht verzweifelt ein paar Tenöre.« Edward eröffnete ihr, er sei musikalisch völlig unbegabt. Sandra stand dabei und amüsierte sich still. Sie trug einen zuckersüßen rosa Trainingsanzug mit dazu passenden Plastikhaarspangen in Elefantenform. Wie eine Aura, die von Spiritisten wahrgenommen wird, konnte Edward hinter ihrer Schulter ganz deutlich die Frau sehen, die sie in dreißig Jahren sein würde. Wahrscheinlich kann man an den Menschen nichts ändern, dachte Edward, überhaupt nichts, und das war nie anders: schon geprägt von der Wiege bis zur Bahre. Die meisten wissen es nicht, noch kümmert es sie, was noch schlimmer ist. Mrs. Willmot redete jetzt weiter über einen Filmabend im Oktober: »Ich habe mir gedacht, Sie könnten so was über die Natur veranstalten – ich weiß, daß das Ihre Stärke ist.« Sandra führte ab und zu eine Pirouette vor, als ob sie sich für *Schwanensee* warm machte. Aufziehen, erziehen … dachte Edward, und der Himmel weiß, was mehr Schaden anrichtet. Er hatte eine plötzliche Vision von Familien, die sich endlos fortpflanzten: die Willmots und die Stannards und die übrigen, die sich durch die Jahre hindurch kopierten und ihre infamsten Fähigkeiten vervollkommneten. Anständige Sorten wie Caroline würden natürlich ausgerottet, eine Sackgasse. Und das war natürlich die

Kehrseite der Medaille: was Eltern ihren Kindern antun. Bewußt oder nicht. Da stand er in dem vollen Klassenraum, hörte mit einem Ohr Mrs. Willmot zu und dachte an den unerbittlichen Prozeß, der sich um ihn herum vollzog – die Lebenswege, über die gerade in diesem Moment entschieden wurde, und zwar hinter dem anscheinend unschuldigen Geplauder, dem Lächeln, dem Hauch von Volksfest, in dem sich Familien befinden, die sich einen Tag frei genommen haben. Er wußte, daß die, die keine Eltern sind, nur einen flüchtigen Blick davon erhaschen, welche fürchterlichen Kräfte am Werke sind. Er war sich auch nie sicher, ob er etwas verpaßt hatte oder ob ihm etwas entgangen war. Ganz zwangsläufig dachte er an seine Mutter. Zugleich bemerkte er, daß Mrs. Willmot von Helen sprach.

»Ich kenne natürlich Ihre Schwester. Ich treffe sie in der Bücherei. So eine nette, bescheidene Person.«

Behandeln Sie meine Schwester nicht so gönnerhaft, dachte Edward drohend.

»Und letzte Woche winkten wir uns in der Oper zu. Sie war mit Giles Carnaby zusammen, nicht wahr?«

»Ich glaube ja.«

»Ein charmanter Mann«, sagte Mrs. Willmot. »Ein wenig schwer faßbar. Ich habe erfolglos versucht, ihn für die Gesellschaft zur Bewahrung des ländlichen Raumes und den Freundeskreis des Spaxton-Theaters zu gewinnen. Gleichwie, es war schön zu sehen, wie entspannt Ihre Schwester aussah.«

»Ihr gefiel die Oper«, sagte Edward frostig.

»Oh natürlich! Es war super.« Mrs. Willmot lächelte wissend. »Nun, wir dürfen Sie nicht allein mit Beschlag belegen. Also vergessen Sie die Sache mit dem Film nicht, ja? Nun

komm, mein Schatz, ich möchte mir dein Kunstwerk ansehen.«
Genervt wandte sich Edward seinem nächsten Klienten zu.

Als Helen nichts von Giles hörte – es war mittlerweile Donnerstag –, verwandelten sich die Worte, die in ihrem Kopf klangen, von Musik in Spott. »Natürlich kenne ich Sie bisher noch nicht so gut«; »Wir müssen uns bald sprechen«. Sie hörte auf, sie zu genießen und versuchte, sie zu verscheuchen. Erfolglos. Gleichermaßen fühlte sie jeden Tag ein halbes Dutzend mal wieder seine Hand auf ihr, und sie war in Flammen. Sie war auch wütend. Wütend, weil sie ihre Gedanken und ihren Körper nicht mehr länger in ihrer Gewalt hatte. Sie fühlte sich erniedrigt. Es erschien ihr pervers, daß Liebe – wenn dies denn Liebe war – ein Zustand war, der in der Literatur immer nur gefeiert wurde. Sie hatte nicht das Gefühl, Anlaß zum Feiern zu haben.
Mit einer gewissen Erleichterung ging sie in die Bücherei. Zumindest dort war man beschäftigt und abgelenkt. In der Mittagspause kaufte sie ein und mied dabei bewußt den Teil der Stadt, in dem Giles' Kanzlei lag. Als sie zurückkehrte, nahm Joyce Babcock sie sofort aufs Korn.
»Ein Mann war da und hat nach Ihnen gefragt.« Joyces Augen glitzerten von lüsternem Interesse.
»Ach?«
»Um die fünfzig. So mit silbergrauem Haar. Sehr freundlich. Wir hatten ein ganz nettes Gespräch über den Lake District. Er erkundigte sich nach einem Bergwanderführer. Der einzige, den wir haben, ist ausgeliehen.«
»Das war wohl mein Anwalt«, sagte Helen knapp. »Giles Carnaby.«

»Er ist sehr attraktiv, finden Sie nicht auch?«
»Das fällt mir bei einem Anwalt nicht auf. Berufliche Tüchtigkeit, das ist wichtig.«
»Also, ich fand, er war ein richtiger Charmeur. Hat Helen aber Glück, dachte ich.« Joyce fixierte sie. »Er schien sehr enttäuscht zu sein, Sie nicht anzutreffen. Ich nehme an, es gibt wohl eine Menge Hin und Her, was Ihre Mutter angeht?«
»Reichlich«, sagte Helen. Sie begann, einige Vormerkungen durchzusehen. Nach einem Augenblick fügte sie hinzu: »Wollte er später noch einmal vorbeikommen? Es gibt da etwas, worüber wir sprechen sollten.«
»Er hat nichts gesagt«, antwortete Joyce. Sie sah Helen weiterhin aufmerksam an. »Sie könnten ihn natürlich immer in seiner Kanzlei anrufen.«
»Das kann warten«, sagte Helen.
Der Nachmittag nahm seinen Fortgang, war aber jetzt auf eine andere Ebene gehoben, erhellt von der Glut der Erwartung. Helen behielt die Tür im Auge, durch die Giles nicht kam. Sie überprüfte, daß der Bergwanderführer tatsächlich ausgeliehen war. Jedesmal wenn das Telefon klingelte, war sie vor Joyce dran. Schließlich war es halb sechs. Sie fuhr nach Hause und traf auf Edward, der vom Sportfest zurück war.
»Wie war's?«
»Es war furchtbar«, sagte Edward verdrießlich. »Schlimmer als sonst.«
»Naja, wenigstens hast du es wieder für ein Jahr hinter dir.«
»Wahrscheinlich.«
»Kopf hoch. Jetzt sind jedenfalls Ferien.«
Die sechswöchige Schulpause im Sommer war für Edward die schönste Zeit des Jahres. Er wollte sich einem Programm

aus langen Spaziergängen, einem täglichen Weilchen der Beobachtung in den Britches und etwas müßigem Herumdenken an Projekten widmen, die er mit seinen Schülerinnen im nächsten Jahr machen wollte. Er fuhr auch normalerweise unter der Leitung einer Umweltgruppe irgendwohin. Das tat er dieses Jahr nicht, weil er, wie er sagte, die Zeit verpaßt hatte, es in die Wege zu leiten.

»Du solltest ein bißchen wegfahren«, fuhr Helen fort. »Du kannst bestimmt noch etwas arrangieren.«

Edward zuckte die Schultern. Ärger brandete in Helen hoch. Na komm schon … ich habe meine eigenen Probleme. Edward kochte sich einen Tee und verschwand in den Britches, wo er bis zur Dämmerung blieb. Helen hörte sich ein Konzert im Radio an, leise gedreht, um das Telefon nicht zu überhören.

Es klingelte nicht. Weder an diesem Abend noch in den nächsten vier Tagen. In Ordnung, sagte sie zu ihrer Mutter, die Helen wieder folgte und sie mit leidenschaftslosem, starrem Blick beobachtete, in Ordnung – du gewinnst. Fühl' dich bestätigt.

Warum hat er dann so etwas gesagt? So etwas getan?

Hat er vielleicht gar nicht, sagte ihre Mutter. Als Kind hast du dir immer schon schrecklich viel eingebildet.

Ich bin kein Kind mehr, sagte Helen.

Am Mittwoch der folgenden Woche sagte Joyce Babcock: »Das Buch über den Lake District ist übrigens wieder da – von Wainwright. Ich könnte mir denken, Sie rufen Ihren Freund mal an.«

Helen legte das Buch auf die Seite. Dort lag es, unausweichlich. Nach der Mittagspause, sagte sie sich, um drei, um vier.

Schließlich rief sie um halb fünf in Giles' Kanzlei an. »Könnte ich bitte Mr. Carnaby sprechen?« Ihr Magen krampfte sich zusammen.

»Mr. Carnaby ist diese Woche nicht hier. Kann ich etwas ausrichten?«

»Ach. Es ist nicht wichtig. Hier ist die Bücherei. Ich wollte nur sagen, daß das Buch, wonach er gefragt hat, wieder da ist. Bergwandern von Wainwright.«

»Oh, das ist aber schade«, sagte die junge Frau. »Ich nehme an, er wollte es für seinen Urlaub haben. Er ist jetzt da oben im Lake District. Na, jedenfalls werde ich es ihm ausrichten.«

»Danke«, sagte Helen. Sie hängte auf und legte das Buch auf den Stapel, der eingeordnet werden mußte. Wo Joyce es später sehen würde, mit ermüdender Unausweichlichkeit, und Fragen stellen würde.

Komisch, daß er davon nichts erwähnt hat, sagte ihre Mutter. Daß er Urlaub macht. Man sollte meinen, er hätte es gesagt. Man sollte meinen, er hätte dir gesagt, daß er die nächsten ein, zwei Wochen nicht da wäre. Vielleicht länger. Das wär's also mit »Wir müssen uns bald sprechen«.

Würd' gern wissen mit wem, sagte Dorothy. Mit irgendeiner Frau bestimmt, ein Mann wie er.

Natürlich kam er nur deshalb in die Bücherei, um das Buch zu bekommen. Hat dich überhaupt nicht gesucht.

Was ist los, Helen? Ich kenne diesen grimmigen Blick.

Es wurde heiß. Ein mürrischgrauer Juli wich einem schwülen August. Regenwochen sorgten dafür, daß alles ins Kraut schoß. Der Garten von Greystones war wie ein Dschungel und an einigen Stellen so undurchdringlich wie die Britches.

Als Gary Paget wieder auftauchte und seine Hilfe anbot, nahm Helen bereitwillig an. Sie hatte einige Kletterbohnen auf dem Stück des alten Gemüsegartens gesät, das er vorher umgegraben hatte; sie blühten üppig und schienen der Mühe wert zu sein. Sie wies ihm auf einem weiteren Stück, das arg verwildert war, Arbeit zu. »Es ist leider voller Unkraut. Du mußt es mehrmals umgraben.« Gary, ein stoisch stiller Junge, nickte nur. Er zog sein T-Shirt aus und enthüllte einen stämmigen gebräunten Oberkörper, der nach *Lifebuoy*-Seife roch.

Helen ging in die Küche und fing an, Zwiebeln zu schneiden. Sie hatte ein Kochbuch gekauft und versuchte sich an einem recht komplizierten Schmorgericht, wozu auch Rotwein und viele Zutaten gehörten. Wenn es dir mies geht, schaff dir Arbeit. Hilf dir selbst, dann hilft dir Gott. Die einzigen Kochbücher in Greystones waren vergilbte Exemplare aus den zwanziger und dreißiger Jahren. Sie rochen nach Küchendunst und verrieten einem, wie man Dampfnudeln mit Korinthen oder Soleier in Hasenblase macht. Kein Wunder, daß wir immer dasselbe gegessen haben, dachte sie; wenn auch bei meinem *malaise* nichts weiter herauskommt, so könnte ich doch wenigstens lernen, wie man heutzutage kocht.

Sie mühte sich ab, das Fleisch in, wie das Buch vorschrieb, mundgerechte Happen zu zerlegen, als Edward an der Küchentür auftauchte.

»Warum ist dieser Junge zurückgekommen?«

»Ach, mein Gott nochmal!« rief Helen, die durch die Widerspenstigkeit des Fleisches wie durch ihren Bruder aufgebracht war. »Er ist wieder da, weil ich ihn brauche. Und er heißt Gary. Du weißt das.«

»Ich sehe den Sinn einfach nicht.«
»Der Sinn ist, daß einige Sachen mal ein bißchen aufgeräumt werden. Der Garten ist eine Schande.«
»Das könnten wir selbst machen.«
»Ja. Aber wir tun es nicht, oder?«
»Er gräbt das ganze Kreuzkraut aus. Dann gibt es nächstes Jahr keine Karminbärchen mehr.«
Helen warf das Messer hin. »Oh Edward, mach dich doch nicht lächerlich! Der Sinn eines Gartens ist es, etwas anzupflanzen. Wir kriegen Kartoffeln statt Karminbärchen, was viel vernünftiger ist.«
Jetzt bemerkte sie, daß er keuchte, als wäre er von irgendwoher herbeigeeilt. Er klammerte sich an den Türrahmen. Wir streiten uns, dachte Helen. Das ist seit Jahren nicht vorgekommen. Was ist bloß los?
Edward wischte sich mit der Hand über die Stirn. Er trat ein und ging auf die Tür zu, ohne sie anzublicken. Sie hörte, wie er durch die Diele ging und die Treppe hinaufstieg. Einen Augenblick später verkündete ein Geräusch auf der Trittmatte, daß die Post da war. Innerlich aufgewühlt stand Helen über den mundgerechten Fleischhappen; der Ärger über Edward mischte sich mit einer namenlosen, ungreifbaren Furcht. Sie ging in die Diele. Sie konnte hören, wie sich Edward über ihrem Kopf in seinem Zimmer bewegte. Sie zögerte. Nein, dachte sie, er spinnt. Sie bückte sich und hob die Post auf. Es war eine Stromrechnung und eine Postkarte von Giles Carnaby.
Er schrieb: »Ich will nicht sagen, ich wünschte, Sie wären hier, weil es unablässig regnet und ich kein Sadist bin. Dennoch bringen wir es fertig, uns die Zeit sehr schön zu machen. Aber vielleicht vergnügen Sie sich ja auch gerade

irgendwo. Falls ja, so wünsche ich viel Spaß. Kennen Sie dieses herrliche Fleckchen Erde?« Unterschrieben war einfach mit ›Giles‹.
Sie drehte die Karte um. Der Tarn Howe-Bergsee leuchtete unter einem unnatürlich blauen Himmel.
Helen ging in die Küche zurück. Edward hatte sie vergessen. Sie stellte die Karte auf die Anrichte und starrte sie an.
Wir? sagte Dorothy. Wer ist *wir,* möchte ich wissen? Komisch, daß er denken kann, du könntest in Urlaub gefahren sein. Er hat nie danach gefragt, oder? Ein Mach-was-duwillst-Typ, wenn du mich fragst.
Sei still, sagte Helen. Sie machte sich wieder an die Arbeit. Sie hackte Kräuter; sie putzte Pilze. Alle paar Minuten sah sie wieder zur Postkarte hinüber.

Oben saß Edward auf seinem Bett. Er saß ganz still und hielt die Hände im Schoß zusammengepreßt. Tam, der ausgeschlossen war, kratzte entrüstet an der Tür. Schließlich hörte Edward ihn und ließ ihn ein.

»Was ist denn das?« sagte Edward. Er legte Messer und Gabel hin und starrte auf seinen Teller.
»Es heißt *Bœuf* soundso oder so. Magst du es nicht?«
»Es schmeckt sehr gut.«
»Willst du es dann nicht aufessen?« fragte sie ein paar Minuten später.
»Ich bin nicht besonders hungrig. Entschuldige.«
Helen räumte die Teller ab. »Paß auf, ich sag' Gary, er soll einen Teil des Gemüsegartens nicht umgraben. Für die Bärchen oder was auch immer. In Ordnung?«
»Es macht nichts«, sagte er. »Es ist nicht wichtig.« Er sah sie

an – ausweichend, beschwichtigend – und nahm die Zeitung. Er fing an, einen Artikel über die vorgesehene Umwandlung einer ausgedienten Mühle in ein Luxushotel zu lesen. Helen wollte noch etwas sagen und überlegte es sich dann anders. Oh *Edward,* dachte sie ungeduldig.

Die Tage krochen dahin. Helen ging in die Bücherei, tat, was getan werden mußte, kam von der Bücherei zurück. Sie blieb ihrem neuen Kochbuch treu; die Küche in Greystones war mit fremdartigen Gerüchen erfüllt. Sie experimentierte gerade an einem Risotto herum, als Ron Paget an der Tür erschien. Er war so braungebrannt, daß Helen ihn einen Augenblick lang nicht erkannte. Das Weiße seiner Augen leuchtete aus einem kastanienfarbenen Gesicht. Er trat in die Küche und legte etwas auf den Tisch.

»Dachte, ich bring' mal den kleinen braunen Umschlag vorbei – für die Dachrinnen und das.« Er inspizierte die Pfanne, die auf dem Herd brodelte, und schnüffelte. »Sehr gut. Pauline war auf so was mal scharf, ist aber dann davon abgekommen, nachdem wir Italien als Urlaubsziel aufgegeben haben. Jetzt hat sie's mit Meeresfrüchten. Dieses Jahr haben wir mal die Seychellen ausprobiert. Schon mal dagewesen, Miss Glover?«

»Nein.«

»Toll zum Sporttauchen. Das ist schon was, kann ich Ihnen sagen. Könnte mir denken, daß es Ihrem Bruder vielleicht gefällt, wo er doch so scharf auf wildlebende Tiere ist.«

»Das bezweifle ich«, sagte Helen. »Schottland liegt eher auf Edwards Linie.«

Ron nickte verständnisvoll. »Ist natürlich auch ganz schön happig, aber ich hab' zu Pauline gesagt: Na los, wir haben es uns verdient.«

»Ich dachte schon, daß Gary ganz braungebrannt ist«, sagte Helen.
Ron lachte. »Oh, Gary war in Wales auf einer Schulcampingtour. Ich bin nicht dafür, die Gören mit in den Urlaub zu nehmen. Unterhaltung für Erwachsene, das ist doch angesagt. Pauline hat gern in Discos ihren Spaß. Ist doch in Ordnung, man lebt ja hier nicht gerade im Scheinwerferlicht, oder? Mir ist das nicht so wichtig, aber Pauline ist jünger, und sie ist ans Stadtleben gewöhnt, verstehen Sie?«
»Wirklich?« Nein, dachte Helen, ich werde nicht fragen, woher Pauline stammt, weil es das Gespräch ausdehnen würde, und ich will es ja auch sowieso nicht wissen.
»Pauline ist im Süden Londons aufgewachsen. Ich glaube, Sie möchten wohl wissen, wie wir uns überhaupt kennengelernt haben – es war im Club Mediterranée. Ich war mit ein paar von den Jungs gefahren – meine erste Frau war nie so scharf aufs Verreisen –, und da war sie. Deshalb ist es für uns im Ausland immer etwas nostalgisch. Fahr'n Sie weg dieses Jahr?«
»Nein, das nicht.«
Ein angespannter Ausdruck erschien auf Rons Gesicht, den Helen schließlich dahingehend interpretierte, daß seine Absicht war, Sorge und Mitgefühl oder beides auszudrücken. »Ich hab' die Rechnung so niedrig gehalten, wie ich konnte, Miss Glover. Sie sind für mich eine besondere Kundin.«
Helen wandte sich dem Herd zu. Das Risotto sah aus, als ginge es zu stark auf. Sie wünschte, Ron würde gehen. »Sehr nett von Ihnen. Ich mache nicht deshalb keine Ferien, weil ich es mir kaum leisten kann, sondern weil ich gar nicht unbedingt welche haben will.«
»Naja, ich glaube, was man nie gehabt hat, das vermißt man

auch nicht. Sie mochen immer schon das ruhige Leben, nicht?«

Das ist unverschämt, dachte sie. Meine Mutter hätte dich jetzt an die Luft gesetzt. Wenn du überhaupt hättest eintreten dürfen.

»Dennoch, es ist nie zu spät, etwas neues auszuprobieren, nicht?«

Helen sah ihm ins Gesicht. Das reicht. »Hören Sie, Mr. Paget, ich glaube nicht ...«

»Und die Mittel dazu haben Sie genau da am Ende von Ihrem Garten.« Er wedelte mit der Hand in die Richtung der Britches. »Sie sollten die Möglichkeit ergreifen, das sollten Sie wirklich. Und ich sag' Ihnen noch was – nach meiner Meinung werden in einem Jahr oder so komische Sachen auf dem Markt passieren. Sie könnten vielleicht die Preise fallen sehen.«

»Das ist dann das Risiko, das wir eingehen müssen. Ich wünschte, Mr. Paget, ich könnte Sie davon überzeugen, daß wir an einem Verkauf des Waldes nicht interessiert sind. Nicht jetzt und sehr wahrscheinlich auch niemals. Es hat wirklich keinen Sinn, weiter darüber zu reden.«

Ron zuckte die Achseln. »Sie bleiben ein Rätsel für mich, Miss Glover, wirklich.« Sein Blick schweifte durch die Küche. Schätzt das Maß unserer Armut ab, dachte Helen. Fragt sich, wie lange wir das durchhalten können. Er bewegte sich in Richtung Tür. »Ich würde übrigens sagen, Sie könnten noch etwas mehr Knoblauch reintun – Pauline stand immer ganz schön auf Knoblauch. Dann auf Wiederseh'n.«

Später am Tage ging sie in die Britches. Edward war zu einem Treffen der Ortsgruppe der Ornithologischen Gesellschaft gefahren. Während sie aus dem Wohnzimmerfenster auf das verwilderte Gehölz blickte, dachte sie wieder an Ron und öffnete, einem Impuls folgend, die Terrassentür und ging durch den Garten zu der Lücke, durch die Edward kam und ging. Sie war seit Monaten nicht mehr dort gewesen. Es schien eine gute Idee zu sein, sich das anzusehen, was sie mit so viel Zähigkeit verteidigte.

Edwards Weg führte zu der Stelle mit den Nistkästen, wo alte Bäume standen und sich die Lichtung mit dem großen umgefallenen, vermoosten Baumstamm befand, auf dem er immer saß. Auch Helen setzte sich für ein paar Minuten. Weniger eingestimmt auf die Geräusche der Britches – den Vogelgesang, das Summen der Insekten –, war sie sich der eindringlichen Gegenwart der Außenwelt bewußt. Sie hörte den entfernten Verkehr von der Straße, die am Ende des Waldes entlangführte; Helen hörte Maschinen und das Rufen von Männern auf Ron Pagets Bauhof; sie zuckte zusammen, als ein Flugzeug Meilen über ihr den Himmel zerriß. Als sie aufstand und weiterging – sie kämpfte sich durch das üppige Dickicht vom Hochsommer –, bemerkte sie Edwards Bemühungen um Auslichtung und Kontrolle. Es sah so aus, als ob dieser Ort, wenn man ihn sich selbst überließ, in kurzer Zeit an sich selbst erstickte. Tatsächlich nahm Edwards Eingriff Berichtigungen vor, die seiner eigenen Sichtweise, in welche Richtung sich die Natur entwickeln sollte, sehr entgegenkamen; die Natur selbst zeugte völlig planlos. Und in der Planlosigkeit gibt es diejenigen, die überleben, und die anderen, die untergehen. Edwards Manipulationsversuche erschienen sowohl anrührend als auch am Ende wirkungslos. Die Britches werden uns beide überdauern, dachte Helen, werden auf ihre blinde Art weitermachen, bis sie schließlich durch wirtschaftliche Verhältnisse und solche Leute wie Ron Paget kaputtgemacht werden.

Sie machte sich wieder auf den Rückweg zum Haus. Das Telefon könnte klingeln, und niemand wäre da zum Abheben. Sie bahnte sich einen Weg durch das Gewirr von Werden und Vergehen und dachte dabei an Giles Carnaby.

Ich habe Ihren Freund gesehen«, verkündete Joyce Babcock. »Diesen Anwalt.« Sie sah Helen verstohlen an. »Ging über die Market Street. War wohl auf dem Weg in seine Kanzlei, denke ich. Er hatte einen Aktenkoffer dabei.« Helen sichtete einen Verlagskatalog, recht ruhig. »Ach, wirklich? Dann muß er aus dem Urlaub zurück sein.«

Seit wann wohl? sagte ihre Mutter. Hat sich nicht gerade beeilt, Verbindung aufzunehmen, was? Heute ist Mittwoch. Sehr wahrscheinlich ist er am Wochenende zurückgekommen.

»Ich habe mir jedenfalls gedacht, Sie würden es ganz gern wissen. Natürlich ist es für das Buch zu spät. Aber ich nehme an, er könnte es vielleicht haben wollen, nur um zu sehen, was ihm entgangen ist. Es ist immer noch im Regal. Soll ich es reservieren?«

»Ich würde mich nicht darum kümmern«, sagte Helen. Sie verschob ihre Mittagspause um eine Stunde. Lebensmittel waren einzukaufen; sie hielt sich unbeirrt an das Kochbuch. Sie wählte beim Einkauf sorgfaltig aus, zwang sich dazu, die Fleischqualität zu prüfen, einige Ingwerwurzeln auszuwählen. Dann machte sie sich auf den Rückweg zur Bücherei. Sie konnte zwischen zwei Wegen wählen. Der eine führte die Hauptstraße entlang; der zweite, kaum kürzere, verlief durch die Seitenstraße, in der Giles' Kanzlei lag. Sie wählte diesen.

Tatsächlich trafen sie in der Haupteinkaufsstraße aufeinander, wenige Minuten von seiner Kanzlei entfernt. Sie sah ihn schon aus fünfzig Metern Entfernung auf sich zukommen; dann bemerkte er sie, und als sie zusammenkamen, lächelte er und hatte eine Hand ausgestreckt, mit der er ihren Ellenbogen nahm. »Da sind Sie also! Was für eine schöne Überraschung. Sie sind also nicht weg und treiben sich irgendwo herum … Haben Sie meine Karte bekommen?«

»Ja, danke.«

»Und Sie haben wegen des Buches angerufen. Hat meine Sekretarin gesagt. Sie sind ein Schatz. Ehrlich gesagt, bei dem Wetter, das dort herrschte, war Bergwandern nicht reizvoll. Wir mußten uns etwas anderes einfallen lassen. Ich hatte vor, mich bei Ihnen zu melden – es gibt schwache Lebenszeichen vom Nachlaßgericht. Wohin gehen Sie?«

Sie ging neben ihm, vorbei an Boots, Baxters, Rumbelows. Giles sprach vom Rydal-Berg und dem Haus von Ruskin. Sie hörte ihm aufmerksam zu – und auch wiederum nicht; ich bin nicht geheilt, dachte sie, wenn überhaupt, dann steht es eher noch schlechter.

Er blieb stehen. »Nun, ich muß Sie hier verlassen. Also – ich werde Ihnen einen langweiligen Juristenbrief schreiben, aber können wir uns nicht treffen? Am Samstag bin ich schon verplant, aber am Sonntag … Was haben Sie am Sonntag vor?«

Helen sagte, sie hätte am Sonntag nichts vor. Überhaupt nichts.

»Dann lassen Sie uns etwas Nettes zusammen unternehmen.« Er drückte ihren Ellenbogen. »Ich rufe Sie an. Auf Wiedersehen, Helen.«

Da hast du aber ein bißchen Glück gehabt, was? sagte Dorothy. Ihm so über den Weg zu laufen. Viel Glück oder gute Taktik. Aber jetzt wirst du nie erfahren, ob er sich gerührt hätte oder nicht, was?

Edward fing an, ungewöhnliche Einträge in sein Tagebuch zu machen. Sein ganzes Leben lang hatte er Tagebuch geführt; es handelte sich um Aufzeichnungen von Dingen wie der Ankunft der ersten Zugvögel, dem Auftreten verschiedener Pflanzenarten in den Britches und vom Wetter. Die Jahre vergingen in Form eines Schreibheftbündels, die Jahreszeiten folgten einander, wie Fliegenschnäpper kamen und gingen, Orchideen wurden bemerkt und verschwanden dann, Temperaturen wichen von den Normalwerten ab. Er selbst trat gar nicht in Erscheinung. Es wäre für jemanden, der in seiner obersten Schreibtischschublade herumgestöbert hätte, eine traurige Enttäuschung gewesen. Es hatte eine Zeit gegeben, da hatte er seine Mutter in Verdacht gehabt, genau das zu tun.

Jetzt war niemand mehr neugierig. Allein in seinem Zimmer während der langen Öde jener Sommertage, sah sich Edward die Schreibhefte wieder an und stellte fest, daß er selbst darin nicht vorkam. Der erste Zilpzalp hatte sich, wie er sah, 1970 ganz besonders früh gezeigt; die letzte Sumpfdotterblume war 1967 zu sehen gewesen. Keiner dieser Einträge erschien jetzt besonders interessant. 1970 war er zweiunddreißig; es hatte Ereignisse gegeben, die für sein Leben bedeutsam waren. Plötzlich wollte er seine Reaktionen darauf wiederfinden, nicht die Ankunft des Zilpzalps. Er wäre jetzt gern in der Lage gewesen, seinem früheren Ich gegenüberzutreten und es zu betrachten. Sein Tagebuch schwieg spöttisch.
»15. August«, schrieb er. »Machte Areal bei der großen Buche von Brombeergestrüpp frei. Nur sehr wenige Gelbscheck-Waldgrasfleckfalter dieses Jahr. Zählte vier junge Elstern. Kühl; Gewitter nachmittags.« Er legte den Federhalter

hin. Undsoweiter undsoweiter, dachte er. Als gäbe es mich nicht; als ware es ein Roboter, der Brombeergestrüpp wegräumte und Elstern zählte. Er fing wieder an zu schreiben. »Im nächsten Jahr bin ich fünfzig. Ich werde sterben, wenn ich zwischen fünfundsiebzig und achtzig bin, aller Wahrscheinlichkeit nach; Helen wird mich überleben – es sieht so aus, daß Frauen länger leben. Keiner von uns wird Nachkommen hinterlassen. In diesem Bereich weniger erfolgreich als alles um uns herum.« Er sah aus dem Fenster, auf den fruchtbaren Garten. »Wenn man sagen kann, daß der Sinn des Lebens in der Fortpflanzung liegt, dann haben wir beide ziemlich versagt.« Er saß bewegungslos, starrte hinaus in die Britches, fünf Minuten lang. Dann schrieb er: »Das ist natürlich nur im biologischen Sinne so.«

»Hatten Sie's vergessen?« fragte Giles. »Nein? Das ist gut. Und der Wetterbericht ist vielversprechend – nun, worauf hätten Sie Lust? Einen langen Spaziergang? Eine kleine Tour mit dem Wagen und Mittagessen in einem Pub?«
»Ich könnte ein Picknick vorbereiten«, sagte Helen.
»Was für eine reizende Idee! Hervorragend! Soll ich Sie dann um elf abholen? In diesem Fall … Hätte Ihr Bruder nicht Lust, uns zu begleiten?«
Sie zögerte. »Das bezweifle ich. Aber ich werd' fragen.«

»Ich mache ein Picknick. Giles Carnaby kommt. Möchtest du mitkommen?«
»Nein«, sagte Edward ohne Zögern.

Giles fuhr entschlossen, mit einem Stich ins Aggressive; der Wagen hatte einen starken Motor und war vollständiger ausgestattet als alle, die Helen bisher erlebt hatte. Er legte eine Cassette mit Vivaldi ein und stellte sie dann wieder ab, weil sie, wie er sagte, zu viel Gesprächsstoff hätten. Eigentlich war er es, der redete. Er war ein bemerkenswerter Redner, wie Helen feststellte. Was er sagte, war informativ, wenn auch etwas belanglos; man erinnerte sich nicht an allzuviel davon, aber die Wirkung summierte sich. Es war eine Art verbaler Zurschaustellung; während sie zuhörte, erinnerte es sie peinlich an einen Vogel, der sich müßig putzte, mit einem Gesangsausbruch protzte, die Flügel spreizte … Ihr kam der kühle Gedanke, daß Giles eigentlich ein ichbezogener Mensch war. Das meiste, was er sagte, bezog sich auf ihn. Gelegentlich stellte er eine Frage oder erkundigte sich nach einer Meinung; man hatte den Eindruck, die Antwort wäre von seiner Oberfläche abgeglitten. Anscheinend hörte er mit schmeichelnder Aufmerksamkeit zu; man hatte auch das Gefühl, daß er es womöglich gar nicht gehört hatte.

Auch wenn sie das alles wahrnahm, wußte sie, daß es keinen Unterschied machte. Überhaupt keinen.

Sie hatten sich entschieden, in ein kleines Flußtal zu fahren, in dem eine einsame Kirche stand, die über einen Fußweg quer durch die Felder zu erreichen war. Helen hatte sich geraume Zeit mit dem Picknick beschäftigt; sie entdeckte, daß das Kochbuch einen entsprechenden Abschnitt enthielt. Thunfisch in dünnen Scheibchen mit Mayonnaise war ihr neu, aber sie hatte es hingekriegt und war auf die Ergebnisse recht stolz. Als sie den Wagen abgestellt hatten, tauchte Giles in den Fond und holte eine Flasche Wein hervor. Sie machten sich auf den Weg, quer über eine nasse Wiese, die mit Butterblumen und schwarzbunten Kühen geschmückt war, genau wie eine Fernsehwerbung für ein umweltbedenkliches Produkt: Benzin oder schnelle Autos. Ein Reiher hob vom Fluß ab und flog flügelschlagend zu einer Gruppe entfernter hoher Bäume.

Sie nahmen die Kirche in Augenschein. Ganz offensichtlich interessierte sich Giles nicht sehr für Kirchen. Für ein Weilchen kam Helen in ihr Fahrwasser; sie zeigte Besonderheiten auf, fand etwas mittelalterliche Pflasterung und ein arg mitgenommenes normannisches Taufbecken. Giles hörte zu – oder auch nicht – und legte ihr dann eine Hand auf den Arm, um sie zur Tür hin zu lenken. »Kommen Sie, ich habe Hunger – Zeit, ein idyllisches Fleckchen zum Essen zu finden.«

Das schien offenkundig am Fluß zu sein. Sie suchten eine Stelle, wo das Ufer steil abfiel. Eine leichte Biegung im Flußlauf hatte in einiger Entfernung einen kleinen Strand ausgeformt. Hier war es voll von Erlen und Weiden; von Zeit zu Zeit blitzten auf dem grünen und beschatteten Wasser Sonnenreflexe auf.

»Perfekt!« sagte Giles.

Helen packte das Essen aus. Er goß den Wein ein (er hatte auch an Gläser gedacht). Sie aßen und tranken und saßen dabei im hohen Gras versteckt, das sie vom Fluß abschirmte; sie konnten sein Fließen und den gelegentlichen Plumps eines Fisches hören. Ich nehme an, dachte Helen, dies ist einer der Augenblicke im Leben, die im Kopf fortleben werden. Was auch kommen mag. Giles verkündete, die Sandwiches wären ausgezeichnet. Er aß alles, was sie mitgebracht hatte, und legte sich dann zurück, das Glas in der Hand. »Wie himmlisch.«

Helen sagte: »Wir haben Gesellschaft.«

In einiger Entfernung erschien ein Hund – ein Collie, der aufgeregt herumsprang. Ihm folgte ein junger Mann, dunkelhaarig, sonnenverbrannt, in Jeans und T-Shirt.

Falls der Mann überhaupt ihre Anwesenheit bemerkte, so schenkte er ihnen keine Beachtung. Er warf einen Stock in den Fluß, und der Hund sprang in einem Riesensatz hinterher, landete mit einem Riesenplatscher und paddelte wie wild. Sein schwarzer Kopf war glatt wie der eines Seehundes. Er kam heraus und schüttelte sich, so daß das Wasser silbern sprühte. Der Mann warf noch mehr Stöcke, und der Hund sprang wieder hinein, aufgeregt tauchend und schwimmend, rein und raus. Dann setzte sich der Mann und zog das Hemd aus.

»Jetzt geht er auch hinein«, sagte Giles. »Ich wünschte, er ginge weg. Unser Frieden ist gestört.«

Der Mann zog seine Jeans aus und stand auf. Er war nackt. Helen schien es, er müsse sie gewiß bemerkt haben; wenn ja, so waren sie ohne jegliches Interesse. Sie hörte Giles sagen – peinlich berührt? – »Offenbar ein richtiges Naturkind ...«

Einen Augenblick lang stand der junge Mann auf einem überhängenden Stück der Uferkante und sah auf das Wasser hinab; der Hund schwamm unter ihm immer im Kreis herum; der Körper des Mannes war überall mit Lichtflecken und den Umrißschatten von Blättern übersät, so daß er aussah, als sei er Teil der Natur. Er war hager, muskulös, jung. Dann warf er seine Arme nach oben und tauchte in den Fluß. Er schwamm kraftvoll, tauchte den Kopf ins Wasser und warf das nasse Haar nach hinten. Bellend umkreiste ihn der Hund. Zum Schluß kamen sie beide an dem kleinen Strand aus dem Wasser. Der Mann zog sich an, zog seine Schuhe an, stand auf, sprang dann das Ufer hoch, wobei ihm der Hund folgte.

Sie waren genauso plötzlich fort, wie sie gekommen waren. Das Wasser in dem ruhigen Teil war dort, wo sie geschwommen waren, immer noch trübe und unruhig.
»Ich glaube nicht, daß ich Spaß daran hätte«, sagte Giles. »Zu viel Wasserpflanzen.«
Während es im Gange war, war es elektrisierend gewesen; jetzt war es, als hätte es Mann oder Hund nie gegeben. Gestalt und Beschaffenheit des männlichen Körpers waren Helen immer noch vor Augen, aber als eine Vorstellung, ein Bild, das man einmal gesehen hatte. Giles griff nach dem Wein und goß den Rest in ihre Gläser.
Sie war sich seiner ganz stark bewußt. Als sein Bein sie streifte, war es so, als ob er sie entzündete. Ich bin nicht sicher, wieviel ich davon ertragen kann, dachte sie. Sie blickte Giles flüchtig an; sie hatte keine Ahnung, ob er etwas fühlte oder nicht. Er trank den Wein in kleinen Schlucken und sprach über Hunde. Er hatte in Cumberland eine Prüfung für Hütehunde gesehen, bewundernswerte Tiere. Helen kam es vor, als könnten sie ewig so sitzen. Mein ganzes Leben lang, dachte sie, habe ich die Dinge an mir vorbeilaufen lassen.
Sie saßen Seite an Seite. Sie drehte sich um, um ihn anzusehen. Er hörte auf zu reden, und vermutlich sah er es. Später dachte sie, sie hätte ihn vielleicht berührt, aber sie konnte sich nicht erinnern. Giles beugte sich vor; er nahm ihr Gesicht zwischen seine Hände und küßte sie auf den Mund. Sie fühlte seine Zunge. Dann zog er sich zurück und sah sie aufmerksam an. »Helen, meine Liebe ...«, sagte er. Er seufzte. »Wir dürfen nicht ...« Er stand auf. Sie hörte sich »Warum nicht?« sagen, aber falls ihn die Worte erreichten, ließ er es sich nicht anmerken. Er fing an, die Sachen in den Picknick-

korb zu packen. Er sagte: »Was mir jetzt vorschwebt, ist ein Bummel bis zum Ende des Tals, nur um zu sehen, was es dort gibt, dann zurück zum Wagen und heimwärts zum Tee. Wie wär's?«

»Ich komm' für eine Nacht runter«, sagte Louise. »Donnerstag. Okay? Ich muß mal aus London raus. Das Scheißbüro kann ein paar Tage auch ohne mich auskommen. Alle anderen treiben sich sowieso in Südfrankreich herum. Offen gesagt, gehen mir die Kinder auf den Keks, und Tim hat's mit der Nebenhöhle und macht's einem auch nicht gerade leicht. So, und was gibt's bei euch Neues?«

Es herrschte eine Zeitlang heißes Wetter; Mückenlarven schlüpften in dem abgestandenen Tümpel in der entfernten Ecke der Britches. Einige Kinder drangen ein und trampelten den letzten Fleck mit Bärlauch nieder. Eine Katze tötete eine der jungen Elstern. Auf einem vermodernden Baumstumpf keimte ein Kragen aus safranfarbenen Pilzen, deren Art Edward nie zuvor gesehen hatte. Er beobachtete das alles, aber er schrieb: »Hunde: vier, einschließlich dem, der im Alter von nur sechs Monaten überfahren wurde. Tam ist der fünfte. Ich habe mich immer gefragt, ob Mutter die Haustür absichtlich offengelassen hatte; er war eine Spanielmischung, sehr lieb. Pickle war der erste – ein hellbraun-weiß gefleckter Terrier, starb mit acht an Krebs. Auch der beste, in vieler Hinsicht. Dann Jess – ein Collie vom Hundeschutzbund, mußte schließlich getötet werden. Dann der überfahrene Welpe. Dann Minnie – wieder ein Terrier, sehr liebevoll, streunte viel, starb plötzlich, wahrscheinlich was gefressen. Katzen: die getigerte von nebenan, als ich Kind war – aber das war natürlich nicht meine. Dann das rötliche Kätzchen, das ich im Gartenschuppen versteckte, und Mutter hat es gefunden, und sie machte eine gewaltige Szene, und Helen nannte sie Biest; komisch, ich kann es jetzt hören, wie Mutter sich über das Kätzchen ausließ und Helen plötzlich explodierte, und Mutters Gesicht. Es war Louise, die solche Sachen sagte, nicht Helen. Die Katze lebte, bis sie neun war, ging also, glaube ich, aus der ganzen Geschichte am besten hervor. Dann Prince – ein schwarzweißer Kater. Dann keine Katzen mehr wegen der Probleme mit den Vögeln.« Er hielt inne. Er schob den Stuhl zurück und wanderte durch das Zimmer. Alles darin war alt und schäbig; wenig war von Edward selbst ausgewählt. Es gab einige Poster vom World Wildlife Fund und eine Schnitzarbeit eines Fregattvogels, die er einst auf den Orkneys gekauft hatte. Ein kleiner Bücherschrank war da. Der kerzendochtfarbene Bettüberwurf stammte noch aus seiner Schulzeit; ein Stück an seinem Ende war von den Hunden völlig abgewetzt. Der Läufer auf dem Fußboden hatte einst im Arbeitszimmer seines Vaters gelegen. Den viktorianischen Krug auf dem Kaminsims hatte Louise ihm einmal zu Weihnachten geschenkt. Der Morgenmantel an der Rückseite der Tür war von Helen gekauft worden, um einen zu ersetzen, der fünfundzwanzig Jahre alt gewesen war.

Edward ging an seinen Schreibtisch zurück. Er schrieb: »Ich kann nachts nicht schlafen. Es gibt nichts zu tun. Der Junge kam letzte Woche wieder.«

Er konnte sich jetzt nicht mehr an den exakten Moment erinnern, an dem er einst, vor Urzeiten, gemerkt hatte, daß ihn männliche Körper anzogen und weibliche nicht. Er konnte sich an eine Zeit erinnern, in der er sich mit Kunst beschäftigte – mit griechischer Skulptur und den jungen Göttern

auf Renaissancegemälden, diesen Körpern auf der Buchseite, die der öffentlichen Meinung nach rein waren oder denen als Museumsstücken sexuelle Ungeschlechtlichkeit gegeben war. Hier durfte man ohne Diskriminierung bewundern: der Körper als ästhetisches Objekt, rein und klar. Edward hatte festgestellt, daß er einige Körper anziehender als andere fand, und daß deren Betrachtung Gefühle hervorrief, die mit künstlerischer Wertschätzung nichts gemein hatten. Er stellte die Verbindung zwischen diesen Körpern und jenen her, die er rings um sich herum sah – bekleidet, teilweise bekleidet oder unbekleidet in dem lärmenden Strudel der Umkleideräume in der Schule. Er mußte seinen Ekel vor den zerknitterten und begrapschten Fotos verbergen, die in der Schule herumgereicht wurden – diese Mädchen mit ihren Ballonbrüsten und den klaffenden haarigen Gabelungen. Und bald wich Ekel Gleichgültigkeit: Er sah die zur Schau gestellten weiblichen Körper in Anzeigen und Zeitschriften gar nicht mehr, weil sie nichts mit ihm zu tun hatten, sie waren bedeutungslos. Jetzt beunruhigten ihn andere Bilder, von denen er sich ängstlich und schuldbewußt abwandte.
Und im Laufe der Jahre hatte er gelernt, sein Gesicht abzuwenden, auszuweichen, die Feuer zu drosseln. Bei den seltenen Gelegenheiten, in denen scharfe Augen seine Fassade durchdrungen hatten, wenn zu Komplizenschaft aufgefordert wurde, war er in Panik geflohen. Als er einst dachte, er stünde kurz vor einer Freundschaft, nach der er sich sehnte, wurde er plötzlich und harsch zurückgewiesen. Danach zog er sich in sich selbst zurück.

Fünf Tage nach dem Picknick erhielt Helen eine Postkarte von Giles Carnaby. Das Bild zeigte eine bekannte Kirche aus der Gegend. Giles schrieb: »Ich sehe jetzt, daß ich mein Wissen über Architektur aufpolieren muß, wenn ich mit Ihnen Schritt halten will. Danke für den wunderbaren Ausflug. Melde mich in Kürze.« Keine Unterschrift.

Du weißt nicht, woran du mit ihm bist, was? sagte Dorothy. Von einer Woche auf die nächste. Mal weht es dir kalt, mal heiß ins Gesicht. Wird Zeit, es ihm zu sagen, ganz klipp und klar, meine ich. Paß nur auf, du wirst vielleicht nicht mögen, was du zu hören bekommst.

Dorothy machte sich in diesen Tagen breit, wie in den Wochen nach der Beerdigung. Ihre körperliche Gegenwart erfüllte das Haus. Ihre Kommentare klangen in Helens Ohren.

»Geht's Edward eigentlich gut?« sagte Louise. »In letzter Zeit ist er irgendwie merkwürdig, weißt du. Ich meine, noch merkwürdiger als sonst. Er war nie wie andere Leute. Und, ehrlich gesagt, du siehst ein bißchen farblos aus. Fadenscheinig, wie Mutter immer sagte. Ich will mich nicht aufspielen – ich hab' fast genau so viele Pickel wie Phil. Vielleicht ist Pubertät ansteckend. Mein Gott, was ist denn hier los?«

Sie gingen gerade durch das Dorf. Louise wollte Dorothys Grab besuchen, da der Stein jetzt aufgestellt war. Ein Durcheinander von Lastern und Zementmischern entstellte das Areal gleich hinter der Grünanlage. Helen erklärte, daß jemand die leerstehende Baptistenkirche in ein Wohnhaus verwandele. Sie betraten den Friedhof. Sie fragte: »Ist Phil immer noch … schwierig?«

»Na klar ist er schwierig. Und Suzanne. Weißt du, ich sehne mich regelrecht nach Windeln und gestörten Nächten. Mit rührseligem Lächeln gucke ich in Kinderwagen. Damals dachte ich, ich wäre wirklich auf Grundeis. Da ist eine ganz große stille Scheißverschwörung im Gange, die Verschwörung derjenigen, die Kinder gehabt haben, gegen die, die noch keine haben. Was du nicht weißt, bis du in der Patsche sitzt, ist, daß du lebenslänglich gekriegt hast. Andererseits hast du natürlich sowieso keine Chance, nämlich das Schmachten nach Kindern ist ein Grundbedürfnis wie der Sex. Das ist alles verteufelt nett eingefädelt. Verhütung ist nur Kosmetik. Wohl oder übel gebärst du, und bums! merkst du, daß das Leben nie wieder dasselbe sein wird. Selbst Mutter – selbst *Mutter* –, wie ich jetzt merke, muß einiges davon mitgekriegt haben. Selbst Mutter muß dieses merkwürdige Kribbeln gehabt haben, auch wenn wir es kaum glauben können. Und der ganze Vorgang ist zugleich so quälend und toll wie möglich – du *arbeitest,* um zu gebären, das ist wirklich das richtige Wort, und es ist so gräßlich wie irgendwas, und dann am Ende steht dieses wunderbare Gefühl, das die Verschwörung nie angedeutet hat, wenn du das Baby hältst und es siehst und du plötzlich merkst, daß es ein vollkommen neues Gefühl gibt, von dem du aber auch gar nichts gewußt hast. Niemand hat das je erwähnt. Und von da an hat's dich erwischt – da haben sie dich am Schlafittchen. Die nächsten paar Monate wirst du damit verbringen, mit klopfendem Herzen über ihnen zu hängen, könnte ja sein, sie haben aufgehört zu atmen, und die nächsten paar Jahre danach mußt du sie daran hindern, sich umzubringen, weil sich ein stinknormaler Haushalt in ein Minenfeld aus Strom und Treppen und Fenstern und kochenden Kesseln verwandelt hat. Täglich berichten die Zeitungen, was anderer Leute Kinder passiert ist. Sie wurden überfahren und vergewaltigt und verbrannt; es gibt Leukämie, Hirnhautentzündung und Muskelschwund; das lauert alles da draußen und wartet nur darauf, daß du dumm genug bist, in deinen Anstrengungen nachzulassen. Aber in den Augenblicken, in denen du wünschst, sie können dir alle gestohlen bleiben, weißt du ganz genau, daß es genau so ist, weil du es nicht ertragen könntest, ohne sie zu sein, jetzt, wo du davon weißt: daß du durch das Ganze durchmußt. Du hast deine Unschuld verloren. Und dann werden sie größer, und sie fangen an zu denken und zu beobachten. Und du merkst, auch du verkorkst sie, und auch dagegen kannst du nicht viel tun. Und du weißt, daß du in demselben Augenblick, wo du sie verhauen könntest, du tatsächlich, wenn es darauf ankäme, für sie sterben würdest. Es ist ein verteufelt ausgeklügeltes System, das sicherstellt daß die menschliche Rasse fortbesteht und die meisten Menschen über zwanzig keine ruhige Minute mehr haben. Mein Gott! Was für eine abgeleierte Platte! Ich mach' dir keinen Vorwurf, wenn du gereizt aussiehst.«

»Entschuldige«, sagte Helen. »Ehrlich gesagt habe ich nicht gemerkt, daß du mit mir redest.«

Sie waren am Grab angekommen. »Meinst du, es ist so in Ordnung?« fragte Helen nach einem Moment.

»Der Stein? Ist gut. Hübsche Beschriftung. Einfach und ehrlich.«

»Manche halten ihn für etwas nüchtern.«

»Natürlich. Sieh dich um. Er fällt auf. Verstößt gegen den vorherrschenden Geschmack. Na, das hätte Mutter eine stille Befriedigung verschafft.«

Sie standen in Betrachtung versunken. »Weißt du was?« sagte Louise. »Sie verändert sich. Im Kopf, meine ich. Ich beginne, sie anders zu sehen. Irgendwie verliert sie allmählich ihre Kantigkeit. Sie verblaßt. Wie geht es dir damit?«

»Verblassen? Nein, das würde ich nicht sagen. Ich sehe sie anders. Ich würde nicht sagen, ich sehe sie verblaßt. Interessant. Und noch interessanter ist die Art, in der ich mich selbst anders sehe. Was ich bin und was ich nicht bin und warum. Das alles paßt genau zu dem, was du gerade gesagt hast. Hat Mutter mich verkorkst? Wie du es genannt hast. Oder gräbt man sich sein eigenes Grab? Womit Mutter es immer hatte. Entschuldige die Wortwahl. Unpassend. Es ist mir so rausgerutscht.«

»Was meinst du mit verkorkst? Du bist nicht …«

»Natürlich bin ich. Wie wir alle, mehr oder weniger.«

»Oh Gott …«, sagte Louise und drehte sich vom Grab weg. Sie ließ sich auf die niedrige Steinmauer plumpsen, die den Friedhof umgab.

Helen setzte sich zu ihr. »Jetzt entdecke ich, daß Mutter einst meine Aussichten auf eine Romanze kaputtgemacht hat. Erinnerst du dich an Peter Datchett? Nein – ich glaube nicht, und überhaupt, wer kann sagen, was daraus geworden wäre? Ich könnte jetzt gerade mit Peter Datchett in Streit leben. Vielleicht sollte ich Mutter danken. Es wäre besser gewesen, Fehler selbst zu machen. Und dann ist da die Frage wegen des gelben Musselinkleids … keine Sache von grundlegender Bedeutung, aber … aber hat man das Gefühl, daß das eigene Schicksal von jemand anderem manipuliert wurde. Von Mutter, um genau zu sein.«

Louise schaute sie gespannt an. »Und ob ich mich an Peter Datchett erinnere. Ich habe mich immer gefragt, warum er so spurlos verschwunden ist. Was hat sie getan? Und was für ein gelbes Kleid? Ich sehe dich einfach nicht …«

»Nein, sicherlich nicht. Zu der Zeit warst du etwa sieben. Was mich stört, ist nicht so sehr der Verlust von Peter Datchett oder dem gelben Kleid, sondern die schreckliche Ahnung meiner eigenen Nachgiebigkeit.«

»Ich verstehe nicht«, sagte Louise nach einer kleinen Weile.

»Warum solltest du? Ich auch nicht, in gewissem Sinne. Ich sehe ganz einfach, daß ich von irgendeinem Punkt an pathologisch willfährig wurde. Die Gewohnheit, einer Auseinandersetzung mit Mutter aus dem Wege zu gehen, wurde zu einer Gewohnheit, sich mit überhaupt nichts mehr auseinanderzusetzen. Alles fraglos hinzunehmen. Du hast mich damit gelöchert, ich sollte mal raus hier. Du hattest natürlich völlig recht.«

»Ach du je … Man hat sowas *gesagt*. Ich meinte nicht immer …«

»Ist schon gut«, sagte Helen. »Ich trauere der Vergangenheit nicht nach. Ich schau nur zurück. Vielleicht in der Hoffnung, etwas zu lernen.«

Louise zerpflückte ein Mooskissen und legte kleine grüne Wedel auf ihr Knie – und änderte die Taktik. »Was hat Mutter denn nun getan?«

»Ach, sie hat mir einen Brief nicht ausgehändigt. Vielleicht eher eine Auslassungs- als Unterlassungssünde. Man wird es nie erfahren. Mich interessiert jetzt viel mehr, was *ich* nicht getan habe. Einen Streit angefangen. Gegen die Welt gewütet.«

»Du bist nicht so jemand«, sagte Louise.

»Aha, da haben wir's. Und warum nicht?«

»Edward auch nicht …«, fuhr Louise fort, zerpflückte die Wedel, wischte sie auf die Erde.

»Genau. Du hingegen schon. Seltsam, nicht? Ich habe jetzt vor Augen, es ist zufälligerweise meine früheste Erinnerung an dich, ich habe jetzt vor Augen, wie du Mutter *beißt*. Warst ungefähr ein Jahr.«

Louise lachte. »Was hat sie gemacht?«

»Sie legte dich ins Kinderbettchen und machte die Tür zu. Du hast ohne Unterlaß eine Stunde lang geschrien.«

»Kein Wunder. Es ist schon erstaunlich, daß ich so normal bin. Wir alle.«

»Hm …« Helen stand auf. »Laß uns lieber zurückgehen. Ich habe noch nichts fürs Abendbrot vorbereitet. Edward wird unruhig werden.«

»Wo ist er überhaupt? Er war fünf Minuten da, als ich kam, und dann verschwand er.«

»In den Britches, nehme ich an.«

»Edwards Beziehung dazu würde ein halbes Dutzend Psychiater auf Trab halten. Oh, das klingt abfällig. Das habe ich nicht so gemeint. *Du* weißt das. Als ich klein war, dachte ich, das Licht schiene aus Edwards Augen. Jetzt wird mir angst um ihn. Die Welt ist brutal, und er läuft herum und sorgt sich um Kröten und Orchideen. Er hätte nicht genug Selbsterhaltungstrieb, um sich vor Regen zu schützen. In alten Zeiten wurden Leute wie er gekreuzigt oder als Hexer verbrannt. Er lebt heute in einem Dschungel und weiß es nicht.«

»Kaum«, sagte Helen. »Hier.« Sie bogen jetzt wieder in die Dorfstraße ein und ließen die steinernen Reihen der Toten mit ihren versöhnenden Gebinde aus Blumen und Laubwerk hinter sich. Ein Schwarm junger Mütter tratschte vor dem Laden, während die Kinder um sie herumwuselten. Das erste Radioprogramm drang aus den offenen Fenstern eines Hauses.

»Aber natürlich. Gesellschaftliche Gewalt ist überall, und ich meine damit nicht Raubüberfälle und Diebstahl. Ein Ort wie dieser hat je nach Umstand Giftzähne wie irgendein anderer auch.«

»Edward ist im Dorf recht beliebt.«

»Darauf will ich nicht hinaus«, sagte Louise. Sie hatte offenbar das Interesse am Thema verloren und begann, über Suzanne zu sprechen. Suzanne wollte mit sechzehn von der Schule abgehen und Friseuse werden. Louise explodierte. Helen hörte, wie Dorothy vor dreiundzwanzig Jahren Louise anschrie. Als Louise kurz ihre Schwester anblickte, begriff sie den stummen Kommentar und sagte: »Da gibt es überhaupt keine Parallele. Mutter hat ganz schlicht und einfach blockiert. *Ich* versuche, Suzanne daran zu hindern, einen idiotischen Fehler zu machen.« Dann begann sie zu lachen und fügte hinzu: »Weißt du immer, was ich denke? Gott, das ist genauso schlimm wie die Ehe!«

Als sie zum Haus zurückkamen, war es mittlerweile nach acht. Es roch kräftig und würzig; Helen hatte das Essen im Backofen gelassen. »Koriander ...«, sagte Louise schnüffelnd. »Du bist für zeitgemäße Kochkunst, was? Mutter bekäme einen Anfall. Also ich decke den Tisch.«

Edward kam aus seinem Zimmer herunter. Helen servierte das Essen. Sie begannen zu essen. Nach einigen Bissen legte Edward Messer und Gabel hin und sagte: »Ach, der Anwalt hat angerufen. Vor ungefähr einer halben Stunde.«

»Komische Zeit zum Anrufen«, sagte Louise. »Nach der Bürozeit.«

Edward aß weiter. »Sie geht mit ihm in die Oper.«

Abrupt wandte sich Louise Helen zu, die verräterisch errötete. »Was soll das bedeuten?«

»Und zu Picknicks«, sagte Edward.

»Diese Testamentsgeschichte wird in etwa einem Monat oder so erledigt sein«, sagte Helen mit erstickter Stimme. »Offenbar.«

»*Picknicks?*« wollte Louise zu wissen. »Wo Picknicks?«

»Er benutzt so ein Aftershave-Zeug«, sagte Edward. »Ich mag ihn eigentlich nicht.«

»Na und?« schnappte Helen.

Mit großen Augen sah Louise von einem zum anderen. »Was zum Kuckuck geht eigentlich vor?«

»Nichts«, sagte Helen, »geht vor.« Sie stand auf. »Möchte jemand noch etwas?«

Louise drehte sich zu Edward. »Was hat er gewollt?«

»Hat er nicht gesagt«, sagte Edward selbstgefällig. »Er schwätzte einfach so leer daher und legte dann auf.«

Helen klatschte einen Löffel Eintopf auf die Teller, außer auf ihren, und setzte sich wieder.

»Das schmeckt lecker«, sagte Louise gesellig. »Du mußt mir das Rezept geben.«

Nach drei Tagen wählte Helen Giles Carnabys Nummer. Keine Verbindung. Auch am nächsten Abend war er nicht da. Sie rief seine Kanzlei an und geriet dann bei der Stimme der Sekretärin in Panik und legte auf, ohne etwas zu sagen. So, dachte sie, benehmen sich Jugendliche; so beschränkt ist man.

»Ich hasse den August«, sagte Joyce Babcock. »Nichts als überfällige Bücher und Kinder, die Unfug machen. Und die Stadt mit Bussen verstopft. Nichts *passiert* im August. Alle sind weg – selbst die Leute, von denen man nie glaubt, man würde sie vermissen, wie die Nachbarn. In den letzten zwei Wochen habe ich mit keiner Menschenseele geredet, außer mit Ihnen … Entschuldigung, war nicht böse gemeint. Nein, ich lüge – ich habe Kate Blackford vor dem Kaufhaus gesehen. Sie wissen doch, die von der Zentrale in Oxford. Sie wohnt jetzt hier in der Gegend. So hielten wir einen netten Schwatz. Oh, und das wird Sie interessieren, während wir miteinander sprachen, wer geht vorbei? Ihr Freund, der Anwalt. Schon wieder. Ich sehe ihn dauernd, was? Na jedenfalls, er sah mich nicht, aber Kate erkannte ihn auch, ihre Schwester arbeitet anscheinend in seiner Kanzlei. Und die Sache ist die, er war nicht allein; er hatte jemanden bei sich, diese Frau, die den Chor leitet, ich weiß nicht mehr, wie sie heißt, mit schwarzem Haar, jung aussehend. Und Kate sagt, ihre Schwester sagt, er ist so einer für die Damen. Offenbar hat er seine Frau ganz schön an der Nase herumgeführt. Wissen Sie, daß seine Frau tot ist? Offenbar war sie wirklich nett. Jedenfalls dachte ich, es würde Sie interessieren.«

Ich weiß es, sagte Helen zu Dorothy. Natürlich weiß ich es. Wahrscheinlich habe ich es immer gewußt. Es macht keinen Unterschied. Unglücklicherweise. Überhaupt keinen Unterschied.

Und wie weiß ich, daß sie nicht nur eine Freundin ist? Wie ich nur eine Freundin bin.

Warum hat er noch eine Postkarte geschickt? Angerufen? Hätte er nicht tun müssen. Und welchen Wert hat die Zeugenaussage von Kate Blackfords Schwester?

Warum ruft er nicht wieder an?

»So …«, sagte Louise. »Wieder zurück im Nest. Wo sich nichts geändert hat. Tim hat einen neuen Spezialisten aufgesucht und geht in die Klinik und läßt sich seine Nebenhöhlen trockenlegen. Phil war für vierundzwanzig Stunden verschwunden, was mich veranlaßte, unsere Polizeistation anzurufen. Die, wie man es nennen könnte, einen ausgesprochenen Mangel an Interesse zeigte. So ließ ich es an Phil aus, als er dann wieder auftauchte, was ganz natürlich war, glaube ich, aber wahrscheinlich nicht hilfreich. Jetzt ist er wieder abgehauen. Gott weiß wohin. Es war schön, dich zu sehen. Hör mal, was geht denn nun *vor*? Dieser Kerl … Du hast dich doch etwa nicht, oder? Ich erinnere mich jetzt an ihn. Dieser Typ ›älterer Herr‹, der zur Beerdigung kam. Ich weiß, daß du auf Edward stocksauer wurdest, wo er dich so gepiesackt hat, aber *mir* kannst du es doch bestimmt erzählen. Ich mache mir Sorgen um dich.«

»Weiterhin feucht«, schrieb Edward. »Gefleckter Aronstab in der Ecke nahe der Straße hat sich ausgeweitet – acht Pflanzen dieses Jahr. Mandelblättriger Wolfsmilch geht es auch besser. Grünspechtjunge sind ausgeflogen. Weder Wolfsmilch, Gefleckter Aronstab noch Spechte werden natürlich hieran Gefallen finden, und in der Tat überhaupt nichts; sie existieren einfach, und das ist es. Existieren, pflanzen sich fort – wenn es die Umstände zulassen, und gehen zugrunde. Der ganze Wald macht das so und nichts anderes, Jahr für Jahr – das vorherrschende Gefühl ist Angst. Wenn es im Frühling singt und blüht, ist es nicht glücklich; es macht bloß, was ihm seine Gene sagen. Solche Feinheiten wie Glück und Trauer werden von mir hinzugefügt, nebst Befriedigung über das Ausweiten des Gefleckten Aronstabs und dem Überleben von Spechten. Die ganze Sache ist die, daß …« Er legte den Federhalter hin und starrte hinaus in die Britches, die sich sanft und stetig im leichten Wind bewegten. Edward war kein großer Leser, aber er wußte ganz genau, daß er das älteste und zentralste Thema in der Literatur anschnitt; er fühlte sich entsprechend eingeschüchtert. »…ich nicht weiß, ob es Trost oder Possenspiel ist. Seine Schönheit. Der Fortbestand. Alles, was in meinem Kopf ist, alles, was ich fühle; die Tatsache, daß die Natur nichts denkt und weder lacht noch weint.« Wieder grübelte er. »Obwohl das nur bis zu einem gewissen Grade stimmt – als letztes Jahr der Fuchs auf der Straße getötet wurde, heulte die Fähe drei Nächte lang, der traurigste Ton, den ich je gehört habe.« Er hielt wieder inne. Auf seinen Bücherborden standen die zerlesenen Bände von *Tarka, der Otter* und die Bücher von Cherry Kearton, die er als Schuljunge unter Tränen gelesen und wieder gelesen hatte. »Aber ist die Fähe traurig, oder schreibe ich ihr bloß Trauer zu? Alles, was ich sicher sagen kann, ist, daß ich auf all das reagiere – Fähe, Bäume, Pflanzen, Vögel, das Ganze –, aber es reagiert nicht auf mich.« Tam, der auf dem Bett geschlafen hatte, erwachte plötzlich, kratzte sich, sprang herab und marschierte zur Tür, wo er anmaßend winselte. »Ist gut«, sagte Edward. »Einen Augenblick.« Er schrieb: »Und auch, daß es mich auf mir unerklärliche Weise aufrecht hält. Besonders jetzt. Sieht immer noch schlecht aus. Kann nicht schlafen usw ... War ungehobelt zu Helen.« An der Tür winselte Tam weiter.

Ich glaube, dachte Helen, das Interessante an meinem Zustand ist der Verlust der Selbstkontrolle. Vielleicht ist das eher interessant als demoralisierend zu sehen. Es wird möglich sein, zurückzublicken und zu beobachten, daß Liebende völlig selbstzerstörerisch werden. Man ist verliebt. Augenblicklich kann ich nicht länger mit gesundem Menschenverstand und Überlegung handeln, weil es nur eine Richtung gibt, und die ist durch Besessenheit vorgegeben. Ich bin von Giles besessen; ich kann nur noch daran denken, ob und wann ich ihn wiedersehe. Was bei dem Wiedersehen möglicherweise herauskommt, ist nebensächlich; ich bin unfähig geworden, Überlegungen anzustellen. Normalerweise ist Verhalten – oder zumindest mein Verhalten – durch bestimmte Prozesse gesteuert; man wägt das eine Vorgehen gegen das andere ab, denkt über die Folgen nach. In dieser Lage tut man nichts dergleichen. Man reagiert auf einen Urtrieb, wie ein Tier. Ich erinnere mich, daß ich das in meiner Jugend aufregend fand.

Als Therapie versuchte sie, sich frühere Erlebnisse ins Gedächtnis zurückzurufen. Sie merkte, daß sie davon wahrscheinlich weniger hatte als die meisten Menschen. Abgesehen von jener frühen sexuellen Begegnung, die nicht als Liebe zählte, hatte es Peter Datchett und zwei andere gegeben. Mit Peter Datchett war es eher eine Sache reifenden Interesses als Besessenheit gewesen. Bei den anderen, soweit sie ihre damaligen Gefühle wieder hervorrufen konnte, hatte es mit Liebe zu tun gehabt – sicherlich mit einem Entflammen der Sinne. Mit achtzehn – der Zeit des *mousseline de soie*-Kleides – hatte sie sich dabei ertappt, wie sie sich in einer bestimmten Gegend von Twickenham herumtrieb, wo sie damals lebten, weil sie hoffte, dem Sohn ihres Arztes zu begegnen, mit dem sie bei irgendeinem gesellschaftlichen Ereignis gesprochen hatte. Er hatte sie daraufhin mit ins Kino genommen, wo sie aufschreckte, als sie seine Hand in die ihre kriechen fühlte. Vier Wochen später hatte sie ihn mit einem anderen Mädchen in der Schlange vor dem Kino stehen sehen und gemerkt, daß ihre Zeit vorüber war; dazwischen hatte sie Orientierungslosigkeit und Besessenheit kennengelernt, ihr Problem diagnostiziert und sich belebt gefühlt. Später, in den Zwanzigern, war sie ganz ruhig und geduldig von einem verheirateten Kollegen betört worden. Der Mann hatte sich ihr gegenüber nie anders als freundlich und anständig verhalten; nichtsdestotrotz war sie entflammt. Als er nach einem Jahr wegen einer anderen Stelle wegzog, bereitete ihr das großen Schmerz, und sie dachte monatelang ständig an ihn. In der Erinnerung war es jenes Erlebnis, das ihrem gegenwärtigen Zustand am nächsten kam.

Eines späten Nachmittags kam Giles in die Bücherei. Helen hatte vorübergehend den Rückgabetresen von einer der jungen Kräfte übernommen, blickte auf und sah ihn lächelnd vor sich stehen.

Er hielt seine leeren Hände hoch. »Ich bin kein Kunde. Nichts zu verzollen. Aber ich hatte etwas im Sinn, eine Mahlerbiographie.«

»Wir haben Donald Mitchell. Ich weiß nicht genau, ob er im Regal steht. Sie finden es in …«

»Ich hatte auf persönlichen Service gehofft«, sagte Giles.

Helen blickte um sich. »Wenn Janice vom Tee zurückkommt, kann ich hier weg.«
»Gut. Bis dahin sorge ich für mich selbst.«
Fünf Minuten später kam sie zu ihm in die Ecke mit den Biographien. »Es tut mir leid, daß ich nicht da war, als Sie anriefen – dieses Mal hat Edward daran gedacht, es mir zu sagen.«
»Habe ich angerufen? Ja, stimmt ja – diese Woche war hektisch, wenn auch nicht auf anregende Weise. Leider nichts von den Angelegenheiten betreffs Ihrer Mutter zu berichten. Nun, wozu raten Sie mir? Mahler ist ausgeliehen. Soll ich mich auf zwei Bände über Henry James einlassen?«
Einige Minuten lang sprachen sie über Bücher. Giles traf seine Wahl. Er warf einen Blick auf seine Uhr. »Ich muß los. Chorabend, also mache ich mir ein frühes Abendbrot. Danke für Ihre unschätzbare Hilfe – was für ein Glück, Sie anzutreffen. Ich hatte schon Angst, vielleicht einen Tag zu erwischen, an dem Sie nicht hier sind.«
Dann war also keine Verabredung zu treffen. Chorabend. Helen dachte an die dunkelhaarige Frau; sie sah sie vor ihrem inneren Auge, wie sie lachte und mit Giles sprach. Verzweiflung brach in Helen aus. Einen Augenblick lang war sie ganz benommen; die Bücherei schwankte um sie her – die schmökernden Leser mit ihren Einkaufskörben, die sie neben sich abgestellt hatten, die Bücher in ihren bunten Reihen, die summenden Leuchtröhren. Sie atmete tief durch, sammelte sich, der Raum kam zur Ruhe; Giles schob sich den Bücherstapel unter den Arm und nahm seine Tasche auf.
Sie sagte: »Weshalb haben Sie dann angerufen?« »Weshalb?« Er sah sie mit Erstaunen an. Und mit noch etwas: etwas Kühlem, etwas, das warnte. Halt, sagte sie sich, halt.

Und fuhr fort: »Wenn es nichts zu berichten gibt ...«
»Oh«, sagte Giles. »Ja ... Warten Sie mal, was hatte ich doch im Sinn? Vielleicht Mahler. Und mich für das schöne Picknick zu bedanken. Ich erzählte Edward von dem Reiher, den wir gesehen haben.« Er war im Gehen begriffen; er drehte sich zu ihr. Nun, auf Wiedersehen, meine Liebe, würde er gleich sagen, freue mich so, Sie getroffen zu haben. Und er wäre gegangen, würde sie verlassen, und sie würde auf leere Tage, die da kommen, starren. Nein, dachte sie, nein.
»Ich würde Sie gern sehen«, sagte sie.
»Helen ... natürlich.« Er legte ihr beruhigend eine Hand auf den Arm. »Sehr bald. Es ist so schwierig, hier zu sprechen, nicht wahr? Und ich habe den lieben guten Chor. Wir müssen etwas verabreden – sehr bald.«
»Sie haben auf mich den Eindruck gemacht, Sie wollten auch mich treffen.« Entsetzt hörte sie sich weiter drängen.
»Aber meine Liebe ...« Eine Frau schob sich an ihnen vorbei in die Ecke, Entschuldigungen murmelnd. Giles fuhr fort, wobei seine Stimme ihre fürsorgliche Vertraulichkeit verlor. »Wir müssen nochmals miteinander sprechen. Bald. Bestimmt. Und nochmals vielen Dank für Ihre Hilfe.« Er lächelte: ein öffentliches, neutrales Lacheln. Über das Buch, das sie aus dem Regal gezogen hatte, sah sie die Frau einen Augenblick lang an.
Er ging. »Ich kann R bis Z nicht finden«, sagte die Frau wehleidig. »Nach P kommt etwas Komisches.« Helen gab Hilfestellung. Die Erkundigungen der Frau konnte sie kaum hören; ihr Magen drehte sich; seine verbindlichen kleinen Worte tickten in ihrem Kopf – bald, sehr bald. Na, sagte ihre Mutter, ich denke, das hast du jetzt wohl mit Pauken und Trompeten vermasselt.

Sie hatte schamlose sexuelle Träume. Es war jedoch nicht Giles, der in diesen Träumen vorkam. In diesen Nächten trieb sie es mit Fremden – Männern, die, wenn sie erwachte, noch kurze Zeit deutlich waren, dann aber im Laufe des Tages verblaßten, bis sie nach ein paar Stunden ganz verschwunden waren. Seit dem Picknick hatte sich der junge Mann vom Fluß zweimal zu ihr gesellt; interessanterweise war sie nicht die Helen von heute, sondern ihr jüngeres Selbst gewesen, und nicht einmal das – irgendein anderes Mädchen, gleichermaßen fremd und zutiefst vertraut, eine Doppelgängerin, eine Spiegelbild-Helen. Sie hatte mit diesem Mann an einem einsamen Strand nackt gebadet und danach mit ihm zwischen Sanddünen gelegen. Während der Traum am Morgen bei ihr verblieb, spürte sie ein brennendes Gefühl von Entzug, als hätte man sie verlassen, als hätte sie jemanden verloren, den sie kannte und liebte. Und dieser Verlust war zum Teil der Verlust eines Wesenszugs von ihr, so unwiederbringlich wie vergangenes Glück.

Ihr fiel ein, daß Dorothy irgendwo alte Photoalben aufbewahrt hatte, und einer Laune folgend fing sie an, nach ihnen zu suchen. Sie waren nicht dort, wo Helen sie vermutete, nämlich in der großen hohen Kommode im Wohnzimmer, in der ein nie aufgesuchtes Durcheinander lauerte aus alten Zeitschriften, mottenzerfressenen Strickgarnknäueln, Schnittmustern, Edwards Schulzeugnissen, Louises Skizzenmappen, Knöpfen, Packband. Schließlich wurde sie ganz unten in Dorothys Kleiderschrank fündig, eine Stelle, für deren Aufräumen sie sich noch nicht gestählt hatte. Sie zog die Alben unter einigen alten Decken hervor, setzte sich aufs Bett und begann, die Seiten durchzublättern: Photos fielen heraus, verkratzt, achtlos behandelt, nicht eingeklebt – dies war kein liebevoll gepflegtes Relikt. Hier war die gelockte Louise, die in ihrem Spielhöschen auf einem grauen, kiesigen Strand blöd grinste; da war Edward in knielangen Shorts, kurzgeschorenen Haaren und abstehenden Ohren. Und hier war Helen, eine vergessene Helen mit ängstlich-pausbackigem Gesicht einer Heranwachsenden, die ein zerknittertes Baumwollkleid trug und schief dastand – ihre Mutter war eine nachlässige Photographin gewesen. Alle diese Abzüge waren unter- oder überbelichtet, mit schiefen Sujets; Köpfe waren abgetrennt, Hände und Füße ragten riesenhaft in den Vordergrund. Nichtsdestoweniger waren Photos gemacht worden; es hatte den Versuch gegeben, etwas aufzuzeichnen, festzuhalten. Helen, die sie flüchtig durchsah, erinnerte sich an Louise auf dem Friedhof: Selbst Mutter muß dieses merkwürdige Kribbeln gehabt haben …

Hier war auch ihr Vater. Immer ganz am Rande. Schüchtern stand er neben einer Gruppe oder diente als Hintergrund – die Beine vom Kleinstkind Louise umfangen, eine verschwommene Figur auf einem Feld hinter Helen und Edward, die auf einer Decke saßen und Sandwiches aßen. Gerade dieser Schnappschuß weckte Erinnerung, der Nachmittag kam zurück, als sie darauf starrte – der Sandwichbelag war Brauhefeextrakt gewesen, Edward hatte eine Schwärmerraupe gefunden. Aber was machte ihr Vater da, der dort undeutlich unter einem Baum versteckt war? Daran konnte Helen sich nicht erinnern. Und nirgends war er allein zu sehen; nie, so schien es, hatte Dorothy den Sucher der alten Brownie-Kamera bewußt auf ihren Mann gerichtet.

Gleichermaßen kam auch sie selbst nicht vor; selbstverständlich – sie war die Photographin gewesen. Hinten im Album war ein Packen glänzender professioneller Bilder, und auf denen war Dorothy zu finden, wie sie wütend aus Louises Hochzeitsgesellschaft hervorstarrte, wie sie steif neben Edward auf seiner Schulabschlußfeier stand. Zu beiden Gelegenheiten hatte sie denselben Hut getragen – einen kompromißlosen Chenilleturban; Helen hatte ihn vor einem Monat zusammen mit dem Rest ihrer Sachen beseitigt, und beim Blick auf die Photos kehrte wieder das Gefühl von etwas seltsam Trockenem und doch Schmierigem zurück. Und auf einem früheren Bild war auch der braune Bärenpelzmantel: Flankiert von Helen und Edward als Kinder stand Dorothy auf einem Bürgersteig vor Londoner Taxen und Busse – sie mußten von einem Straßenphotographen geknipst worden sein, als sie auf einem dieser Ausflüge zu einem Weihnachtsspiel oder Ballett waren. Dorothy sah eher entschlossen als festlich aus; zu der Zeit war sie wohl um die Vierzig, stand aber schon ganz steif, wie eine ältere Frau. Nie schien sie wirklich jung gewesen zu sein, merkte Helen; nicht einmal in den nebelhaftesten Tiefen ihrer Erinnerung.

Aber es war nicht Dorothy, nach der sie suchte, und nicht ihr Vater. Sie spürte sich selbst nach, indem sie alle Bilder beiseite legte, auf denen sie zu sehen war – nicht als Kind, sondern als erwachsene Frau. Davon gab es nicht so viele. Die Reihe hörte in den späten fünfziger Jahren abrupt auf; der Apparat hatte seinen Geist aufgegeben. Helen konnte sich sogar an den Vorfall erinnern; wie der Verschluß klemmte, ihre Mutter einen Wutanfall bekam, das Ding in die Mülltonne flog. Und natürlich nie ersetzt wurde; so ein Kauf wäre ein nicht zu rechtfertigender Luxus gewesen. Das letzte Photo von ihr zeigte sie im Alter von ungefähr fünfundzwanzig, hier im Garten von Greystones, als sie Äpfel in Körbe sortierte. Ganz klar war Dorothys Absicht gewesen, die Apfelernte festzuhalten – eine ungeheure; Helens Anwesenheit war zufälliger Natur, wie eine der Figuren, die man zu Vergleichszwecken oder aus Gründen der Bildkomposition heranzieht. Aber sie hatte ihr Gesicht der Kamera zugewendet, und die hatte einen Blick eingefangen, den sie nirgends sonst finden konnte und der tatsächlich zu einer anderen jungen Frau zu gehören schien; sie erkannte sich darauf kaum wieder. Sie sah eine Person, die jung war, ja, aber mehr als das, die einen Ausdruck von fesselnder Lebendigkeit und Erwartung trug. Und die so ihre Mutter anblickte – was hatte sie gesehen? Woran hatte sie gedacht? Helen drehte das Bild um und sah, daß Dorothy mit Bleistift »16 Pfund Laxton; 24 Pfund Cox« draufgeschrieben hatte. Einer der Bäume wurde einige Jahre später im Sturm umgeweht; der andere überlebte als krankes und steriles Überbleibsel.

Sie saß auf dem Bett ihrer Mutter und studierte ihr eigenes entferntes und fremdes Gesicht. Die Augen sahen tatsächlich in die ihren – lebendig, erwartungsvoll, verletzlich. Sie hatte das Gefühl, als wäre sie mit einem Kind konfrontiert: Es wird schon gut, wollte sie sagen, ich paß' schon auf, daß es gut wird.

Ein Brief kam von Giles: ein getippter, offizieller Brief über die Angelegenheiten ihrer Mutter. Doch in ihm lag ein gefalteter, handgeschriebener Zettel – »So gut, Sie in der Bücherei gesehen zu haben, wenn auch kurz. Obgleich ich auch dachte, Sie schienen nicht ganz Sie selbst zu sein, ich vertraue darauf, daß jetzt alles in Ordnung ist – lassen Sie es mich auf jeden Fall wissen, wenn es etwas gibt, was ich tun kann. Herzlichst Ihr Giles.«

Was soll ich nun damit anfangen? fragte sie sich. Und mit dem Gedanken stieg plötzlich Ärger auf. Ich kann damit irgendetwas oder auch gar nichts anfangen; Unklarheit und Doppeldeutigkeit sind eingebaut, bewußt oder weil es seine Gewohnheit ist. Genau wie er sich seit unserem ersten Treffen verhalten hat, in einer Weise, die sich der Interpretation entzieht.

Bevor sie es sich anders überlegen konnte, rief sie am Abend an. Sie nahm den Hörer auf, ohne zu planen, was sie sagen wollte.

»Hier ist Helen.«

Es gab kein Zögern, keine Kühle in seiner Stimme. »Wie schön – und wie *geht* es Ihnen? Haben Sie meinen Brief erhalten? Wie ich schon erläuterte – wir sollten in der Lage sein, die Aktien nächsten Monat überstellt zu bekommen, und dann können Sie loslegen und sie verkaufen oder wieder investieren oder was immer Sie wollen. Es könnte genauso gut sein, sie ...«

»Ich verstehe«, sagte sie. »Und danke für Ihr Briefchen.«

»Ah ...«

»Es gibt in gewissem Sinne schon etwas, das Sie tun können. Vielleicht können wir uns treffen.«

Giles sagte sogleich: »Natürlich. Warten Sie mal ... Morgen? Wie wär's mit morgen, Samstag? Abends habe ich einen Termin, aber tagsüber ist frei, wenn ich meine Hausarbeit erledigt habe. Warum nicht in einem Pub Mittag essen und irgendwo, wo es schön ist, frische Luft schnappen?«

Er hatte die Gartenanlagen eines Herrenhauses aus dem achtzehnten Jahrhundert vorgeschlagen, die für ihr pittoreskes Aussehen bekannt waren: »Ich habe nichts übrig für stattliche Häuser, aber man kann dort schön spazierengehen.« Sie hatten in einem vollen Pub am Fluß zu Mittag gegessen, wo Giles sanft und beständig über allgemeine Dinge gesprochen hatte. So redete er auch jetzt weiter, als sie die große Allee herabgingen, weg von den streng regelmäßigen Gärten und in die Reitwege der Waldung, wo klassische Skulptu-ren aus dem Unterholz ragten und das sich schlängelnde Bächlein sich zu einem fernen Tempel wand. Sie hielten auf der Terrasse inne, von deren Brüstung aus man den kleinen See überblicken konnte, und beugten sich vornüber; unter ihnen schwammen riesige goldfarbene Fische im grünen Wasser herum.

»Karpfen?« wollte Giles wissen. »Oder Orfe, nicht wahr? Da gibt es doch so etwas, das Orfe heißt, oder?«

Helen sagte: »Ich glaube, ich sollte mir einen anderen Anwalt suchen.« Sie hatte diese Worte nicht erwogen; sie kamen einfach und, einmal gesagt, schienen sie passend zu sein.

Er wandte sich ihr zu. Zum ersten Mal überhaupt sah sie ihn verwirrt. In seinem Gesicht war eine plötzliche Blöße. Dann wurde die Blöße bedeckt: Er hatte gesehen, was kommen würde. Mit gewählter Vorsicht sagte er: »Aber natürlich, meine Liebe, wenn Sie das Gefühl haben, wir paßten nicht zusammen. Sie haben das Recht dazu.«

»Das hat mit beruflichen Dingen nichts zu tun. Sondern damit, daß ich in Sie verliebt bin.«

Es herrschte Stille. »Oje, oje«, sagte Giles. Er klang völlig gekünstelt. Er sah auf die Fische herunter. »Meine liebe Helen …«

»Was meine Schuld ist«, sagte Helen. »Aber es macht das Leben schwierig. Und ich muß sagen, daß, obwohl, was ich fühle, meine Schuld und meine Verantwortung ist, Sie mich bis zu einem gewissen Punkt darin bestärkt haben. Oder Sie haben mich zumindest darüber im Unklaren gelassen, was ich denken soll.«

Giles seufzte. »Dann ist mir der Vorwurf zu machen. Lassen Sie mich bitte sagen, Helen, daß ich für Sie die größte Zuneigung und Achtung empfinde. Sehen Sie das bitte ganz klar. Ich lege großen Wert auf Ihre Freundschaft, und ich hatte gehofft, das weiterhin tun zu können.«

Sie sah den Fischen zu. Karpfen oder Orfe. Sie lagen in Winkeln zueinander und trieben sehr langsam dahin, so daß sich das von Gold zersplitterte Muster des Sees ständig änderte. Sie hörte, was er sagte, und dachte: So ist es also, wie es ist und wie es sein wird. Sie fühlte nicht sehr viel außer der Empfindung, sich unerbittlich von einem Augenblick zum nächsten zu bewegen und hinzunehmen, was jeder brachte. Sie verfolgte die langsame Wendung eines sehr großen cremefarbenen Fisches und sagte: »Aber Sie sind nicht in mich verliebt, was es, so fürchte ich, wohl zu einer recht schwierigen Freundschaft machen würde. Natürlich mögen sich meine Gefühle ändern – dessen bin ich mir wohl bewußt –, wobei dann all dieses recht dumm erschiene. Wahrscheinlich werde ich mir wünschen, die Sache nie erwähnt zu haben, doch erscheint es mir im Augenblick notwendig. So sieht es aus. Was für Sie nicht sehr wichtig ist, ist für mich wichtig geworden – beunruhigend wichtig. Es existiert ein Ungleichgewicht, und ich fühle, ich kann es nicht zulassen, daß es so weitergeht. Um meiner selbst willen, nehme ich an.«

Es war erstaunlich, wie leicht die Worte kamen, jetzt, wo sie sie zugelassen hatte. Während sie sprach, sah sie Giles überhaupt nicht an, und die Sätze türmten sich aufeinander, rückhaltlos, wie ein Gedankenfluß; im Sinne von Erlösung fand sie daran sogar ein klein wenig Gefallen.

»Ich glaube wohl, daß eine andere Frau damit anders umginge. Sie sind zu einer Zeit aufgetaucht, wo die Dinge recht ... merkwürdig liegen. Für mich, meine ich. Gegebenenfalls habe ich wohl deshalb teilweise so reagiert. Damit, daß ich dies alles sage, bin ich mir bewußt, mich nicht an die Regeln zu halten. Sie würden es sehr bevorzugen, ich täte es nicht.« Mit den Augenwinkeln fing sie seine Unmutsgeste ein. Er setzte an zu sprechen, doch sie unterbrach: »Glauben Sie aber nicht, daß ich Vorwürfe auftische. Das Problem ist – ist gewesen –, daß das, was für Sie eine Sache war, für mich eine ganz andere war. Wahrscheinlich habe ich gelegentlich etwas fehlinterpretiert. Dachte, Sie meinten etwas, was Sie gar nicht meinten.«

Sie hielt inne, und Giles sprang sofort ein. »Es ist mein Fehler. Das Problem ist ... mein Problem ist ... Oje. Ich glaube, ich bin empfänglich. Selbst jetzt finde ich Ihre Ehrlichkeit reizend. Muß das wirklich unsere Freundschaft beenden? Sicherlich nicht. Wie Sie richtig gesagt haben, mögen sich Ihre Gefühle ändern. Oh – werden sich bestimmt ändern.« Lag da nagender Zweifel oder Selbstgefälligkeit in seinem Ton?

»Ich kann mir nicht vorstellen«, sagte Helen, »daß sich jemand von uns beiden hiernach sehr wohl fühlen würde.«

Giles seufzte. »Sie sind so viel besser als ich, Helen. Sie lassen mich unaufrichtig erscheinen. Aber wissen Sie, das bin ich nicht. Ich bin einfach ... naja, ich lerne jemanden wie Sie kennen, mit dem ich mich sogleich innerlich verbunden fühle, zu dem ich mich sogleich hingezogen fühle und ... ich werde mitgerissen, glaube ich. Es ist nicht Unaufrichtigkeit. Es ist ... Empfänglichkeit. Eine Schwäche, nehme ich an, aber so sieht's aus.« Er bedachte sie mit einem Ausdruck der Reue – reuevoll und beschwichtigend, wie ein Junge, den man bei einem Vergehen erwischt hat.

Sie sah, daß sie in eine falsche Richtung gelenkt werden sollte: Sie sollte sich gewichtig fühlen, bedeutend. »Ich habe Sie nie als unaufrichtig angesehen. Nur zuweilen verwirrend. Zumindest wirkte es verwirrend auf mich, aber das hat wahrscheinlich mit meinen eigenen Defiziten zu tun. An Beziehungen, heißt das. Das ist es, was ich meine mit den Dingen, die für Sie anders sind als für mich.«

Sie sah wieder den Fischen zu. Und jetzt fing sie eine andere Geste ein, aber dieses Mal eine verstohlene – das schnelle Wegschieben einer Manschette, um auf die Uhr zu blicken. Auf einer anderen Bewußtseinsebene registrierte sie Überraschung, einen kurzen Impuls von Zorn und die leichte Wahrnehmung ihrer eigenen Genesung: An diese Bewegung würde sie sich letztendlich erinnern. Über ihnen gurrte ein Türkentaubenpärchen im Baum; der Tag war absolut still – ohne Sonne und drückend.

Giles legte ihr die Hand auf den Arm. »Wissen Sie, ich habe das Gefühl, daß diese Selbstbeobachtung zu nichts führt. Sollen wir weiter? Ich werde dieser Fische ziemlich müde.«

Sie gingen weiter in die dichter werdende Waldung. Giles hatte immer noch seine Hand unter ihrem Ellenbogen; sie hielt an, um den Riemen ihrer Sandale zu richten, ein Vorwand, die Hand loszuwerden. Ich kann durch dies alles durchkommen, dachte sie, solange er mich nicht berührt. Ich glaube, ich kann's.

Sie folgten dem Betonbett des sich schlängelnden Bächleins, welches sich in einen Teich stygischer Schwärze ergoß. Giles hielt an, um hineinzuspähen. »Keine Fische. Wirklich, hier kann es gelegentlich ausgesprochen melancholisch sein. Vielleicht hätte ich Sie nicht hierherbringen sollen.«

»Ich hätte das auch gesagt, wenn wir auf einen Rummelplatz gegangen wären«, sagte Helen.

Er lachte. »Sehen Sie! Das ist es, was so fesselnd an Ihnen ist – aber Sie sind natürlich die einzige Person, die das nicht so sehen kann. Ich hoffe, ich soll nicht vollständig in die Finsternis getrieben werden, Helen, das würde ich ganz scheußlich finden.«

Aha, dachte Sie, er soll derjenige sein, der zurückgewiesen wird; so soll es also sein.

Sie kamen ins offene Gelände. Ein kleiner Tempel thronte über einem Hang mit einem Ausblick auf offene Felder und den Fluß, den Schilf und Weiden säumten. Ein Schwanenpaar kreuzte mit seinen Jungen, und Schwalben zickzackten über dem Wasser hin und her.

Giles sagte: »Da brennt etwas.«

»Stoppeln werden abgebrannt.« Jetzt bemerkte Helen, daß der Himmel nicht von Wolken bezogen, sondern von Rauchschwaden verhangen war. Der Landschaftssaum qualmte. Am anderen Ende des Tales, jenseits des Flusses und der Auen, lag ein roter Rand; sie konnten es knistern hören.

»Es ist eine Schande«, sagte Giles. »Es ist erlaubt, es ziemlich außer Kontrolle geraten zu lassen. Es sollte eine neue Gesetzgebung geben.«

Sie gingen weiter, vorbei an einer klassischen Arkade, einem Apoll und einer Reihe Nymphen. Seerosen trieben am Rande des Flusses; Weiden hingen wie Regen herab. Die Luft war jetzt ziemlich beißend; Helen sah, daß ihr Blusenärmel mit dunklen Ascheflöckchen bedeckt war. Giles sprach von

Kindheitsferien in Devon; Wiesen voller wilder Blumen, Korngarben, Schmetterlingen. Eine verschwundene Landschaft. Und ich glaube wohl, Pferdewagen und Landarbeiter in Kitteln, dachte Helen: Alles wird durch Erinnerung ausgeschmückt. Selbst der heutige Tag, zweifellos. Letztlich.

Sie kamen am Wagen an. Er fuhr sie nach Greystones zurück, sprach immer noch ununterbrochen von völlig bedeutungslosen Dingen. Als er die Wagentür für sie öffnete, lächelte er, ein Lächeln, anscheinend beredt von Bedauern als auch von Aufforderung. Dann legte er ihr für einen kurzen Moment die Hand auf die Schulter, kehrte auf den Fahrersitz zurück und war verschwunden.

Sie ging den Weg zur Eingangstür hinauf. Auch hier konnte man riechen, daß etwas brannte. Der Himmel über den Britches war sepiafarben, als ob ein Unwetter im Anzug sei. Sie nahm das alles wahr, öffnete die Tür und wußte auch sofort, daß etwas Fremdartiges mit dem Haus war. Sie rief »Edward?«, und dann fiel ihr ein, daß er mit den Vogelkundlern unterwegs war. Sie ging in die Küche, und Phil saß am Tisch. Er stand auf. Sie sah, daß sein grüner Schopf jetzt an der Wurzel braun wurde. Es wuchs also aus. Er sah äußerst ungesund aus; die ängstlichen Augen eines Kindes spähten aus einer weißen Maske heraus. Er sagte: »Die Haustür war abgeschlossen, und so bin ich durchs Fenster hinten reingekommen. Edward war auch nich hier.«

Helen zog den Mantel aus und setzte Wasser auf. Sie hatte ein ungewöhnlich starkes Bedürfnis nach einer Tasse Tee. »Wir haben dich nicht erwartet, Phil.«

»Ich dachte, ich komm und bleib mal für'n Weilchen. Du und Edward habt nichts dagegen, oder? Ich meine, ich dachte, weil's mein Haus is, jedenfalls so, es wär' schon in

Ordnung. Wenn ihr mich nich wollt, geh ich woanders hin. Ich mein, is mir total egal. Tatsache is, ich hab'n bißchen die Schnauze voll von zu Hause.« Er sah sie gespannt an; seine Augen waren die eines Fünfjährigen.

Sie nahm zwei Tassen mit Untertassen aus dem Geschirrschrank und stellte sie auf den Tisch; aus dem Kühlschrank nahm sie Milch. »Das ist schon in Ordnung. Du kannst bleiben, wenn du magst. Ich bringe gleich ein paar Laken, und du kannst dir im Gästezimmer ein Bett machen. Ich meine aber doch, daß du deinen Eltern Bescheid geben solltest. Frag' deine Eltern«, verbesserte sie sich.

»Is gut«, sagte Phil. »Ich hab' Mama angerufen. Sie sagte, es klingt gut, bis ich's wieder bringe.«

»Das sagte sie, wirklich?« sagte Helen in anderem Ton. Der Kessel spritzte. Sie machte den Tee, goß zwei Tassen ein.

»Danke«, sagte Phil.

Helen trank einen Schluck Tee und merkte, wie ihre Kräfte allmählich zurückkehrten. Sie sah Phil an; er war von Kopf bis Fuß in schwarzes Leder gehüllt, wie immer. »Willst du nicht deine Jacke ausziehen? Dir muß doch ganz heiß sein.«

Phil schüttelte achtlos die Jacke ab, die mit metallischem Klirren auf den Boden fiel. Darunter trug er ein T-Shirt, das erstaunlich dreckig war.

»Die Sache is, ich komm mit Mama und Papa nich klar. Ich meine, wir haben alle die Schnauze voll voneinander.«

»So was kann passieren.«

»Ich glaub'«, fuhr er großmütig fort, »'s is zum Teil auch meine Schuld.«

»Ich glaube auch«, sagte Helen. Nach einem Augenblick fuhr sie, von plötzlicher Hoffnung gepackt, fort: »Was ist mit der Schule? Das Schuljahr beginnt doch bald.«

»Kann mich nich erinnern«, sagte Phil ausweichend. »Is jedenfalls nich wichtig. Die Sache is, ich muß wieder auf die Reihe kommen. Hab' Probleme.«
Helen goß beide Tassen wieder voll. Phil schlürfte seine in einem Schluck. Er schien wiederhergestellt zu sein; sein Schopf stand wieder keck. »Ich muß mit mir klarkommen.«
»Nun«, sagte Helen. »Wir haben alle unsere Probleme, aber du darfst hier gern ein Weilchen bleiben.«
Über seine Tasse hinweg sah Phil sie freundlich tadelnd an. Er ignorierte den ersten Teil ihrer Aussage. »Danke, Helen.«

»Eigentlich«, sagte Louise, »ist es die perfekte Lösung. Ich weiß nicht, warum ich nicht selbst darauf gekommen bin. Ich meine, du und Edward seid gefühlsmäßig nicht so verstrickt wie wir, und er wird euch nicht auf dieselbe Art auf den Geist gehen, und ich weiß, wo er ist und daß es ihm gut geht. Die Lösung liegt auf der Hand. Wenigstens hat er angerufen. Obwohl du es natürlich sowieso getan hättest. Nicht, daß er, wie man es nennen könnte, mitteilsam war. Eine Reihe von Grunzern, das höre ich so meistens zur Zeit. Es gibt Momente, wo ich mich frage, ob er mich tatsächlich haßt, oder ob er nicht schon jenseits von Geringschätzung und Gleichgültigkeit ist. Ich sehe ihn an – wenn ich es ertragen kann, und ehrlich gesagt, wenn du ihn dazu überreden kannst, ein sauberes T-Shirt anzuziehen, tust du uns allen einen Gefallen – ich sehe ihn an, und ich erinnere mich an liebe kleine Patschhändchen, die einen festhalten, und daran, wie ihre Gesichter immer nach Seife und Milch rochen. Was ist damit *geschehen*? Na, jedenfalls hat er angerufen. Vielleicht deutet das ja auf ein *paar* normale menschliche Reaktionen hin. Und ich weiß, wo er ist, und auch ganz grob, was er treibt. Obwohl … gibt es im Dorf schon eine Drogenszene? Ist ja *gut,* du weißt es nicht, aber deshalb brauchst du doch nicht so zu grätzen, ich bin einfach am Ende. Du weißt ja nicht, wie das ist – fragst dich, was zum Teufel er jetzt gerade treibt und wo er ist und wann er zurückkommt. Und die Grunzer und die feindlichen Blicke und die zugeschlagenen Türen und dieses Scheiß T-Shirt. Bitte versuche ihn dazu zu bringen, etwas Anständiges zu essen. Und halte mich auf dem Laufenden. Es sei denn natürlich, er läßt sich herab und ruft selbst an. Vielleicht könntest du ihm darlegen, daß man Gefühle hat. Na jedenfalls … So, und wie sieht's bei euch aus?«

»Für wie lange?« sagte Edward.

Am Ende war es Helen, die das Bett im Gästezimmer richtete. Es hatte den Anschein, daß Phil sein Leben unter einem Federbett verbracht hatte; das technische Problem von Laken und Wolldecken besiegte ihn. Er ließ sich in den arg mitgenommenen Sessel fallen und sah ihr zu, wobei er gemütlich vor sich hin schwatzte. Er schien ein neues Leben angefangen zu haben. »Ich mag das hier. Is'n hübsches Haus. Nich so geleckt. Kann geleckte Häuser nich ab. Das is eigentlich, was ich an dir und Edward mag. Ihr seid auch nich so geleckt. Nich wie die Freunde von Mama und Papa. Die kennen ein paar ätzende Leute, echt ätzend.«
»Mhm. Kannst du mir das Kissen reichen?«
»Was dagegen, wenn ich 'n paar Poster aufhänge? Is so 'n bißchen langweilig, dies Zimmer.«
»Schon gut. Ich kann mir noch nicht genau vorstellen, Phil, was du hier tun willst, weißt du?«

»Brauchst dir um mich keine Sorgen zu machen«, sagte Phil beruhigend. »Ich werd' wahrscheinlich 'ne Masse Zeit mit Gedichteschreiben verbringen.«

»Oh. Aha. Was für Gedichte schreibst du?«

»Meistens Protestgedichte«, sagte Phil in geschäftsmäßigem Ton. »Edward wird wohl nichts dagegen haben, wenn ich mir seine Schreibmaschine leih', oder?«

Sie hatte Phil Tee gemacht. Hatte selbst Tee getrunken, Louise angerufen, Edward beiseite genommen und ihm die Sache erklärt, das Bett im Gästezimmer gemacht. Und die ganze Zeit hindurch dachte sie nicht an Giles. Sie nahm sich jene Stunden nicht vor und dachte über sie nach; sie ließ sie einfach irgendwo in ihrem Kopf ruhen, wo sie zweifellos zu einem Zeitpunkt geringen Widerstands an die Oberfläche dringen würden. Üblicherweise in den frühen Morgenstunden. An diesem Abend kam ihr ab und zu das Bild des Sees mit seinem goldenen Gitterwerk aus Fischen; sie fragte sich, wieviele Jahre es dauern würde, bis sie mit Gleichmut dorthin gehen könnte. Und während sie das dachte, wußte sie, daß der Gedanke selbst das erste, schwache, frühe Signal ihrer Genesung war. Es war, als ob man zur Zeit eines Fieberanfalls einen flüchtigen Augenblick des Wohlergehens erlebte. Irgendwann, dachte sie, wird es vorüber sein. Darum muß ich mich nicht sorgen. Doch davor liegt noch ein langer Weg. Jetzt, heute abend, gibt es nichts, worauf man sich freuen kann, keinen Grund, morgens aufzustehen oder von einem Tag zum anderen fortzuschreiten. In diesen letzten Monaten war ich jemand anderes, jetzt muß ich lernen, wieder ich selbst zu sein.

Nein danke«, sagte Phil. »Ich hab' schon was gegessen.« Es war am nächsten Abend; mit aller Höflichkeit lehnte er die Pastete nach Landhausart ab, die das Abendessen war.

»Eigentlich eß' ich nur *fish and chips*«, erklärte er. »Da kommt einer nachmittags mit'm Lieferwagen. Hab' ich gestern rausgekriegt.«

Edward sagte beeindruckt: »Das habe ich nie gewußt. Es könnte nützlich sein.«

»Draußen vorm Pub. Ich bring' dir morgen was mit, wenn du willst.«

Schuldbewußt warf Edward einen kurzen Blick auf Helen. »Nun ja, wollen mal sehen ...«

Helen, die sich so durch den Tag schlug, hatte über längere Zeiträume Phil völlig vergessen. Er war eine Zeitlang ins Dorf verschwunden, war dann zurückgekommen und im Garten herumgestreift und sogar, wie sie bemerkte, in die Britches eingedrungen.

Später konnte man ihn auf Edwards alter Remington herumhacken hören, die er mit einer Verehrung behandelte, die sonst nur Kunstwerken entgegen gebracht wird. »Is schon 'ne schöne Sache, so was. Papa hat nur so 'ne blöde Amstrad.«

Nach dem anfänglichen Schrecken schien Edward unbeeindruckt zu sein von Phils Anwesenheit. Wenn er ihm über den Weg lief, sah er erstaunt, aber nicht besonders fassungslos aus. Trotz der Ablenkung ihrer eigenen Gefühle war es Helen bewußt, daß auch er in einer heimlichen Ängstlichkeit eingeschlossen schien. Sie fand ihn, wie er aus dem Fenster starrte. Wenn der Milchmann an der Hintertür erschien, drehte er sich mit heftiger Bewegung herum. Helen fand ihn irritierend; sie fühlte sich gebrechlich und schritt vorsichtig von einer Stunde zur nächsten, voller selbstschützerischer Benommenheit. Edward und Phil waren Lasten, von denen sie sich in dieser besonderen Zeit frei zu sein gewünscht hätte; sie hätte sich gern irgendwo wie ein Tier verkrochen und die Dinge ausgesessen. So, wie die Dinge lagen, mußte für Mahlzeiten gesorgt, Störungen entgegengetreten werden. Als das Telefon klingelte, kribbelte ihre Wirbelsäule. Sie sagte zu Edward: »Kannst du 'rangehen?« Als wäre er taub, setzte Edward seinen Weg über die Diele und die Treppe hinauf fort. Helen nahm den Hörer auf und hörte Joyce Babcocks Stimme, was eine Mischung aus Erleichterung und Enttäuschung hervorrief.

Hast du wirklich geglaubt, er würde anrufen? sagte ihre Mutter. Nach *dem*? Du hast jetzt die Brücken hinter dir abgebrochen. Hast du das nicht gemerkt? Dein größter Feind bist du selbst, Helen. Was murmelst du da so vor dich hin? Selbstachtung? Naja, wenn du so eine Sprache benutzen willst, bitte sehr, aber das wird dir herzlich wenig nützen.

Ein weiterer Tag verging. Und noch einer. Helen fuhr nach Spaxton, fuhr unerschrocken an Giles Carnabys Kanzlei vorbei, widmete sich der Bücherei und kam ihren Pflichten nach. Zurück in Greystones war der Küchenabfluß verstopft, und Tam entdeckte eine von Helens gefangenen Mäusen und fing an, sie zu fressen, bevor es bemerkt wurde. Helen, die sich der Reihe nach mit diesen Krisen beschäftigte, war erstaunt, Phil neben sich zu finden, der seine Hilfe anbot. Begeistert wühlte er im Abfluß herum und unter-

nahm dann eine kurze und heftige Balgerei mit Tam, aus der er triumphierend mit zwei Dritteln der Maus hervorging. Tam schlich grimmig knurrend hinaus in den Garten. Phil warf die Maus in die Mülltonne. »Das is ’n schrecklicher Hund. Ich meine, ich mag Hunde sowieso nich, aber der is echt ekelhaft.«
»Edward mag ihn sehr gern.«
Phil nickte. Beide schwiegen. Mechanisch machte Helen weiter das Abendbrot (oder war es das Mittagessen? Oder das Frühstück?). Sie wünschte eigentlich, Phil möge weggehen, ihr fiel aber kein Vorwand ein, um ihn fortzuschicken, und so wichtig war es ihr nun auch wieder nicht. Sie war nur von einem dieser Augenblicke voller Trostlosigkeit gepackt worden, die wie aus dem Nichts in unregelmäßigen Abständen zuschlugen und sowohl Gedanken als auch Handlungen verkümmern ließen; sie schälte eine Kartoffel, legte sie in den Topf, starrte sie einige Sekunden an und nahm sie dann wieder heraus.
Phil sagte: »Edward is ’n netter Typ.«
»Ja, ich weiß.«
»Er macht mit den Sachen nich immer so rum. Das is der Fehler mit den meisten. Die sind so protzig. Ich mein’, fast alle, die ich kenn’, sind protzig. Edward isses einfach egal.«
»Ich weiß, was du meinst«, sagte Helen. Die Trostlosigkeit ließ ein wenig nach, wie ein Fieber, sie war aber nicht in der Stimmung, Edwards Charakter zu beurteilen.
»Ich mein’ ja nich, daß *du* protzig bist«, fuhr Phil eifrig fort. »Ich mein’, fast alle anderen *außer* dir. Du bist ziemlich wie Edward.«
»Das höre ich gern.« Es war an der Zeit, beschloß sie, das Gespräch in eine andere Richtung zu lenken. »Bist du …

hast du das Gefühl, daß du irgendwo ... wieder mehr auf die Reihe kommst? Seit du hier bist.«

Phil warf ihr einen Blick zu, der Verletztheit und Würde vereinigte. »Dauert was, ne? Ich mein', wenn's psychologisch is.«

»Ich glaube schon«, sagte Helen sanft.

Edward hatte Schwierigkeiten mit der Chronologie. Er schlief so schlecht, daß er sich in einem ständigen grauen Nebel von Abgeschlagenheit umherbewegte. Er wußte nie, in welcher Tageszeit er sich gerade befand. Manchmal meinte er sich auch im Jahr nicht mehr zurechtzufinden. Oft kam er aus seinen aufwühlenden Gedanken an die Oberfläche und blickte leer auf die Welt: Welches Datum war heute? Welcher Monat? Er mußte die Augen zum Fenster richten und anhand des Zustands der Vegetation draußen herausfinden, woran er war: hoch wuchernde Blätter mit einem Anstrich von Gelb – früher September. Er merkte, daß er irgendwie nicht in Ordnung war, aber es schien nicht ein schlechter Gesundheitszustand zu sein, an dem irgendetwas gemacht werden könnte; man konnte nicht zum Arzt gehen und sagen, man wisse die Jahreszeit nicht. Selten verließ er das Haus, es sei denn, um in die Britches zu gehen. In der Vorwoche war er mit der ornithologischen Gesellschaft unterwegs gewesen; das Beobachten der Vögel war heilsam gewesen, die Begleitung aber hatte ihn gestört. Im Ganzen gesehen war das Alleinsein vorzuziehen. Helen zählte nicht. Phils Ankunft war anfangs verwirrend gewesen, doch er ließ sich leicht ignorieren. Nach ein paar Tagen hörte Edward auf, ihn wahrzunehmen. Außer seinen drückenden Bedürfnissen nahm er nicht viel wahr.

»Ich dachte, ich nehm' 'n Bus nach Spaxton«, sagte Phil. »'paar neue Bänder besorgen. Ihr habt doch nichts dagegen?«
Sie saßen beim Frühstück. Die Hintertür war zu einem goldenen Morgen hin geöffnet; der Garten glühte; die Hecke war von Spinnennetzen weiß verschleiert; ein Rotkehlchen sang durchdringend aus dem Apfelbaum.
»Schöner Tag heute«, fuhr Phil unbeschwert fort. Er war bei seiner dritten Toastscheibe. Helen warf ihm einen erstaunten Blick zu; Sensibilität für die Natur hätte man nicht auf einem vorderen Platz auf Phils Reaktionsskala erwartet.
»Was für'n Vogel singt denn da, Edward?«
»Ein Rotkehlchen«, sagte Edward.
Phil lächelte mild. »Is hübsch. Na, ich hau' dann mal ab. Bis später.«
Er stand auf, und in demselben Augenblick hörten sie alle Schritte auf dem Gartenweg. Edward trank gerade Tee; klirrend setzte er die Tasse ab. Gary Paget erschien an der Tür. Er stand einfach da, wie es seine Gewohnheit war, und erwartete Anweisungen. Mühsam konzentrierte sich Helen auf das, was anlag, und sagte ihm, welches Stück des Gemüsegartens er umgraben solle. Gary und Phil sahen durch einander hindurch, wie Hunde, deren Territorien sich peinlicherweise überschnitten haben. Während sie sprach, war sich Helen des heftigen Kontrasts zwischen beiden bewußt. Gary, zwei Jahre jünger als Phil, sah aus, als käme er aus einem anderen Jahrzehnt – sogar einem anderen Jahrhundert. Wenn man sie so zusammen sah, schienen beide kostümiert zu sein. Mit seinen sackförmigen braunen Cordhosen und dem kragenlosen Baumwollhemd, seinem weizenfarbenen Haar und dem blankgescheuerten Gesicht sah Gary aus wie ein Ju-

gendherbergswanderer auf einem Plakat aus den dreißiger Jahren. In hautengem schwarzen Lederzeug mit Metallketten und Reißverschlüssen, mit an beiden Seiten bis auf die Kopfhaut abrasiertem Haar, das sich in der Mitte zu einem grünen Schopf erhob, die Augenhöhlen nachlässig in Regenbogenfarben beschmiert, erinnerte Phil an einen Dämon aus der Oper. Sie machten den Eindruck, als sähen sie sich überhaupt nicht. Phil sagte »Tschüß dann« und ging. Gary stapfte vondannen in Richtung Gemüsegarten.

Helen hatte beschlossen, das Badezimmer zu renovieren; aktiv sein, das war's. Sie nahm einen Eimer und etwas milde Lauge mit hinauf und machte sich daran, die Wände abzuwaschen. Der Hängeschrank störte, und sie nahm ihn ab. Er enthielt ein Durcheinander halbleerer Tablettenfläschchen mit unverständlichen Etiketten, alle von Dorothy, und diverse uralte Packungen von Aspirin und Abführtabletten; weder sie noch Edward brauchten viel Medikamente. Der ganze Kram sollte ausgeräumt werden, doch das konnte warten. Energisch scheuerte sie die Wand und schuf senkrechte große bleiche Streifen, von denen rostfarbenes Wasser tropfte. Sie dachte an gar nichts, gab sich dieser befriedigenden, erlösenden Tätigkeit hin. Als sie für einen Moment pausierte, konnte sie durch das offene Fenster jenes Rotkehlchen und das periodische heftige Geräusch von Garys Spaten hören.

Nachdem sie die ganze Wand gesäubert hatte, war die milde Lauge aufgebraucht und sie ging, um neue zu holen. Als sie im Spülküchenschrank herumwühlte, hörte sie Edward mit seltsam zögerndem Schritt die Treppe hinabkommen. Sie sagte »Edward?«, aber anscheinend hörte er nicht. Er ging über die Diele ins Wohnzimmer; Helen hörte, wie er die Terrassentür öffnete.

Edward stand plötzlich auf dem Rasen. Einen Augenblick lang stand er da. Helen erwartete, daß er auf die Britches zusteuern würde. Stattdessen setzte er sich langsam in Richtung der Heckenlücke zum Gemüsegarten hin in Bewegung. Helen beobachtete ihn; sie beschlich ein kleines Gefühl von Mißtrauen. Warum?

Edward verschwand durch die Lücke. Die Spatengeräusche setzten wieder ein und verstummten dann. Es war still. Lange still, so schien es, überlagert von Amselgesang, schrill und metallisch. Und dann kam Gary durch die Lücke, mit leeren Händen, in schnellem Schritt, sich beim Gehen seinen Anorak anziehend. Helen erstarrte. Es war zehn vor elf; Gary sollte nicht vor zwölf gehen. Sie hörte das Klicken, als er die Gartenpforte schloß, und dann das surrende Geräusch seines Fahrrads. Und dann schritt Edward langsam durch die Lücke und über den Rasen auf das Haus zu.

Sie traf in der Diele auf ihn. Sie fragte: »Warum ist Gary gegangen?«

Er starrte sie an. »Ich weiß es nicht.«

Ihr Herz schlug heftig, merkte sie. Bumm bumm. Bumm bumm. »Du mußt es mir sagen, Edward. Was ist passiert?«

Und sein Gesicht verzerrte sich. Er wandte sich ab. Er murmelte etwas. Sie konnte es nicht verstehen.

Sie zog ihn in die Küche, drückte ihn auf einen Stuhl. Er saß am Tisch mit dem Kopf in den Händen. Sie setzte sich ihm gegenüber. Und sah, daß er weinte. Versuchte, Tränen zurückzuhalten. Sie dachte: Das halte ich nicht aus. Ich habe in meinem Leben eine Menge ertragen, aber das hier geht über alles hinaus. Oh Gott, was für ein Schwein bist du eigentlich?

»Sag' es mir bitte. Es ist besser, wenn du das tust.«

»Ich habe ihn angefaßt«, sagte Edward.

Es war lange still.

»Nur das?«

Er nickte.

Helen stand auf. Sie setzte den Kessel auf, wartete, bis das Wasser kochte, machte Tee, goß beiden ein. Dann setzte sie sich wieder. Das alles, während Edward still blieb. Tam kam hereingetapst, schubste lärmend seinen Freßnapf umher und lehnte sich dann in schmeichlerischer Aufforderung gegen Edwards Bein. Edward legte ihm die Hand auf den Kopf.

»Was wird passieren?« sagte Edward endlich.

»Ich weiß nicht. Ich könnte mir denken, daß Gary es vielleicht seinem gräßlichen Vater erzählt.«

Sie sah, wie Edward zusammenfuhr.

»Geh' nicht ans Telefon«, sagte Helen. »Geh' ein, zwei Tage lang nicht hinunter ins Dorf. Ich mach' das schon mit Ron Paget, wenn es nötig ist.«

Edward hob den Kopf. »Nein. Ich habe es getan, nicht du.«

»Ja. Trotzdem, laß mich das machen. Ich komme besser mit Ron Paget klar als du. Und vielleicht kommt es auch gar nicht dazu. Vielleicht passiert ja auch gar nichts. Viel wichtiger ist ...« Sie hielt inne.

Edward sah ihr gerade ins Gesicht. »Viel wichtiger ist was?« Seine Stimme klang trostlos.

Viel wichtiger ist, was machen wir mit dir? Ein für allemal. Wie kriegt man dich dazu, das, was es auch immer ist, zu überwinden?

»Ich habe es immer gewußt, weißt du.«

»Ja«, sagte Edward. »Das habe ich gemerkt.«

Sie saßen still da, sahen einander nicht an. Helen dachte an

Gary Paget und zuckte zusammen. Als hätte sie laut gesprochen, legte Edward plötzlich den Kopf in seine Hände und stöhnte. »Oh Gott, dieser Junge ...«
Helen langte nach der Teekanne. Sie füllte ihre beiden Tassen aufs neue. »Es gibt nichts, was du für ihn tun kannst. Und ich bezweifle, ob er einen bleibenden Schaden davongetragen hat, wenn das wirklich so geschehen ist, wie du sagst.«
»Das ist es«, sagte Edward matt. »Das war alles.«
»Dann glaube ich, daß sich Gary davon erholen wird.«
Aber du vielleicht nicht, dachte sie. Und ich kann nicht helfen. Sie wäre gern um den Tisch herumgegangen und hätte die Arme um ihn gelegt, und sie wußte, es würde nichts nützen. Edward scheute vor Körperkontakt zurück. Selbst Louise hatte vor langer Zeit gelernt, ihre Hände von ihm fernzuhalten.
Die Dielenuhr klimperte und schlug dann elf. Der letzte Schlag kam als ersticktes Plonk aufgrund eines Fehlers im Mechanismus; seit zehn Jahren war das nun so. Helen, die den Klang aus einem verrückten Fatalismus heraus erwartete, dachte plötzlich, daß er alles symbolisiere, was in Greystones falsch war. Entschlossen nahm sie sich vor, etwas mit diesem erbärmlichen Ding machen zu lassen. Von draußen kam das Geräusch eines vorüberfahrenden Autos und rufender Kinder. Und dort draußen, dachte sie, sind Tausende – Hunderttausende – von Leuten wie Edward, die in völliger Übereinstimmung mit ihrer Natur leben, zumindest so weit, wie jemand von uns. Die weder schuldig noch einsam sind, jedenfalls nicht mehr als der Rest von uns. Es ist nicht gerecht. Es ist ganz und gar völlig ungerecht. Warum Edward? Warum der harmlose Edward, wenn Leute wie Ron Paget unbehelligt herumlaufen? Ron Paget und Straßenräuber und

Vergewaltiger und Kinderschänder und Drogenhändler und korrupte Politiker. Schurken laufen überall ungehindert auf der Welt umher, und Edward muß es treffen.

Das Telefon läutete. Beide Glovers erstarrten. Edward sah Helen an; sein Gesicht war grauweiß. Er stand auf. »Nein«, sagte sie. Sie ging in die Diele und hob ab.

»Was zum Teufel treibst du?« sagte Louise. »Ich wollte gerade auflegen. Ist er in Ordnung?«

»In Ordnung? Wer?«

»Phil, mein Gott nochmal. Ich möchte nicht mit ihm sprechen, ich bin noch nicht darauf vorbereitet. Ich möchte bloß wissen, ob er okay ist. Helen? Bist du noch dran?«

»Ja, hier bin ich. Phil fühlt sich scheint's wohl. Er ist nach Spaxton gefahren.«

»Spaxton?« rief Louise mißtrauisch. »Wozu das denn bloß?«

»Er wollte etwas kaufen. Bänder.«

»Oh. Na, laß' mich wissen, wenn er zurück ist, ja? Bist du sicher, daß nichts im Busch ist? Du klingst so komisch.«

Edward kam aus der Küche. Helen deckte die Sprechmuschel mit der Hand ab und sagte: »Es ist Louise.« Edward sah sie ausdruckslos an. Dann ging er zur Haustür und öffnete sie. Helen fragte: »Wo willst du hin?« Edward zögerte. »Ich weiß nicht.«

Louise quakte unhörbar. »Ich muß los«, sagte Helen zu ihr. Sie legte auf. »Geh' nicht hinaus, Edward. Nicht gerade jetzt.« Kaum hatte sie das gesagt, bereute sie es; natürlich mußte Edward hinausgehen – jetzt oder morgen oder irgendwann. Sie wartete darauf, daß ihre Mutter sagte: »Er hat sich das eingebrockt und muß es auslöffeln«, oder etwas ähnliches. Aber Dorothy war heute seltsamerweise abwesend.

»Ich meine nicht, du sollst nicht hinausgehen«, verbesserte sie sich. »Ich meine, wenn du Ron Paget siehst, laß' dich einfach auf nichts ein.«

Einen Augenblick stand Edward unschlüssig da. Er sagte nichts und schien sie kaum wahrzunehmen. Dann drehte er sich um und ging die Treppe hinauf. Sie hörte das Schließen seiner Zimmertür. Tam ging auch hinauf und saß winselnd davor. Die Tür öffnete sich nicht.

»Ich hab' dir was gekauft«, sagte Phil. »N' Geschenk.« Er stand an der Küchenspüle und grinste selbstzufrieden. Auf dem Ablauf stand eine Chrysantheme im Topf, teilweise von weißem Papier umhüllt. »Is' 'ne Blume«, erklärte Phil. Er wühlte in seiner Jackentasche herum und brachte eine kleine Tafel Cadbury-Vollmilchschokolade zum Vorschein. »Das is für Edward.«

Ein paar Sekunden lang war Helen den Tränen gefährlich nahe. Sie schluckte, blinzelte und sagte: »Vielen Dank, Phil. Das ist lieb von dir. Edward wird sie mögen.«

Phil grinste weiterhin blöde. Er gab den Chrysanthemen einen Stups: »Mußt ihr manchmal Wasser geben, haben sie gesagt.«

»Ja. Ich vergesse es nicht. Übrigens, ich glaube, du solltest Louise mal anrufen. Sie hat sich heute morgen gemeldet und wollte wissen, wie es dir geht.«

»Mach' ich«, sagte Phil abschätzig. Er setzte sich. »Wo is Edward? Isses nich Abendbrotzeit?«

»Es gibt heute abend leider nur Suppe und Käse. Ich bin nicht dazu gekommen, etwas zu kochen. Vielleicht möchtest du hinaufgehen und Edward Bescheid sagen. Er ist in seinem Zimmer.«

»Mach' ich.«
Eine Minute später kam Phil die Treppe heruntergetrampelt. »Er sagt, er will nichts zu essen. Er hat 'n bißchen Kopfschmerzen. Ich hab' ihm die Schokolade gegeben. Ich kann mir denken, daß er die ißt.« Phil trug einen gütigen Gesichtsausdruck zur Schau, nahm einen Löffel und begann, behaglich Tomatensuppe aus der Dose zu schlürfen. »Is gut, das hier. Hattste 'n schönen Tag, Helen?«
Sie murmelte etwas Unverbindliches. Phil strahlte weiterhin Wohlbefinden aus. »Hab' mich in Spaxton umgesehen. Is 'n komischer kleiner Ort, nich? Ich mein', er hat echt doofe Geschäfte, und es gibt nichts, wo man mit seinen Freunden rumhängen kann, aber irgendwie muß man ihn mögen. Aber ich könnt' mir denken, es geht den Leuten auf den Geist, wenn sie da leben müssen.«
Mühsam sagte Helen: »Tatsächlich ist der Ort ziemlich beliebt. Die Leute ziehen hin, wenn sie pensioniert sind, oder sie pendeln nach London.«
»Ich meine Leute wie mich«, sagte Phil freundlich. »Okay, wenn ich noch 'n bißchen Suppe nehme, Helen? Na, jedenfalls hab' ich Spaxton jetzt geseh'n und muß da nich wieder hin. Das meiste, was sie da haben, is Mist, aber ich hab' mir 'n paar Bänder besorgt. Morgen hab' ich also nichts zu tun, und ich dachte, ich könnte dir hier helfen. Was für dich machen.« Er strahlte.
»Oh«, sagte Helen und suchte aufgeschreckt nach einer Antwort. »Ich weiß eigentlich nicht, daß ... Ich meine, mir fällt nichts ein, was getan werden müßte.«
Phil sah verletzt drein. »Mama zieht immer über mich her, ich soll was für sie tun. Hört nie damit auf. Das pestet total. Is einer der Gründe, die mich nervten und weswegen ich her-

gekommen bin. Aber du und Edward, ihr zieht über keinen her. Ihr kümmert euch nich drum. Jedenfalls isses teilweise auch mein Haus, nich? Also sollt' ich auch was machen, richtig? Ich könnte dieses Zimmer streichen«, fuhr er begeistert fort. »Ich mag anstreichen. Und es is auch ganz schön runter, nich?«

»Nun«, antwortete Helen hastig, »Ich bin mir nicht sicher… Wir sollten darüber nachdenken. Ich muß das mit Edward besprechen. Möglicherweise… Vielleicht könntest du den Rasen mähen. Ich dachte neulich gerade, daß er das wirklich nötig hat. Der alte Mäher ist im Gartenschuppen.«

»Okay«, sagte Phil. »Mach' ich. Geht klar, wenn ich jetzt fernseh'?«

Helen nickte. Sie fing mit dem Abwasch an. Aus dem Wohnzimmer hörte man den Fernseher, der ein unübliches Programm übertrug; von Zeit zu Zeit brach er in ein stakkatohaftes Knattern aus, und sie konnte Phil hören, wie er hart auf den Kasten schlug, jetzt, da er wußte, wie es ging. Edward blieb auf seinem Zimmer.

In dieser Nacht lagen sowohl Helen als auch Edward lange Stunden hindurch wach. Helen, die bemerkte, daß Angst ihren anderen Kummer gemildert oder abgestumpft hatte, entschied, daß die Anhäufung von Schwierigkeiten eine perverse Form von Barmherzigkeit sein mußte. Der Gedanke an Giles Carnaby war immer noch schmerzhaft, war jedoch zu einem dumpfen, vagen Weh irgendwo hinter und jenseits der scharf bohrenden Sorge geschrumpft. Ihre Gedanken huschten zwischen Gary Paget (Bedenken), seinem Vater (unangenehme Spekulation) und Edward (herzzerreißendes Mitleid) hin und her. Der ganze Gefühlsbrei führte bei ihr zu mahlenden Kopfschmerzen und Übelkeit. Ein- oder zweimal stand sie auf, nahm Aspirin, trank Wasser und ging zur Toilette. Eingeteilt von der Dielenuhr ging die Nacht dahin. Endlich, als es dämmerte, fiel sie in einen stürmischen Schlaf, ging von unruhigem, aber rationalem Denken in rasende, unlogische Traumlandschaften über. Ihre Mutter kam vor, der wieder Jugend und Kraft gegeben war, und Giles, der Arm in Arm mit einer fremden Frau ein Flußufer entlanggging und grußlos vorbeiging, und Edward, der sich in einen Hund verwandelt hatte und heulte.

Edward lag flach auf dem Rücken und starrte die Decke an. Er machte keinen Versuch zu schlafen, weil er wußte, es würde wahrscheinlich fruchtlos sein. Auch er dachte an Gary Paget, voller Schrecken und mehr als Reue. An Garys Vater dachte er überhaupt nicht; zu diesem Zeitpunkt war formelle Strafe das Geringste. Er zwang sich dazu, das, was geschehen war, oder von dem er meinte, daß es geschehen war, noch einmal zu rekapitulieren. Jetzt schien die ganze Episode recht unwirklich zu sein; er zweifelte das Zeugnis seiner eigenen Erinnerung an, was es nur noch alptraumhafter machte. Er konnte sich daran erinnern, wie er hier oben in seinem Zimmer gesessen hatte, angespannt und rastlos, das Spatengeräusch, das der Junge jenseits der Eibenhecke machte, drang an sein Ohr. Er erinnerte sich, daß er aufstand, die Treppe hinabging, eine Weile am Wohnzimmmerfenster stand. Er wußte, daß der Gedanke in seinem Kopf war hinauszugehen, um mit Gary zu sprechen, nur zu sprechen, er hatte kaum je mehr als zwei Worte mit ihm gewechselt. Er hatte diesen Zwang, ihn anzusehen, dort im Sonnenschein zu stehen und ihm beim Graben zuzuschauen. Er erinnerte sich an das Öffnen der Terrassentür, den Gang über den

Rasen. Dann war er irgendwie neben Gary. Hatte er etwas gesagt? Gary hatte sich nach ihm umgedreht – es hatte ein überraschter Ausdruck auf seinem Gesicht gelegen. Und dieser leichte Duft von *Lifebuoy*-Seife und die Wölbung seiner braunen Arme unterhalb der hochgekrempelten Hemdsärmel. Aber was war dann geschehen? Edward hatte den Wunsch verspürt, ihn zu berühren, das wußte er. Er hatte das überwältigende Bedürfnis gehabt, seine Hand auf jenes erblühende Fleisch zu legen, seine Wärme zu spüren, Kontakt herzustellen. In dem Augenblick hatte der Junge tatsächlich gänzlich aufgehört, er selbst zu sein – Gary Paget zu sein –, sondern er war anonym und erreichbar geworden. Edward war voller tumulthafter Gedanken und Gefühle gewesen, die von einem überwältigenden Verlangen überragt wurden. Und Zuneigung, auch das war dagewesen – eine zwingende, freudige Zuneigung. Er hatte Gary als jemand anderen gesehen, als jedermann; als eine besondere Person, die man gekannt und verloren hatte, als eine Person, unbekannt und von wundersamem Versprechen. Er hatte die Hand ausgestreckt, und sie landete nicht auf Garys Arm, sondern in seinem Schritt.

Sollte irgendetwas geredet worden sein, so konnte sich Edward nicht daran erinnern. Er hatte den vagen Eindruck, daß er etwas gesagt haben könnte. Die nächste klare Erinnerung war die von Garys entschwindendem Rücken, den Anorak über die Schulter geworfen. Und dann, wie er dort allein neben Garys Spaten stand, der dort lag, wo er ihn fallengelassen hatte. Dann schließlich die Rückkehr ins Haus. Das Zusammensein mit Helen in der Küche. Wobei zu der Zeit jener schwebende Augenblick von Wahn und Hoffnung vorüber war und er wieder einmal an diese unbarmherzige Welt gekoppelt war, in der alles mit allem verbunden ist, in der Handlungen Folgen haben, in der wir alle verantwortlich sind für das, was wir getan haben, aber einige von uns stärker zur Verantwortung gezogen werden als andere.

Als Helen aufwachte, schlug die Uhr neun, und Regen prasselte gegen die Fenster. Von der Hintertür ertönte gedämpftes, stakkatohaftes Bellen; Edward mußte Tam hinausgelassen und ihn nicht wieder hineingelassen haben, ein so rücksichtsloses Verhalten, daß Helen augenblicklich hellwach und besorgt war. Hastig wusch sie sich und zog sich an, ließ den tropfnassen und entrüsteten Hund herein und ging hinauf, um an Edwards Tür zu klopfen. »Möchtest du nicht etwas frühstücken?« Edward antwortete, er würde gleich unten sein; etwas beruhigt, kehrte Helen in die Küche zurück, wo gähnend Phil erschien. »Blöder Regen. Ich kann das Gras nich mähen.«

»Phil«, sagte Helen ernst, »hast du gestern Louise angerufen?«

Phil sah ausweichend drein und begann, Brot zu schneiden. »Willst du und Edward Toast, Helen?«

»Dann mußt du es heute tun. Sie ist deinetwegen beunruhigt. Und du mußt die Dinge wirklich mal durchdenken, weißt du – wie lange du noch hierbleiben willst.«

»Wenn ihr mich nich haben wollt, dann geh' ich«, sagte Phil betrübt.

»Es geht nicht darum, daß wir dich nicht haben wollen. Aber die Schule hat schon begonnen oder fängt demnächst an, deine Mutter macht sich Sorgen, und ehrlich gesagt würdest du überhaupt nicht glücklich sein, wenn du hier wohnen bleibst.«

Phil, der geschickt auswich, sagte im Konversationston: »Ich glaub', Edward wird bald wieder zur Arbeit geh'n. Ich könnt' mir denken, daß er 'n echt guter Lehrer is. Nich wie unsere. Da gibt's 'n paar fürchterliche Typen an unserer Schule.«

Helen war still; bis zu diesem Moment hatte sie Croxford House ganz vergessen. Ja, Edward würde nächste Woche wieder hingehen, vermutlich. Eine weitere Komplikation. Oder vielleicht ein Segen.

Den Mund voller Toast sagte Phil undeutlich und ganz lässig: »Was wollte Mama denn?« Helen sah ihn über den Tisch hinweg an, und seine Augen trafen die ihren. Zu ihrer Überraschung sah für einen kurzen Moment ihre Mutter sie aus Phils Gesicht an: die Wölbung des Nasenflügels, etwas an dem Zug um den Mund. Dann war es vorbei: Phil war wirklich überhaupt nicht wie seine Großmutter – er sah seinem Vater ähnlich, hatte sein Haar, seine Figur. Aber selbst dann ... Nun ja, dachte Helen, ja ja; die Gene, sie sausen durch Körper auf Körper, nolens volens, mit eigenem Ziel.

»Sie wollte einfach nur wissen, wie es dir geht. Natürlich. Sie ist deine Mutter. Mütter – die meisten Mütter – sind so. Und sie vermißt dich.« Dieses Stück poetischer Freiheit war nicht nur gerechtfertigt, entschied Helen, sondern angebracht.

Phil starrte sie an. Der Fünfjährige lugte wieder aus seinen Augen. »Meinste?«

»Ja, das ist so«, sagte Helen bestimmt.

Phil nahm eine weitere Toastscheibe und sah nachdenklich aus. Nach einigen Augenblicken bemerkte er, er wolle Louise am Abend mal anrufen.

Es hörte nicht auf zu regnen. Phil verschwand in sein Zimmer, aus dem das gedämpfte rhythmische Stampfen ertönte, das als Musik durchging. Edward blieb auch oben. Eine Weile saß Helen in der Küche und sah dem Regen zu. Er zog in weißen Vorhängen über den Garten. Hätte es gestern geregnet, wäre Gary Paget nicht gekommen; was geschehen war, wäre nicht geschehen. Das ist der Lauf der Welt. Außer, dachte Helen, daß es wahrscheinlich zu einem anderen Zeitpunkt geschehen wäre, oder anders, oder womöglich schlimmer – es war Teil eines Programms, veränderlich und unvorhersagbar. Sie dachte wieder an Gene, die im Körper wie unsichtbare Vulkane vor sich hinbrodeln, Intelligenz und Jähzorn und Nasenform und Neigung zu bestimmten Krankheiten in sich tragend.

Es wird vorübergehen. Es kann ohne weiteren Wirbel vorübergehen. Schaden hinterlassend, aber nicht Zerstörung. Sie schlenderte ins Wohnzimmer, wo der Regen immer noch gegen die Fenster klatschte. Die dunkle Masse der Britches dehnte sich und schauderte. Zuweilen schüttelte sie Saatkrähen los, die verzweifelt über den schiefergrauen stürmischen Himmel ruderten. Helen kehrte in die Küche zurück, bereitete eine neue Kanne Tee und etwas mehr Toast zu und stellte alles auf ein Tablett, das sie hinauf zu Edwards Zimmer trug.

»Ich habe dir etwas Frühstück gemacht.«

Er öffnete die Tür. Er war angezogen, aber unrasiert. »Ich bin nicht krank.«

»Ich weiß, daß du nicht krank bist.«

»Ich bin bloß nicht hungrig.«

Helen marschierte ins Zimmer und setzte das Tablett auf dem Tisch ab. »Das glaube ich wohl. War ich auch nicht. Aber es hilft, den Blutzuckerspiegel hochzuhalten. Ich habe das in einer Zeitschrift gelesen.«

»Es ist nur so, daß ich mich selbst nicht mehr leiden mag«, sagte Edward ausdruckslos.
»Das solltest du nicht. Niemand sonst tut das. Du bist so ziemlich der liebenswerte Mensch, den ich kenne.«
Edward zuckte die Achseln. Er schien etwas anderes sagen zu wollen und setzte sich dann.
»Danke jedenfalls. Ich werd' etwas Tee trinken.«
Einen Augenblick lang stand Helen an der Tür. »Sieh mal … es muß weitergehen. Das ist der einzige Weg. Das ist nicht das Ende der Welt. Dir … uns … erscheint es schrecklich wegen der Art, wie wir leben. Gelebt haben. Hättest du anders gelebt … Was ich sagen will, ist, daß die meisten Menschen, die wie du … fühlen, ein völlig normales glückliches Leben führen.« Sie hielt inne, wußte nicht weiter. Halt' lieber die Klappe, als so etwas Banales zu sagen.
»Das freut mich zu hören«, sagte Edward. »Wie schön für sie.«
»Ich meine, daß du dich nicht so schuldig fühlen mußt, Edward. Alles, was passierte, war, du berührtest …«
»Bitte geh'«, sagte Edward im Ton ausgesuchter Höflichkeit.
Sie kehrte in die Küche zurück und wusch heftig ab. Währenddessen bemerkte sie, daß die bleiernen Wolken aufgerissen waren und abzogen; Spalten fahlen Blaus erschienen, hier und dort mit einer Andeutung von Sonnenschein durchsetzt. Der Regen hörte auf; der Garten begann zu glitzern; eine Amsel patroullierte im Gras, den Kopf geneigt. Helen konnte hören, wie Ron Pagets Bauhof, der still gewesen war, wieder zum Leben erwachte: eine Kreissäge, ein Laster, der auf Touren kam. Tam winselte, weil er hinaus wollte; er jagte die Amsel davon und machte eine herrische Inspektions-

runde im Garten. Helen fühlte ein Flackern der Lebensgeister, einen kurzen belebenden Auftrieb. Wir müssen da einfach durch, dachte sie. Zeit muß vergehen, für uns beide. Die Welt muß sich drehen.

Phil erschien. »Es regnet jetzt nich mehr. Wo, hast du gesagt, war der Mäher?«

»Im Schuppen. Ich würde aber bis nach dem Mittagessen warten. Du kannst nicht mähen, wenn das Gras noch klatschnaß ist.«

Sie hatten zusammen gegessen, die drei – Helen und Edward mechanisch, Phil mit Genuß. Dann war Phil zum Schuppen abgedampft, auf der Suche nach einem Ölkännchen zurückgekommen, wieder verschwunden. Edward hatte mühsam gesagt: »Entschuldige. Es ist nur, daß ich …« »Laß' gut sein«, sagte Helen. »Das macht doch nichts. Weißt du, Phil wächst einem auf die unerwartetste Weise ans Herz. Aber ich frage mich langsam, wieviel länger er noch zu bleiben vorhat.« Edward nickte, ohne zu begreifen, wieder zurück in seinem inneren Gefängnis; er ging wieder nach oben.

Drei Minuten später hörte Helen, wie jemand über den Gartenweg ging. Sie erstarrte. Nicht Phil – Phil war auf dem Rasen zu sehen, wie er sich mit dem alten Handmäher abmühte.

Es klopfte an der Tür. Ein paar Sekunden stand sie und sammelte sich, dann öffnete sie. Ron Paget. Natürlich. Er trug einen Anzug, wie sie sofort sah, nicht wie üblich Jeans und Anorak; das erschien, wie es ohne Zweifel auch gemeint war, unbestimmbar bedrohlich.

»Ich möchte für ein paar Minuten hereinkommen, Miss

Glover. Ich denke, Sie werden wissen, warum ich hier bin.«
Sie hielt ihm die Tür auf, schloß sie.
»Sie sind allein. Ich bin froh darüber. Das hätte ich nicht gesagt, wenn ich jetzt gerade Ihrem Bruder gegenüberstünde. Sie wissen doch, wovon ich rede, Miss Glover?«
»Ich weiß, daß gestern etwas mit Gary vorgefallen ist«, sagte Helen. »Und was es auch immer war, so weiß ich, daß mein Bruder darüber sehr unglücklich ist und es ihm sehr leid tut.«
Ron holte heftig Luft. Dann schüttelte er den Kopf. »Oje, oje. Das reicht nicht. Das reicht überhaupt nicht. Das ist eine schlimme Sache. Mit leid tun ist es nicht getan, oder, Miss Glover?«
So soll es also kommen, dachte sie: den letzten Blutstropfen aussaugen. »Mr. Paget, mein Bruder möchte nichts beschönigen, und ich auch nicht: Alles, was ich sagen kann, ist ...«
Ron zog einen Stuhl heran und setzte sich. »Sie wissen, was Ihr Bruder getan hat, Miss Glover. Er hat ihn befummelt. Um es ganz deutlich auf den Punkt zu bringen. Verstehen Sie? Nach seinen Eiern gegrapscht.« Er beobachtete sie. »Kein Anlaß, drum herumzureden, oder? Wir sind beide erwachsene Menschen.«
»Ja«, sagte Helen. »Ich bin zu dem Schluß gekommen, daß es das war, was passiert ist.«
»Der Bengel ist vierzehn. Mal von anderem abgesehen, war das strafbar von Ihrem Bruder. Ich könnte zur Polizei gehen.«
»Das könnten Sie wirklich. Und wenn Sie das vorhaben, dann werden Sie es auch zweifellos tun.«
Ron spreizte die Hände. »Hören Sie, hab' ich gesagt, daß ich das tun will? Wir sind doch seit langem Nachbarn, oder? Ich

bin genauso aufgebracht wie Sie. Aber ich muß an meinen Jungen denken.«

»So etwas wird auf keinen Fall wieder vorkommen, das steht außer Frage«, sagte sie. Törichterweise.

Er schlug zu. »Es dreht sich nicht darum, was vielleicht passieren könnte, oder? Sondern was schon passiert ist. Aber ich will die Dinge vernünftig betrachten, Miss Glover. Ich möchte mich nachbarschaftlich verhalten. Klar? Das Ganze zum Guten wenden – für Sie und Ihren Bruder. Und Sie könnten dann durchaus ein wenig Dankbarkeit zeigen wollen.«

Es herrschte kurzes Schweigen. »Ich weiß nicht, ob ich Sie richtig verstehe«, sagte Helen.

»Vielleicht möchten Sie mit diesem nutzlosen Stück Land ein bißchen ins Geschäft kommen.«

»Lassen Sie mich das klarstellen«, sagte sie langsam. »Wollen Sie damit sagen, wenn wir Ihnen die Britches verkaufen, gingen Sie wegen Edward nicht zur Polizei?«

Ron sah so aus wie jemand, dem eine zweifelhafte Ware angeboten wird. »Jetzt verknüpfen Sie die Dinge, Miss Glover. So schablonenhaft verläuft nie etwas. Was ich sage, ist, wir können einander helfen. Ich möchte Ihren Bruder genausowenig wie Sie vor Gericht geschleift sehen.«

Einige Augenblicke starrte ihn Helen ungläubig an. Natürlich. Darauf hätte man auch selbst kommen können. Es rief sogar eine verdrehte Form von Bewunderung hervor. Schließlich konnte sie sprechen. »Es war nicht in Ordnung, was mein Bruder getan hat. Was immer es auch war. Gary ist fast noch ein Kind, und es ist nicht in Ordnung, einem Kind gegenüber sexuelle Annäherungsversuche zu machen. Aber was Sie tun, ist auch nicht in Ordnung. Auf andere Weise nicht in Ordnung. Sie versuchen zu erpressen. Wie rechtfertigen Sie das?«

»Also hören Sie, Miss Glover«, sagte Ron. »Das sind ja ganz schön harte Worte. Ich schlage nur eine Vereinbarung zu gegenseitigem Nutzen vor.«

»So sehe ich das nicht«, erwiderte sie kühl.

»Ich meine, das Richtige wäre, ich würde Ihren Bruder auf der Stelle bei der Polizei melden. Aber ich habe etwas Sympathie für Sie beide. Ich bin bereit … sagen wir, ein Auge zuzudrücken. Ich habe Ihr Wort, daß das nicht wieder vorkommt. Ich muß doch an den Jungen denken, nicht wahr? Ich tue Ihnen einen Gefallen und Sie mir«.

»Väterliche Sorge scheint jetzt von anderen Überlegungen beeinträchtigt zu werden«, entgegnete sie scharf. »Ich merke, wie mich das anfängt zu interessieren. Ich frage mich, wer den Preis für das Wäldchen festlegt. Ich nehme an, daß Sie es sind?«

Ron sah sie an. Unangenehm. Der Ausdruck schmerzlicher Entrüstung war jetzt verschwunden. Er erhob sich. »Es tut mir leid, daß Sie diesen Standpunkt einnehmen, Miss Glover. Sie machen einen großen Fehler. Ich sehe nicht, daß ich eine andere Wahl habe als …«

»Sie müssen getreu Ihren Prinzipien handeln, nicht wahr?« sagte Helen bissig. »Wie wir alle. Und jetzt gehen Sie bitte.«

Ron ging zur Tür. Er drehte sich um, sah sie an und schüttelte den Kopf. Der Ausdruck des Bedauerns und der moralischen Empörung war wiedergefunden. »Es liegt bei Ihnen, Miss Glover. Und Ihrem Bruder. Ich an Ihrer Stelle würde mit ihm darüber reden.« Er ging. Sie hörte ihn den Weg hinabgehen. Vom Rasen kam das Geräusch des Mähers hinüber; Phils Kakaduschopf war zu sehen, wie er über dem

Gesträuch auf- und abwippte, während Phil das Gerät durch das hohe Gras hievte. Und jetzt kam Edward die Treppe herunter. Sie wandte sich ihm zu.

»Das war Ron Paget, nicht? Ich habe ihn gerade vom Fenster aus gesehen. Warum hast du mir nicht gesagt, daß er hier ist, Helen?«

»Dazu gab es keinen Anlaß.«

»Was passiert ist, war mein Fehler, nicht deiner. Warum solltest du ihn treffen müssen? Du hättest mich rufen sollen.«

»Dazu gab es keinen Anlaß«, wiederholte sie.

»Was hat er gesagt?«

»Oh ...« Sie wandte sich ab. »Er war widerlich. Was kannst du auch sonst erwarten. Ich sagte, du wärest unglücklich und es ... täte dir leid.« Sie konnte ihn nicht ansehen.

»Was hat er sonst gesagt?«

»Sonst nicht viel.«

»Was sonst, Helen?«

»Also gut«, sagte sie. »Ich glaube, du solltest es wissen. Er hat damit gedroht, zur Polizei zu gehen. Und er hat versucht, uns zu erpressen. Wenn wir ihm die Britches verkaufen, dann ... wird er nichts unternehmen. Ich habe ihm gesagt, er müsse ... tun, was er tun muß.«

Edward stand da. »Ja. Ich muß es wissen.«

Phil erschien am Fenster. »Das is vielleicht 'n blödes Ding. Es funktioniert nich richtig. Damit kannste das nich gut machen. Warum besorgen wir uns nich 'n richtigen, mit Motor?«

So sitzen wir also da und warten, dachte Helen. Der ganze Vorgang wird nach eigener Gesetzmäßigkeit ablaufen. Es gibt nichts zu tun, keine Entscheidung zu treffen, keine Strategie zurechtzulegen – was eine eigenartige Form von Erleichterung bedeutet. Es wird geschehen; das Schlimmste wird sein, nicht zu wissen, wie genau und wie schnell. Oder was das Ergebnis genau sein wird. Wird Edward seine Stellung verlieren? Diese Möglichkeit muß man ins Auge fassen. Sollte das der Fall sein, so wird es nicht leicht sein, eine andere Anstellung als Lehrer zu bekommen, und wenn er nicht unterrichtet, was soll er dann tun? Fünfzigjährige finden nicht ohne weiteres Arbeit. Mitgefühl wird es geben – und zu denen, die zu Mitgefühl neigen, mögen sehr wohl diese bescheuerte Schulleiterin und ihr Vorstand gehören. Vielleicht entscheiden sie sich dafür, die Reihen zu schließen. Aber es wird auch Verdammnis geben, für immer und ewig. Es wird die abgewandten Blicke, das Gemurmel geben. Hier unten in dieser Gegend gibt es weder die Anonymität noch die Toleranz des Großstadtlebens. Edward ist bekannt, und er wird mit Interesse beobachtet und beurteilt werden.

»Er hat angerufen«, sagte Louise. »Wie du zweifellos mitgekriegt hast. Ich traute kaum meinen Ohren. 'Bist du's, Mama? Wie sieht's 'n aus?' Das erste höfliche Wort seit Monaten. Was um alles in der Welt habt ihr mit ihm angestellt? Wir haben miteinander *geredet*. Wir haben wirklich etwa fünf Minuten miteinander geredet. Man könnte es einen Schwatz nennen. Wir haben geschwatzt. Das ist Kommunikation, habe ich mir die ganze Zeit gesagt. So richtig so eine Sache von Mensch zu Mensch. Nicht daß du glaubst, wir hätten uns viel gesagt. Alles ganz neutral. Ich habe nicht gewagt, danach zu fragen, wann er nach Hause kommt. Oder in die Schule. Eins nach dem anderen, dachte ich. Hinterher war ich fast am Heulen, und es macht mir nichts, dir das zu sagen. Und auch wütend. Darüber, daß sie mit mir verdammt noch mal machen können, was sie wollen. Weil sie alle Trümpfe in der Hand haben. Eltern haben keine Chance. Naja, sie werden das auch noch merken. Sie kommen auch dran. Obwohl, ehrlich gesagt, die Vorstellung von Phil als … Aber das liegt schon alles im System. Ich glaube wohl, selbst Phil. Erzeuge und sei verflucht. Naja, nein, nicht verflucht, sondern des freien Willens beraubt. Beobachte dich dabei, wie du dich zu den Tieren gesellst. Außer natürlich, daß für sie ein Ende absehbar ist. Werden die Jungen flügge oder eigenständig, dann sind sie sie los. Bereit, wieder von vorn zu beginnen. Der Bonus für die menschliche Rasse: Bei ihnen ist es für immer. Das ist der Preis der Intelligenz. Intelligenz *plus* Instinkt ist eine gemeine Raffinesse. Da bist du festgenagelt. An der Angel. Aufgehängt und gekreuzigt. Dagegen kannst du nichts machen. Der Kopf schlägt etwas vor, und der Bauch kämpft für etwas anderes. Offen gesagt, die Vernunft sagte mir, mich erst gar nicht damit zu befassen. Und als ich eines Tages dann merkte, daß ich schwanger war, da war ich im siebten Himmel. Und jetzt hör mir mal zu. Nein, tu's nicht, wenn ich's mir recht überlege. Ich bin fürs Büro schon irre spät dran. Jedenfalls hat er *angerufen.* Helen, wir sprechen bald wieder miteinander. Alles okay bei euch? Ich muß losrennen.«

Wir warten. Natürlich ist es einfach möglich, daß gar nichts passiert. Daß Ron Paget beschließen wird, das Ganze werde zu viel Schwierigkeiten machen, das Scheinwerferlicht der Öffentlichkeit könnte für Gary quälend sein, oder er wird vielleicht von Nachsichtigkeit befallen. Es ist möglich, aber, fürchte ich, unwahrscheinlich.

Sie setzte ihre Arbeit im Badezimmer fort. Das nahm ihren Kopf nicht in Anspruch, aber es ließ die Zeit vergehen. Sie wusch die Wände fertig ab, trug das Medizinschränkchen, seinen Inhalt und allen Kleinkram zu einem Tisch auf dem Treppenabsatz und bereitete den Raum für das Streichen vor. Im Garderobenraum stand eine Büchse mit Ölfarbe, die reichen würde – Überbleibsel eines längst vergangenen und aufgegebenen Vorhabens. Sie wehrte Phils Hilfsangebote ab. Edward kam aus seinem Zimmer, blickte sie leer an und ging vorbei. Sie sagte: »Bis ich fertig bin, müssen wir den Garderobenraum benutzen.« Er nickte. Sie sah, daß sie überhaupt nicht an ihn herankam, und fuhr zusammen. Sie hatte ihn so schon einmal erlebt: damals vor langer Zeit und in den Wochen, nachdem er die Schule im Norden verlassen hatte. Sie hörte ihn nach unten gehen, von Zimmer zu Zimmer wandern und wieder heraufkommen. Sie sagte: »Hast du nach etwas gesucht?« Er schüttelte den Kopf und ging zurück in sein Zimmer. Sie hatte keine Ahnung, was er darin machte; die Stille war vollkommen.

Am Nachmittag stellte sie fest, daß sie reinen Spiritus zum Pinselreinigen brauchte. Wahrscheinlich würde man ihn im Dorfladen bekommen. Die Vorstellung, das Haus zu verlassen, war ihr unbehaglich, und sie kämpfte dagegen an. Ich kann mich nicht ewig im Haus herumdrücken, sagte sie sich. Mach's jetzt und bring's hinter dich. Sie zog einen Pullover an, nahm ihr Portemonnaie und trat aus der Haustür in den Sonnenschein hinaus. Ein Lieferwagen fuhr vorbei mit einem von Rons Leuten am Steuer, der eine Hand zum Gruß erhob. Helen winkte zurück. Sie ging zum Laden, kaufte reinen Spiritus, wechselte mit zwei Leuten ein paar Worte über das Wetter, lächelte drei weiteren zu. Zehn Minuten später war sie zurück im Haus. Jetzt muß Edward das auch machen, dachte sie. Als sie wieder nach oben ging, sah sie, daß seine Zimmertür offenstand; er war nicht da. Sie ging wieder hinunter.

Phil erschien. »Ich hab' dich gesucht. Haben wir irgendwo 'n Schraubenschlüssel? Ich hab' dies alte Fahrrad im Schuppen gefunden. Ich dachte, ich könnt's nehmen, aber der Sitz is ganz verstellt.«

»Wo ist Edward?«

»Ich glaube, er is in 'n Wald gegangen.«

»Oh«, sagte Helen erleichtert. »Es könnte sein, daß ein Schraubenschlüssel in der Küchenschublade liegt. Oder in der Kiste in der Spülküche.« Sie ging wieder hinauf ins Badezimmer.

Phil steckte den Kopf zur Tür herein. »Ich kann ihn nich finden, Helen.«

»Vielleicht hat ihn Edward weggenommen. Ich glaube, ich kann mich erinnern, daß er ihn neulich benutzt hat. Ich würde ihn fragen gehen.«

»Okay. Mach' ich.«

Sie wählte den größten Pinsel, kletterte mit ihm voll Farbe auf einen Stuhl und machte sich am Fenstersturz an die Arbeit. Als sie den Pinsel wieder eintauchte, sah sie Phil den Rasen überqueren und in den Britches verschwinden. Sie strich mit dem Pinsel auf und ab und schuf eine glänzende

seidene Oberfläche; bei dieser Tätigkeit stellte sich eine milde und geistlose Befriedigung ein. So etwas sollte ich häufiger tun, dachte sie.
Draußen wiederholte eine Drossel das Bruchstück eines Liedes, verschönerte es dann mit einem Schlußschnörkel. Eine Waldtaube stieg aus den Britches empor und taumelte schwingenschlagend – einmal, zweimal. Helen stieg von dem hohen Stuhl herab, um die Farbe umzurühren. Sie sah der Taube zu. Warum machen sie das? Edward wüßte es.
Plötzlich war auf dem Pfad in den Wald Bewegung. Phil brach aus dem Gebüsch hervor. Nicht nur Phil – Edward auch. Aber Phil stützte Edward, schleppte ihn – Edwards Arm war um Phils Hals gelegt, seine Füße pendelten umher wie in einem Stolpertanz.
Sie ließ den Pinsel fallen, rannte die Treppe hinunter. Mitten auf dem Rasen traf sie auf die beiden.
»Kannste auf seine andere Seite ...«, keuchte Phil. »Er fällt mir immer wieder hin.«
Sie hievten Edward durch die Terrassentür ins Wohnzimmer und ließen ihn auf einen Sessel nieder. Sein Kopf rollte. Helen sagte: »Hat er sich verletzt? Was ...?«
»Er hat was gegessen«, sagte Phil und langte in seine Jackentasche; Helen erkannte Tablettenfläschchen von dem Haufen, den sie auf den Tisch vor dem Badezimmer gekippt hatte. »Wir müssen was machen, damit ihm schlecht wird.«
Sie wuchteten Edward wieder auf die Füße und schafften ihn durch die Diele in den Garderobenraum. »Du mußt ihm ’n Finger in ’n Hals stecken«, sagte Phil angstvoll. »Ich weiß nich wie. Mach du’s.«
Sie lehnten Edward über das Becken. Sie langte in seinen Mund. »Es tut mir leid«, sagte sie zu ihm. »Ich muß es tun.«

Er würgte. Ein Rinnsal Erbrochenes kam. Wieder griff sie hinein. Edward keuchte und erbrach sich ausgiebig. »Das is besser«, sagte Phil. Er klopfte Edward weiter auf die Schultern. »Armer alter Edward.«
Ohne Erbarmen machte sie weiter. Immer wieder entglitt er ihrem Griff, so daß sie ihn wieder vornüber beugen mußten. Schließlich sagte sie: »Ich glaube, das ist alles.« Sie zogen ihn zurück ins Wohnzimmer und ließen ihn wieder im Sessel nieder. Er schien benebelt, ja fast ohne Wahrnehmung zu sein. Phil richtete sich auf und sah sie an. Er sagte: »Edward hat versucht, sich umzubringen, oder?«
»Ich glaube ja. Ich denke aber, daß er wieder in Ordnung kommt. Ich rufe gleich den Arzt an und erkundige mich, was wir tun müssen.« Sie fühlte sich benommen. Sie setzte sich. »Gottseidank, daß ich ihn gesucht habe.«
»Ja, gottseidank.«
Edward stöhnte. Helen ging in die Diele und wählte die Nummer der Praxis. Phil folgte ihr. Sie sprach mit dem Arzt, legte auf. »Es kommt ein Krankenwagen. Er muß über Nacht ins Krankenhaus. Wo sind diese Fläschchen? Sie müssen sie sich ansehen.« Sie steckte die Tablettenfläschchen in ihre Handtasche. »Ich fahre mit … Nein, ich fahre mit dem Auto hinterher, so daß ich zurückkommen kann. Du bleibst hier, Phil.«
»Aber was ist *los* mit ihm?« sagte er. Seine Augen waren riesig, schreckgeweitet. Er war fast so bleich wie Edward. »Ich mein', es is schlimm, wenn's jemand so schlecht geht, daß er sich umbringen will. Ich hab' das nich gewußt. Du, Helen?«
Sie nahm sich zusammen. »Ja. Das heißt – ich wußte, daß er unglücklich war. Ich habe nicht gedacht, daß er so etwas tun wollte.«

»Aber was *hat* er denn?«
Sie holte tief Luft. »Edward ist homosexuell. Er... machte bei Gary Paget einen Annäherungsversuch. Garys Vater kam gestern hier vorbei. Wahrscheinlich geht er zur Polizei.« Sie setzte sich wieder in Richtung Wohnzimmer in Bewegung.
»Aber das is ja furchtbar!« rief Phil. Er trottete hinter ihr her. »Ich mein', Edward kann doch nichts dafür, wenn...«
»Ich weiß. Laß uns jetzt nicht davon anfangen. Der Arzt sagt, Edward muß dazu gebracht werden, auf und ab zu gehen. Er darf nicht einschlafen.«
Phil nickte. Sie stellten ihn auf und hängten ihn zwischen sich. Sie zogen ihn auf und ab. Sieh her, sagte Helen zu ihrer Mutter: dein Sohn, dein Enkel. Was hast du jetzt zu sagen? Doch heute war Dorothy nirgends; absolut nirgends.

Als sie zwei Stunden später wieder ins Haus trat, wartete Phil auf der Diele. »Wie geht's Edward?«
»Er ist in Ordnung. Sie haben ihm sicherheitshalber den Magen ausgepumpt. Morgen kann er nach Hause kommen.« Tam begrüßte sie übertrieben begeistert und erstickte, was sie sagte, in einer Salve von Gebell. »Halt's *Maul,* Tam.« Sie mußte sich wiederholen, bis Phil sie verstehen konnte. »Ich brauche einen Tee.« Sie ging in Richtung Küche.
Phil stolperte hinterher. »Weißte, was der Hund tat, als ich Edward im Wald fand? Saß da einfach und kaute auf was rum, was er ausgebuddelt hatte. Und Edward wär' fast gestorben.«
»Nun, das ist er nicht, dem Himmel sei Dank.« Sie fühlte sich leergelaufen, ausgewrungen. Sie wollte nicht an die vergangenen Stunden denken, noch nicht. Sie wollte Tee; Ruhe. Sie setzte den Kessel auf.

»Ich mein', was ich nich verstehen kann, is, warum pestet ihn das so, daß er schwul is. Hab' ich die ganze Zeit gedacht. Ich mein', na und? Ehrlich, wenn du mich fragst, sind heute genauso viele Leute schwul wie nich. Tatsächlich hab' ich gedacht, als ich jünger war, ich wär' wohl schwul. Dann hat sich's schließlich rausgestellt, daß ich's nich bin, aber da hastes. Verstehst du, was ich meine? Schwulsein is doch keine Riesensache.«

»Edward hat nicht versucht, sich das Leben zu nehmen, weil er schwul ist. Er tat es, weil er unglücklich ist.«

»Aber er is unglücklich, weil er schwul is«, sagte Phil klug. »Stimmt's?«

»Bis zu einem gewissen Punkt«, sagte Helen dann. »Es liegt auch daran, daß er der ist, der er ist. Und du mußt daran denken, daß Edward in einer Zeit aufwuchs, als ... als Homosexualität strafbar war. Ganz abgesehen davon war es gesellschaftlich nicht annehmbar – zumindest nicht in den Kreisen, in denen wir uns bewegten.«

»Das is doch lächerlich. Du kannst doch nichts dagegen tun, wenn du schwul bist.«

»Vernünftige Menschen haben immer so gedacht.«

»Genau. Armer alter Edward. 'S is 'ne Schande. Und Gary is 'n echter Blödmann. Warum hat er nich zu Edward gesagt, er soll sich verpissen? Er mußte doch nich zu seinem Papi rennen. Er hätte einfach sagen können, er soll abhauen, er hätte kein Interesse. Ich mein', sowas passiert doch laufend, oder? Daraus muß man doch kein Problem machen.«

Das Wasser kochte. Helen stand auf und machte Tee, während Phil sich weiter über das vorherrschende sexuelle Klima ausließ. Das ist alles nicht wahr, dachte sie; bestimmt wache ich gleich auf. Es ist einfach ein Alptraum. Ich komme bald zu mir und bin oben im Bett, nicht hier unten in der Küche, und nichts davon ist geschehen. Edward wird draußen in den Britches sein und gegen Nesseln ankämpfen oder was auch immer er da tut. Phil wird daheim in Nord-London sein und das tun, was immer *er* tut.

»Ist alles in Ordnung, Helen?«

Sie öffnete die Augen. »Ja. Ich bin ein bißchen erschöpft, das ist alles. Vielleicht kannst du uns beiden Tee einschenken.«

»Klar. Mach' ich.«

»Du warst eine große Hilfe, Phil. Danke.«

Er bot ihr eine Tasse Tee an, wobei das meiste in die Untertasse geschwappt war. Er strahlte. »Kein Problem, Helen.« Er setzte sich. »Weißt du was? Edward sollte zu 'nem Therapeuten geh'n. Ihr habt doch Therapeuten hier?«

Helen nahm einen großen Schluck Tee. »Was würde denn ein Therapeut machen?« wollte sie wissen. »Ihm zeigen, wie man glücklich ist?«

»Was 'n Therapeut macht«, erklärte Phil, »is, daß er dir hilft, dich selbst anzunehmen, verstehst du?«

»Aha«, sagte Helen. Sie saßen schweigend da. Tam schubste seinen Freßnapf auf dem Fußboden herum und demonstrierte damit deutlich, daß er leer war. Phil stieß mit seinem gestiefelten Fuß nach ihm. Tam zog sich zur Tür zurück und saß zuckend mit angelegten Ohren da. Helen dachte an Edward, der zehn Meilen weit weg war: Was machte er gerade? Wie fühlte er sich?

Sonnenlicht flutete durch die Rippen einer Jalousie und formte einen rechtwinkligen goldenen Fleck auf der Wand neben seinem Bett. Der Rand des Flecks löste sich in undeutliche Regenbogenfarben auf. Er versuchte, sich an das

Lichtbrechungsprinzip zu erinnern, schaffte es nicht und sah, daß ein kleinflügeliges Insekt langsam seinen Weg über den Regenbogen machte. Es veränderte sich von rot nach blau und gelb, während es sich bewegte; er konnte filigrane Flügel und das Zittern der Fühler sehen. Dann erreichte es den unbeschienenen Teil der Wand und wurde zu einem grauen, undefinierbaren Klecks.

Um das Bett war ein Vorhang. Er konnte Schritte auf den Linoleumböden hören, Stimmen, das Rumpeln eines Servierwagens. Die Geräusche waren laut und unterschiedlich; sie klangen in seinem Kopf. Genauso war das Licht sehr hell, Form und Textur waren unterscheidbar und interessant; er starrte auf den Schatten, den eine Falte im Laken warf, auf die blitzend silberne Oberfläche eines Tabletts auf dem Nachttisch. Dort stand ein Glas Wasser. Das Wasser selbst enthielt Licht – Kreise und Strahlen aus Licht – und das vergrößerte, verzerrte, herrlich blaue Abbild eines Federhalters, der neben dem Glas lag.

Es war die ganze Zeit so gewesen: die übertriebene, eindringliche Empfindung der sinnlich wahrnehmbaren Welt. Und er hatte auch gewußt, daß er an ihr festhielt, sich mit den Fingerspitzen an sie klammerte: daß er es falsch gemacht hatte, ganz falsch. Er hörte eine Amsel und das Schlagen von Taubenflügeln, und dann Helens Stimme, und Phils. Er fühlte, wie er sich bewegte, bewegt wurde. Er fühlte, wie er sich erbrach. Er versuchte, etwas zu sagen, und konnte nicht. Er wollte schlafen und kämpfte darum, zu hören und zu fühlen. Er sah Licht und Bewegung.

Er hatte so schnell begonnen, in diesen Nebel zu gleiten. Er hatte sich die Tabletten in den Mund gestopft – zwei der Döschen waren fast leer gewesen, also hatte er alles ausgekippt, verzweifelt, und so schnell gekaut und geschluckt wie möglich. Und dann hatte er dagesessen und Tam zugesehen, der unter einem Busch scharrte. Und der Nebel hatte sich verdichtet. Aber durch ihn hindurch war die Amsel gedrungen, diese Taube.

Der Vorhang teilte sich. Eine Krankenschwester stand da. Sie lächelte. Sie sprach. Edward drehte den Kopf. Er sagte schließlich: »Wie spät ist es?«

»Ich könnte jetzt kommen«, rief Louise. »Ich möchte kommen. Ich kann ins Auto steigen und um Mitternacht da sein. Ich möchte reden. Wie konnte das *passieren* …? *Edward* … Und diesen Herrn Paget werde ich erwürgen. Ich werde da vorbeigehen und ihn mit meinen bloßen Händen erwürgen. Du machst was? Ins *Bett* gehen … Ehrlich, ich versteh' nicht, wie du ins Bett gehen kannst. Ich weiß nicht, ob ich das kann: Ich meine, wie kann keiner von uns gemerkt haben, daß er vielleicht …? Wie konnten wir nur so scheiß-unwissend sein? Na klar, man spürte immer dieses seltsame Zwicken … so verschlossen, wie er war, verstehst du, was ich meine? Man konnte nie mit ihm *darüber reden*. Und nach dem Debakel mit jener Schule stellte man fest, wie verwundbar er war. Aber das hier habe ich mir nie vorstellen können. Weißt du, was ich möchte? Ich möchte ihn hierher bringen, daß er einen wunderbaren Mann aufsucht, von dem ich gehört habe, der eine neue Art von … Also, es gibt keinen Grund, so abweisend zu sein. Immer verurteilst du Dinge, von denen du nichts weißt. Oh *entschuldige*. Gott, was ist bloß los mit mir? Das zeigt, in welcher Verfassung ich bin. Kann ich jetzt *wirklich* nicht kommen? Na gut dann – morgen. Und geh ins Bett und schlaf, du hast es nötig.«

Edward kommt heute nach Hause, dachte sie. Edward, der beinahe gestorben wäre. Für mich hätte ein ganz anderer Tag beginnen können. Es ist kein guter Tag, er ist gefährlich und schwierig, aber er hätte vielleicht ein ganz anderer sein können. Eigenartigerweise ist da ein Gefühl von Anfang, nicht von Ende. Es ist nicht alles in Ordnung in der Welt, überhaupt nicht, aber nichtsdestotrotz spüre ich dieses spannende Gefühl von Zukunft. Ein Gefühl, daß etwas getan werden kann: von mir, von Edward.
Und ihre Mutter, stellte sie fest, blieb abwesend. Dorothy hatte zu dem Ganzen nichts zu sagen; sie war woanders, auf einer anderen Zeit- und Erfahrungsebene, und ging ihrer Beschäftigung nach. Schlagartig merkte Helen, daß sie sich ihr Gesicht nicht vorstellen konnte. Sie konnte sie weder sehen noch hören.

Er saß neben ihr. Sie merkte, wie sie übertrieben vorsichtig fuhr. Sie sagte: »Louise kommt heute nachmittag.«
»Warum?«
»Oh Edward ... Warum wohl?«
»Mir wäre es lieber, es gäbe kein Getue«, sagte er nach einer Minute.
»Es gibt keins. Es wird keins geben. Sie möchte dich sehen, das ist alles. Uns sehen.«
Er machte keine weitere Bemerkung. Sie sah ihn gebannt aus dem Fenster starren, als ob sie durch unbekannte und faszinierende Landschaften führen. Und Edward seinerseits sah nicht die vertrauten Abschnitte der Straße von Spaxton zu ihrem Haus, sondern fremdartige und fesselnde Verbindungen von Baum und Silhouette, Feld und Hecke. Er sah den bleichen Rand des Horizonts, graue, lila geschlitzte Wolken,

golden lodernde Stoppeln, Gepflügtes in sattem Braun, das zu einem dunklen Waldkissen hinaufreichte. Er schwelgte. Sein Geist war rein; er schien das passive Transportmittel eines verschlingenden Augenpaares zu sein.

Das Telefon läutete, als sie ins Haus traten. Sie sah den Blick in Edwards Augen. »Ich geh' schon ran. Sollte es jemand für dich sein, so kann er eine Nachricht hinterlassen.« Edward ging ins Wohnzimmer.

Sie nahm den Hörer ab. »Hallo?« »Helen?« sagte Giles Carnaby. Eine Pause trat ein; ich habe es gewußt, dachte sie, ich wußte es, bevor ich mich meldete.

»Sie klingen ein wenig … abgelenkt. Ich hoffe, ich habe keinen ungünstigen Moment erwischt.«

»Nein«, sagte sie. Nicht schlechter als irgendein anderer.

»Ah. Dann will ich mutig sein und gleich zur Sache kommen. Ich habe mich gefragt, ob wir uns nicht treffen können. Ich frage mit großer Schüchternheit. Aber es würde mich sehr glücklich machen, wenn Sie zusagten.«

Helen nahm das Lichtmuster auf dem Dielenfußboden wahr: Kugeln und Stäbe, die sich bewegten – wie Fische, wie Goldfische in einem Teich. »Ich möchte es lieber nicht«, hörte sie sich sagen.

»Oh.« Es war still; die Fische bewegten sich leicht und zitterten. »Ich habe befürchtet, daß Sie das sagen würden. Es war natürlich kein geschäftliches Treffen, das ich im Sinn hatte. Da kommen die Dinge voran. Wir treten zur rechten Zeit miteinander in Verbindung. Was ich vorhatte, war völlig egoistisch. Das letzte Zusammentreffen war … nun ja, nicht sehr zufriedenstellend, nicht wahr? Ich habe gehofft, Sie hätten vielleicht ihre Meinung geändert.«

So ist das also, dachte sie: Ich bin unnachgiebig, unsensibel. »Ich glaube nicht, daß es eine gute Idee wäre.«

Er seufzte. Ein zarter, bedauernder Klang; für das ungeschulte Ohr ganz natürlich. Sie akzeptierte, daß sie ihn eine Weile lang hören würde. »Dann sage ich auf Wiedersehen, Helen.«

»Auf Wiedersehen.« Sie legte auf.

Edward erschien, und zugleich kam Phil die Treppe heruntergepoltert. Edward sagte: »Tam scheint nirgendwo zu sein.«

Helen sah Phil an. »Hast du Tam gesehen?«

Er schüttelte den Kopf. »Ich glaub', er is in'n Garten gegangen. Bist du jetzt wieder in Ordnung, Edward?«

Edward blinzelte. Er sah weg. »Ja danke. Ich glaube schon.«

»Das is gut«, sagte Phil. »Oh, hab' ich ganz vergessen, Mama hat angerufen, sie kommen alle, Papa und Suzanne auch. Is 'n bißchen viel, nich? Sie hat gesagt, sie wären zum Mittagessen da.«

Der Kühlschrank war gähnend leer. Außer gammelnden Kartoffeln schien nichts in der Speisekammer zu sein. Helen ging zum Laden, kaufte kalte Fleischgerichte und das Nötige für einen Salat; in dieser Situation würde Louise unkritisch sein. Sie begab sich auf den Weg nach Hause, ging um die Straßenbiegung, und da, zwanzig Meter von der Pforte von Greystones, war Ron Paget. Wartend, wie es schien. Resolut ging sie auf ihn zu.

»Wie ich gehört habe, hatten Sie einige Aufregung. Geht's Ihrem Bruder wieder besser, Miss Glover?«

Sie musterte ihn. Wer hatte geplaudert? Der Arzt? Unmöglich. Phil? Ausgeschlossen. Man würde es nie erfahren. Dörfer haben Augen und Ohren. Sie haben ihre eigenen Regeln.

»Es geht ihm gut.«
»Ich hab' mich mit Pauline besprochen. Wir haben beschlossen, die Sache nicht der Polizei zu melden. Würde dem Jungen nicht gut tun, und das ist die Hauptsache. Also hab' ich mir gedacht, ich laß' es Sie wissen.«
»Sie müssen tun, was Sie für richtig halten«, sagte sie.
»Es ist also das Beste, wenn wir es vergessen. Sie und wir. Wir sind Nachbarn und das schon lange Zeit, und ich bin kein Mann, der Schwierigkeiten liebt. So sieht's also aus.«
»Es liegt völlig bei Ihnen. Wir machen keinen Handel.«
Er sah gequält aus. »Wer spricht denn von Handel, Miss Glover? Ich habe Ihnen doch gesagt, wir wollen nicht, daß unser Junge noch weiter damit belastet wird.«
»Sehr schön«, sagte Helen. »Und nun muß ich gehen. Ich erwarte meine Schwester.«
»Da gibt es noch etwas, daß ich Ihnen sagen muß. Leider ist da etwas Schlimmes mit Ihrem kleinen Hund passiert. Einer meiner Leute hat ihn gerade draußen vor dem Bauhof gefunden. Tot. Sie glauben, er hat irgendwas gefressen. Sieht so aus, daß jemand Rattengift ausgelegt hat. Eine Schande ... Es regnet nicht, es schüttet, was? Möchten Sie, daß die Leute ihn zu Ihnen bringen, oder soll ich sie bitten, ihn zu begraben, um Ihrem Bruder nicht zuzusetzen?« Sein Gesichtsausdruck war undurchdringlich. Nein, nicht undurchdringlich; es gab ein leichtes Flimmern von Sorge. Sorgsam kalkulierte Sorge. Sie holte tief Luft. »Ich fände es gut, wenn sich Ihre Leute darum kümmern könnten.«
Er nickte. »Kein Problem. Also gut. Lassen wir das Vergangene ruhen, ja? Und was Ihr Stück Land betrifft ... nun, Sie wissen, wie die Dinge stehen, was mich angeht.«
Ungläubig starrte sie ihn an und ging dann an ihm vorbei zu

ihrem Gartentor. Sie ging ins Haus, stellte den Einkaufskorb auf dem Küchentisch ab und ging nach oben. Edwards Zimmertür war geschlossen. Sie klopfte. »Edward? Ich muß mit dir reden.«

Sie waren gekommen, und sie waren gegangen: Louise, Tim, Suzanne. Und mit ihnen ging Phil. Er war in der Küche erschienen, als Helen den Tisch abräumte; die anderen waren ins Wohnzimmer gegangen. »Ich glaub', ich laß' mich von Mama und Papa nach London mitnehmen. 'S gibt da so'n paar Sachen, um die ich mich kümmern muß«.

»Ach so. Das ist schon so in Ordnung, Phil.«

»Is schade um Tam. Ich mein', er war 'n furchtbarer Hund, aber Edward mochte ihn, also isses schade.«

»Ja. Es wäre jetzt nicht gerade nötig gewesen.«

»Jedenfalls, danke, daß ihr mich aufgenommen habt. Und paß' gut auf…«

Auf verdrehte Weise hatte es sie an die Stunden nach der Beerdigung erinnert. Da waren sie nun alle wieder zusammengekommen in einer Atmosphäre ritueller Feierlichkeit, die Bestandteile unausgesprochener Erleichterung und Trauer verband. Niemand sprach über das, was geschehen war. Bei der Ankunft umarmte Louise Edward; ohne äußerliche Zeichen der Ablehnung ließ es Edward stoisch über sich ergehen. Tim schüttelte ihm die Hand. Suzannes Augen strahlten ihn an, hinter einer neuen Frisur, die ihr Gesicht fast verschwinden ließ. Phil war verblüffend genial; mit der Aura eines gnädigen Onkels zur Zeit Edwards VII., der arme Verwandte empfing, hieß er seine Eltern willkommen. Er drängte ihnen etwas zu trinken auf und schlug einen Gartenbummel vor. Louise, die Helen in der Tür stellte, zischte:

»Er behauptet, er habe den Rasen gemäht. Stimmt das? Ich kann's nicht *glauben*. Was zum Teufel habt ihr mit ihm angestellt? Und er sagt, er kommt nach Hause.«
Sie hatten im Wohnzimmer gesessen, dem Raum in Greystones, der am wenigsten bewohnt wurde, der immer ein wenig feucht war, immer frösteln machte. Sie hatten sich angeregt über alles mögliche unterhalten, nur nicht darüber, woran sie alle dachten. Von Zeit zu Zeit hatte sich Edward beteiligt. Man war übereingekommen, daß Helen und Edward zu Weihnachten nach London kommen sollten. Helen hatte sich sagen hören, sie wolle eine neue Waschmaschine kaufen und sich um ein paar elektrische Speicheröfen für den Winter kümmern. Ab und zu sprach jemand von Dorothy, aber ihre Gegenwart war blasser, sie war nicht mehr dieses beharrliche, unvermeidbare schwarze Loch, das sie bei dem früheren Anlaß gewesen war. Und dann schließlich gab es unruhiges Rutschen und Blicke auf die Uhr.
Und so waren sie allein. Auffallend allein – es war Tam, der jetzt ein Loch war, eine Stille, eine kleine Abwesenheit. Sein Freßnapf, der bei der Spüle stand, war ein stummer Vorwurf. Als Helen ihn in die Speisekammer stellte, begegnete sie Edward; sie wechselten Blicke, die seltsam schuldbewußt waren.
Edward sagte: »Glaubst du, Ron Paget hat ihn vergiftet?«
»Das werden wir nie erfahren, oder? Ich nehme an, er könnte es getan haben.«
Edward setzte sich an den Küchentisch. Er war immer noch bleich und hatte das durchscheinende Aussehen von jemandem, der sich von einer Krankheit erholte, aber er hatte auch etwas Aufmerksames an sich; die Passivität der letzten Wochen hatte er verloren. Er starrte weiter aus dem Fenster. »Armer Tam. Ich habe das Gefühl, es ist meine Schuld.«

»Ich weiß. Das hat man. Vielleicht hat keiner Schuld daran. Es ist besser, das zu glauben. Naja, Tam ist das geringste Problem. Du kannst einen anderen Hund bekommen.« Kaum hatte sie das gesagt, bemerkte sie den Lapsus und zuckte zusammen.

»Ja«, sagte Edward. »Das kann schon sein«, fügte er ganz unbeteiligt hinzu.

»Übrigens ... das sollte ich dir noch sagen ... ich habe für uns ein paar neue Anwälte gefunden. Leute namens Wyndham & Fowler.« Ihre Augen trafen sich. Sie sah weg.

»Aha.« Edward schwieg und fuhr dann mit plötzlicher Heftigkeit fort: »Ich habe ihn nie gemocht. Ich konnte nicht begreifen, was ...«

»Ich weiß, du mochtest ihn nicht. Laß' uns nicht von ihm reden, wenn du nichts dagegen hast.«

»Er war die Art Mensch, der jeden völlig mit Beschlag belegt, wirklich jeden.«

»Möglich. Ich habe es gemerkt. Macht aber unter diesen Umständen keinen Unterschied, weißt du.«

Edward sah sie an. Er zitterte leicht. »Wenn ich ihn jemals wieder sehe, werde ich ihm eins auf die Nase geben.«

Sie lachte. »Das würde ich nicht tun. Wie die Dinge liegen, haben wir genug Schwierigkeiten gehabt.«

Der Raum war stickig. Sie stand auf und öffnete die Hintertür. Draußen lag alles im Licht der späten Nachmittagssonne. Für einen Augenblick stand sie da, sah, daß die Kastanien in den Britches Herbstfarben trugen, daß die Eibenhecke mit Spinnweben verhängt war. Sie suchte nach etwas anderem; sie suchte den Garten nach ihrer Mutter ab, lud die vertraute, abstoßende braune Gestalt ein, stampfend durch das Gras zu kommen. Aber Dorothy war nicht da, und, wie es

Helen bewußt wurde, war sie es auch an keinem der letzten Tage gewesen. Sie hatte aufgehört, Bemerkungen zu machen, sich, wie es schien, in eine andere Ebene zurückgezogen, von der aus, wie Helen sah, sie vielleicht wieder etwas bewirken könnte, doch auf andere Art und Weise.

Sie sagte: »Warum fliegen Tauben aufwärts und kommen dann flügelschlagend herabgesaust?«

»Das ist ein Balzverhalten.«

»Aber jetzt ist doch nicht Nistzeit.«

»Sie machen es immer. Frag' mich nicht warum.«

Auch Edward sah hinaus. Für ihn loderte die Welt; er sah und hörte in einem einzigen hellen, komplizierten, lebendigen Durcheinander Blatt und Zweig, Blume und Frucht, Sonne und Wind und Kreaturen, die krochen und flogen. Er sah und hörte die Tauben, das silberne Blinken der großen Pappel, die zitternden Schatten auf dem Gras. Er war betäubt, weder traurig noch froh; er wußte nicht, was er fühlte – nur, daß all dieses da war, und er war es auch.

Helen schloß die Tür und setzte sich wieder. Die Dielenuhr schlug. Als ihr letzter mißtönender Schlag erstarb, dachte Helen: Ich werde das Ding verkaufen. Edward kann für das Geld neue Bäume in den Britches anpflanzen. Edward hörte sie kaum; jetzt sah er den Raum – den Fledermauskalender, die Coronation-Keksdose, die Spüle. Alles war dasselbe und war es auch wieder nicht.

Die Glovers saßen sich gegenüber, schweigend, und jeder für sich machte sich die gleichen Gedanken. Sie sahen, daß es nichts zu tun gab, aber daß man etwas wiedergewinnen konnte. Beide schnupperten in die Luft; beide faßten behutsam Vorsätze.

Hella Eckert

Big John

Roman

Gebunden, 120 Seiten

»Die alte Geschichte vom Frühlingserwachen und vom Erwachsenwerden kann man immer noch so erzählen, daß sie neu ist und frisch, voll Schrecken und Erstaunen: Hella Eckert tut das in ihrem Romandebüt auf eine Weise, daß sie der Aufmerksamkeit ihrer Leser sicher sein kann bis zur letzten Seite.
Ihre Ich-Erzählerin, in jenem Alter, das die Erwachsenen das ›schwierige‹ nennen, wächst in einer Vorstadtgegend der fünfziger Jahre auf: Hinterhof, Imbißbude, ein Kino. Auf dem Trümmergrundstück hinterm Haus tummeln sich Liebespaare und Katzen. Vor dieser Kulisse entspinnt sich die widersprüchliche, besitzergreifende und nie ausgesprochene Liebe des Mädchens zu dem erwachsenen Mann, dem Liebhaber der Nachbarin.
Hella Eckert benötigt kein erotisches Vokabular, um von Begehren, von Angst, von Zärtlichkeit und Brutalität zu schreiben. Sie verläßt sich ganz auf die Wahrnehmung der Erzählerin, die für das, was sie tut und was mit ihr geschieht, nur ihre eigenen Worte hat. Von Gefühlen redet sie niemals; da genügt, genau zu beschreiben, wie ein Eifersuchtsanfall sich abspielt – oder eine Umarmung. In Sätzen von vordergründiger, aber raffinierter Schlichtheit teilt sie einfach mit, was sie hört, was sie riecht, was sie sieht und was sie spürt.
Daß sich Hella Eckert sprachlich so sehr beschränkt – auf das Faktische und Sinnliche – verleiht einer alten und oft erzählten Geschichte den Reiz des Neuen. So haben wir sie noch nie gelesen.« Katharina Döbler, *Die Zeit*

Jens Johler

Der Falsche

Roman

Gebunden, 160 Seiten

»Doch, das ist wirklich komisch zu lesen, wie wir Ende der 60er Jahre nach der Revolution und dem NEUEN MENSCHEN dürsteten. Wir finden uns wieder in Jens Johlers Liebesgeschichte von Antonia, obwohl wir Mädels damals im Grunde gerade mal den Abwasch in den WGs und die Abzüge der Flugblätter machen durften – Antonia darf selbst mitschreiben an der linken Zeitung ›Schwarze Noten‹, wirklich eine Klassefrau. Deshalb ist Benjamin, der Ich-Erzähler, ja auch so verrückt nach ihr, deshalb plagt ihn diese blöde Eifersucht, die doch der NEUE MENSCH gar nicht mehr kennen darf, und er grinst tapfer, wenn sie mit anderen schmust, so tapfer, daß das Grinsen zur Maske wird.
Jens Johler erzählt leichthin, witzig, ironisch von jenen wilden Jahren in Berlin – ein älterer Herr blickt amüsiert zurück auf den Mitläufertrottel, der auch er selbst damals war, obwohl er wußte, daß er viel zu bürgerlich war, um noch der NEUE MENSCH zu werden. All die Schlagworte, die selbstgebastelten Weltverbesserungsideen, die dramatisch angekündigten Selbstmordversuche und die Angst, das Messer könnte das Jackenfutter zerschneiden – das ist ein kleiner nostalgischer Roman, der Spaß macht, der nicht viel ernst nimmt und dem herrliche Sätze wie diese gelingen: ›Wegfahren? Wohin? Frauen aufreißen? Warum nicht? Ich zog meine Lederjacke an und ging aus dem Haus. Auf der Sonnenallee schaute ich mich nach Frauen um. Sie hatten alle etwas zu tun.‹«

Elke Heidenreich, *Die Woche*